J'AI VU FINIR
LE MONDE ANCIEN

Du même auteur

La Torah racontée aux enfants, Les Portes du monde, 2003

Le Communisme, coll. « Que sais-je ? », P.U.F., 2001

Pour l'amour du peuple : un officier de la Stasi parle, Albin Michel, 1999

Juif et Juif : Ashkénazes et Sépharades aujourd'hui, Autrement, 1985

ALEXANDRE ADLER

J'AI VU FINIR LE MONDE ANCIEN

HACHETTE
Littératures

Collection fondée par Georges Liébert
et dirigée par Joël Roman

Ce livre n'aurait jamais vu le jour sans une idée de Denis Olivennes, l'amitié insistante et l'incroyable ténacité pédagogique d'Olivier Nora, le travail subtil et acharné de Christophe Bataille. Qu'ils trouvent ici l'expression de ma gratitude.

Le texte qui va suivre conserve le délié peu académique d'un long entretien oral. Je tiens à exprimer ma reconnaissance à Dominique Lorentz, qui a conduit ces entretiens à l'automne 2001, puis à l'hiver 2002. Sans elle, ce livre n'aurait pas été.

Mon épouse Blandine Kriegel et mon ami Jean-Marie Colombani ont été les interlocuteurs continus et patients de mes nombreuses élucubrations. C'est aussi grâce à eux qu'elles ont pris une forme toujours plus humaine. Je tiens à leur adresser le témoignage de ma gratitude.

Madame Claire Duré a assuré le décryptage de ce texte.

Une partie de l'introduction de ce livre a été publiée sous le titre « Vers une nouvelle théorie de la guerre » dans la revue *Etudes*.

INTRODUCTION

Révélation de notre monde

Oui, ce fut bien une apocalypse, au sens originaire, grec, de l'expression, une *révélation* de notre monde, que ce terrible spectacle du 11 septembre 2001. Mais comme toutes les révélations antérieures, la lumière qui s'en dégage est bien trop crue pour nous livrer autre chose qu'elle-même...

Le vide est comblé par le préjugé courant, les idéologies, ou plus grave encore, les ressentiments. Non seulement le spectacle de New York ville martyre n'a pas ému l'anti-américanisme des « classes bavardes » de l'Europe occidentale, mais il semble même avoir nourri leur sadisme latent envers une puissance qui devenait à leurs yeux vulnérable. Chez les Américains, qui se posaient en contempteurs du reste de l'Humanité, l'attentat du 11 septembre n'a pu que renforcer la conviction qu'il était juste et moral d'abandonner l'Argentine à son sort et de distribuer quelques ultimatums à la terre entière dans le seul but de réaffirmer leur virilité blessée... Et rares sont les intellectuels musulmans qui ont su dépasser le premier et indispensable moment de lutte contre les préjugés de l'Occident pour s'élever vers une pensée plus critique d'eux-mêmes.

Même l'effet de lumière que nous eûmes à subir n'était donc qu'un nouvel et aveuglant éclairage, qui dans un premier temps couvrait notre regard avide aussi efficacement que la pénombre qui, alors, s'abattit sur Manhattan... Six mois plus tard, nous savons, dans le désordre, presque tout de l'organisation d'Al-Qaïda proprement dite, de la structure tribale de l'Afghanistan, des réseaux de la terreur installés complaisamment à Londres. Et nous entrevoyons la nouvelle architecture de sécurité américaine. C'est tout. Il est remarquable de constater d'emblée à quel point demeurent opaques tant d'éléments fondamentaux de la problématique nouvelle, en particulier ceux qui présentent un caractère politique.

On pense pêle-mêle aux conflits internes à la famille royale saoudienne ; aux rapports de force réels au sein de la mollahcratie iranienne ; aux pourparlers secrets qui se poursuivent entre Américains et Russes d'une part, Américains et Saoudiens de l'autre ; au mécanisme exact du déclenchement de l'Intifada des Mosquées par Yasser Arafat à l'automne 2000 ; à la politique véritable de l'armée pakistanaise. Plusieurs de ces relatives inconnues sont décisives pour comprendre quelques-uns des mécanismes du conflit actuel. Le lecteur peut constater que sur tous ces points, nous nous engageons dans ce livre avec une certaine assurance – ce qui ne nous empêche pas de signaler le caractère hypothétique de telle ou telle de nos prises de parti, en l'état actuel de l'information disponible.

Le nouveau monde

Je voudrais évoquer une difficulté d'un ordre encore supérieur : non plus, tel l'archéologue classique, telle absence frustrante d'un objet particulièrement recherché, mais bel et bien l'absence de *pensée structurante* de l'ensemble des phénomènes, absence qui nous empêche de trancher sur des points essentiels. C'est ici que nous allons nous engager, en nous gardant bien d'infliger au lecteur un tableau complet de notre « nouveau monde », mais en dégageant ce qui nous semble devoir en être les points essentiels de motricité : qu'est-ce qui peut faire avancer notre planète, en crise suraiguë depuis le 11 septembre, et qu'une méthode purement expérimentale – le reportage à chaud – nous cache encore ?

Pour cela, nous avons interrogé deux rapports fondamentaux et immédiats de la géopolitique actuelle, qui nous semblent peser sur la courbe de notre espace-temps historique, c'est-à-dire sur le mouvement d'ensemble de nos sociétés : il s'agit des rapports respectifs de la Turquie et de l'Iran, de l'Angleterre et de la France.

Commençons par le plus spectaculaire : Turquie et Iran. Au moment où les grands pays du monde arabe proprement dit, Arabie Saoudite, Egypte, Irak et Syrie traversent en simultanéité une crise sans précédent, voici que le double moteur longtemps décisif de la modernité musulmane, turc et persan, s'est remis spectaculairement en marche, à peu près au même moment, en 1997. C'est alors que l'on a assisté à l'étonnante élection présidentielle iranienne, qui contrairement à toutes les manipulations prévues, conférait le pouvoir décisif au chef du nouveau mouvement réformateur, Mohammed Khatami ; tandis qu'en Turquie, l'entrée au cœur du pouvoir démocratique des islamistes de Necmettin Erbakan, alliés avec le parti de droite gangstérisé de Tançu Ciller, provoquait en retour un redressement politique fondé sur la réconciliation spectaculaire de toutes les forces laïques de gauche comme de droite – sous la houlette du vieux leader socialiste Bülent Ecevit. Par-delà les différences perceptibles entre les héritiers philo-européens des Janissaires de l'Empire ottoman orientés vers la laïcité française, en Turquie, et les continuateurs du clergé chiite réformiste de la fin de la période séfévide, en Iran, n'y avait-il pas tout simplement convergence vers une modernisation sociale de plus en plus radicale, et notamment de plus en plus féministe ?

Téhéran, de son côté, s'est discrètement retranchée sur sa colonie d'expatriés, forte de près d'un million d'habitants, aux environs de Los Angeles en Californie. Ce croisement est lourd de sens : alliée militaire des Etats-Unis et d'Israël, la Turquie le devient chaque jour davantage de la Russie sur le plan économique, poussée en cela par l'Azerbaïdjan, qui fonctionne presque à l'égard d'Ankara comme une sorte de RDA que l'on désenclave progressivement, mais dirigée par des politiciens de grand talent, aujourd'hui le légendaire Haïdar Aliev, général du KGB, demain, peut-être, le grand patron azéri du complexe pétrolier russe Lukvil Vaguit Alekperov, qui songe à prendre un jour les rênes de son pays natal. Allié discret mais fidèle de la nouvelle Russie de Poutine, qu'il a aidée dans le conflit tchétchène, l'Iran réformateur s'efforce de renouer avec les Etats-Unis, sur les plans économique et culturel.

Ce croisement troublant, c'est l'effet sur le monde musulman le plus avancé de ce fantastique appel d'air que représente la nouvelle alliance russo-américaine. Nous connaissons théoriquement la suite : réorganisation du système politique turc par le brillant ministre des finances Kemal Dervis, descendant direct des grands vizirs albanais d'antan ; compromis historique avec le mouvement kurde dès lors que le PKK a cessé d'exister ; effet de richesse dans le Caucase par l'entrée en scène du pétrole d'Azerbaïdjan ; poussée continue de la jeunesse et des femmes d'Iran en faveur de la démocratie (« A Kaboul comme à Téhéran, combattons partout les Talibans », scandent aujourd'hui des jeunes bien différents de ceux qui conspuaient autrefois l'Amérique).

A une phase non encore pleinement déterminée de la crise actuelle, Iraniens et Turcs marcheront ensemble pour proposer à l'ensemble des musulmans une voie bien différente de la simple alternative dictature militaire / théocratie obscurantiste qu'offre aujourd'hui pour toute réponse presque l'ensemble du monde arabe... Les premiers à réagir à cette nouvelle donne en gestation seront sans nul doute les Maghrébins, les plus avancés sur le chemin qui mène à la liberté politique.

Le couple franco-britannique

Seconde identité remarquable : le couple franco-britannique. Ici, toutes les apparences sont contre nous. Nous assistons, à Londres comme à Paris, à une sorte de crise de Suez inversée, tragi-comique dans sa balourdise. On se rappelle comment la France et l'Angleterre s'étaient ensemble retrouvées, en 1956, en étroite alliance avec Israël, prises au piège d'une politique exagérément hostile au monde musulman en voie d'émancipation, dans leur tentative malheureuse pour renverser Nasser en Egypte. L'Amérique d'Eisenhower avait opposé une fin de non-recevoir aux deux puissances coloniales en déclin, qu'on ne revit plus jamais ensemble par la suite. En 1963, l'Angleterre de MacMillan aura, contre de Gaulle, opté pour une subordination totale à la puissance américaine, et la France, grâce à l'habile ouverture de Konrad Adenauer, se sera engagée, derrière le chef de la France libre, dans l'édification d'une Europe continentale et rhénane unifiée avec les Allemands. Mais si loin que Français et Anglais se fussent placés sur le grand échiquier international, ils demeurent étrangement proches dans le choix d'une politique pro-arabe très affirmée, qui devait peu à peu s'imposer à Paris comme à Londres, comme une compensation pour les stratégies de recul des années 1950, en Afrique du Nord chez les Français, comme en Iran chez les Anglais.

Après 1967, Israël comptera deux adversaires résolus au sein du monde occidental, la France et l'Angleterre, et un seul allié proche, les Etats-Unis.

Or, depuis le milieu des années 1990, les politiques arabes de l'Angleterre et de la France implosent : la France est contrainte de privilégier une politique de sécurité au Maghreb, qui passe par le renforcement des pouvoirs les plus orientés vers la laïcité, et une certaine distanciation du Maghreb d'avec le monde saoudo-égyptien, de plus en plus la proie de l'islamisme radical. Cette nouvelle politique qui conduisait in extremis la France à défendre l'Algérie laïque et militaire, n'est plus la politique arabe de la France.

De son côté, la Grande-Bretagne – qui a joué un grand rôle dans la cooptation initiale des Talibans par exemple – a dû peu à peu lâcher prise dans l'immunité intéressée qu'elle accorde à Londres aux islamistes les plus dangereux, aux seules fins de se concilier les bonnes grâces saoudiennes, lesquelles permettent, entre autres, à son industrie aéronautique d'éviter à ce jour tout regroupement européen, grâce à la poursuite du contrat dit « Al Yamama », signé au début des années 90.

Aujourd'hui, les vieux alliés modérés que sont la Jordanie et Oman ne supportent plus le double langage britannique, et se mettent à la recherche d'une garantie américaine directe, celle-là même qui a permis aux Algériens, grâce aux écoutes de la National Security Agency, de liquider il y a quelque temps le chef du GIA, Antar Zouabri. Il n'y aura bientôt plus de « politique arabe de la Grande-Bretagne ».

Les deux plus anciennes puissances démocratiques de l'Europe se retrouvent enfin confrontées au dénouement de leurs alliances respectives de 1963 : l'Allemagne de Schröder se montre de plus en plus réticente à reconduire un couple avec la France, couple qui lui semble inutile et incertain.

Les Etats-Unis de Bush, tournés culturellement vers l'Amérique latine et économiquement vers l'Asie, répugnent, malgré les efforts désespérés de Tony Blair, à reconduire si peu que ce soit les « relations spéciales » d'antan.

Trois couples en mutation

Il y a donc ici une identité tout à fait remarquable : deux politiques arabes en faillite, et deux « special relationships » devenues impossibles.

Si une symbiose mondialiste et social-libérale se met peu à peu en place au sein de la grande Europe élargie, entre Londres et Paris, elle aura autant d'importance pour la résolution des conflits que la symbiose parallèle entre Istanbul, Los Angeles et Téhéran, dans le monde musulman. Dans ce domaine, tout est possible. Et tout est ouvert en raison du mouvement parallèle de deux puissances déterminantes, Etats-Unis et Chine : les Etats-Unis se rétractent et la Chine se dilate, chacun vers un profil d'équilibre idéal.

Rétraction des Etats-Unis qui, moins que jamais, ne sont l'Empire qu'on nous décrit complaisamment : après avoir vécu dans l'illusion de la toute-puissance, pendant les années Clinton, intervenant à tout propos et hors de propos, l'Amérique a redécouvert qu'elle avait des frontières (à redéfinir avec les Canadiens et les Mexicains, et demain avec les Brésiliens, les Australiens, les Colombiens), des ennemis, des vulnérabilités, des alliés – les uns fondamentaux, d'autres de circonstance.

Bref, elle est redevenue une nation, et elle sera demain une nation plus sociale et plus rigoureuse en matière de respect des lois. Evidence parallèle : la Chine se retrouve seule en Asie, privée des faux prétextes de l'hégémonisme américain, et contrainte à repenser enfin son ordre intérieur, ses relations avec le Japon, et la place de tous ceux, Coréens, Thaïlandais, Birmans, Vietnamiens, Mongols, Indonésiens et Malaisiens, qui font partie de sa communauté de vie : la Chine ne sera pas à proprement parler un empire, parce que ses nouvelles frontières n'auront guère à voir avec la conquête militaire et la soumission politique directe. Mais elle étendra son influence, bien au-delà de ses frontières actuelles.

La mise en marche, parfaitement compatible, d'un marché de consommation unifié gigantesque en Asie, et d'une capacité financière et technologique prodigieuse en Amérique, en Europe et en Russie, peut créer la toile de fond du triomphe de la démocratie. Comme en 1945. Cela à moyen terme.

Mais le prix en sera d'autant plus élevé que les tenseurs franco-anglais et turco-iraniens tarderont à se mettre en place. Et dans cet intervalle spatio-temporel qui se dégage ainsi, c'est la « Grande Guerre » qui fait retour.

Car, de tous les changements que le drame du 11 septembre a suscités, le bouleversement de l'art de la guerre est le plus frappant. Comme toujours, lorsqu'il s'agit d'une mutation si brusque, elle aura été préparée par une longue incubation antérieure. Bien des éléments actuels se font jour dans ce conflit charnière que fut, en 1990-1991, la guerre du Koweït, et bien des concepts fondamentaux découlent de la guerre froide elle-même.

Clausewitz, théoricien de la « grande guerre »

La grande guerre, de dimension mondiale, émerge avec la Révolution française. Dix ans après la fin des guerres napoléoniennes, Clausewitz en est le théoricien presque accompli. Retenons son axiomatique de base : par sa nature, la grande guerre moderne est portée vers les extrêmes. Son *telos,* sa finalité vivante, son accomplissement, c'est la guerre totale, qui investit tour à tour l'arrière, les forces économiques (songeons, dès cette époque, au Blocus continental), les mers libres et les colonies, et jusqu'au plus petit des Etats neutres.

Tel un cheval lancé au galop, cette guerre totale

est difficile à arrêter sur un but stratégique relatif, comme c'était le cas autrefois : une province, une colonie, une ligne stratégique. Napoléon en connut l'exaltation. Mais Clausewitz, libéral prussien, qui ne croit guère en ce retour bondieusard à l'ordre ancien qu'organise à la même époque l'Autrichien Metternich avec sa Sainte Alliance, ne pense pas que la grande guerre, une fois inventée, disparaîtra de l'expérience humaine. Tout au plus pourra-t-on mettre un mors au cheval lancé à grand galop, tout au plus pourra-t-on maîtriser la violence de cette découverte en réintroduisant une dose de rationalisme classique.

Ce rationalisme, hérité du XVIIe siècle, sera chez Clausewitz le retour à la politique : la guerre naît de la politique, qui s'y cherche d'« autres moyens » ; la guerre, lorsqu'elle s'éteint, y retourne. Au politique d'optimiser ce chemin, en conservant, tout au long du jeu, le contrôle des opérations. Et Clausewitz, on l'ignore un peu trop en France, sera écouté puisque Bismarck, à Sadowa d'abord face à l'Autriche, à Sedan ensuite face à la France, saura limiter jusqu'à un certain point la dynamique de la guerre totale (n'était l'annexion dictée par le ressentiment de l'Alsace-Lorraine, un véritable sans-faute), et la borner une dernière fois avec la complicité de l'Angleterre, lorsque les Russes se furent ouvert la route de Constantinople en 1878, pour y renoncer ensuite par la négociation, au Congrès de Berlin, véritable triomphe du chancelier.

C'est au nom d'une foi aveugle en la capacité d'autolimitation des conflits que Guillaume II, et tant d'autres avec lui, concevaient la guerre d'août 1914, comme devant se terminer autour d'une table de négociation, « avant la chute des feuilles », moins de trois mois plus tard. Mais, loin de réfuter Clausewitz, le premier conflit mondial ne faisait qu'en rendre plus visible que jamais la face sombre, celle du diagnostic pessimiste, antérieur aux recommandations rationalistes et optimistes du contrôle par le politique, par quoi Clausewitz renouait avec le XVIIIe siècle.

Après 1945 seulement, émerge des décombres de l'Europe une nouvelle stratégie – étonnamment peu nouvelle –, eu égard à l'immense bond technologique que représente l'arme nucléaire. Car, à y bien regarder, la stratégie de la guerre froide innove peu. Si Clausewitz se concentrait sur la grande bataille terrestre – Austerlitz, Iéna, Wagram, Leipzig et Waterloo –, une école fort différente en Angleterre réfléchissait au XIXe siècle sur ce combat unique et définitif que fut Trafalgar. Pour l'Anglais Julian Corbett et son émule américain, l'amiral Mahan, c'est la dimension maritime qui constitue la dimension ultime du conflit moderne, ainsi que le moyen essentiel de sa prévention, une fois qu'on en a expérimenté la futilité ultime. Napoléon a eu beau s'évertuer, jusqu'au cœur de l'hiver russe, et jusqu'à couvrir l'Europe, de Hambourg jusqu'à Naples, de gabelous français, rien n'y fit : à Trafalgar, il perdit en une journée sa marine et celle de l'Espagne, et l'Angleterre récupéra ainsi l'initiative de le frapper sans cesse en chacun de ses points faibles, par une combinaison d'intrigues politiques, de guérillas et d'épuisants conflits locaux. Plus tard, la maîtrise des mers, relative ou absolue, dissuadera même les adversaires potentiels d'engager un conflit mal pensé avec l'empire britannique : guerre de Crimée, dans les années 1850, pour stopper l'expansion russe, mais ensuite congrès de Berlin à la fin des années 1870, les Russes étant cette fois convaincus de la futilité de leur action pour passer directement à la négociation – comme l'était l'excellent stratège Isoroku Yamamoto, chef de la marine impériale japonaise à la veille de Pearl Harbor, qui expliquait déjà à son empereur les raisons de leur future et inévitable défaite.

Gagner à tout prix

Le premier moment de stupeur passé, la dissuasion nucléaire a été traitée par ses théoriciens américains, comme Bernard Brodie ou Albert Wohlstetter, avec les outils conceptuels de la théorie navale : la maîtrise des mers se transporte dans le ciel, sous la banquise ou, tout à la fin de la guerre froide, dans le cyberespace des ordinateurs géants nécessaires à la conduite d'opérations dans l'empyrée... Mais il s'agit d'une stratégie indirecte, au moins pour sa partie essentielle : le système complet des réponses qu'apporte l'arme nucléaire, à ses différents niveaux (tactique, stratégique anti-forces, stratégique anti-cités), prévient entièrement l'usage de puissantes armées, à la recherche de la bataille décisive. Cependant, comme la sanctuarisation demeure incomplète, elle ouvre le champ de guérillas et de petites guerres très politiques, qui peuvent parvenir à faire basculer dans un scénario ou dans l'autre des corps expéditionnaires, de plus en plus professionnalisés. Le but de la manœuvre est moins ici de gagner à tout prix, que d'isoler un adversaire, qui sera peu à peu ramené d'une doctrine absolue du conflit (la « grande guerre ») au règlement négocié classique ; ce dernier retentira à son tour sur son ordre interne, ainsi que George Kennan, le père américain de la doctrine du *containment* l'avait déjà parfaitement perçu dès 1946, quitte à ce que ces coups d'œil aquilins sur le champ de bataille disparaissent peu à peu dans l'épaisseur de l'affrontement quotidien, jusqu'à l'aurore des années 1980, de la Pologne et de l'Afghanistan...

Depuis lors, l'empire soviétique s'est effondré, l'empire chinois pratique une approche tout autre des conflits, et l'empire arabe, successivement rêvé par Nasser, Saddam Hussein et naguère encore le prince régent Abdallâh d'Arabie Saoudite, ne voit toujours pas le jour. Pourtant la stratégie « nucléaire-navale » bat son plein... mais sans dissuasion nucléaire : imaginons un seul instant que les avions du 11 septembre aient transporté dans leur soute une « bombe sale » du type de celles qu'ont songé à assembler – semble-t-il – les sympathisants physiciens atomistes pakistanais au profit d'Oussama ben Laden... Les dirigeants d'Al-Qaïda auraient-ils attiré le feu nucléaire sur leurs pauvres têtes ? Sans doute pas [1]. Il n'y a donc plus de dissuasion nucléaire. Mais il demeure, de cette période de la guerre froide, tout l'attirail optimisé de la stratégie indirecte, telle que la pratiquèrent Nelson et Wellington : une marine (et aujourd'hui une aviation) ultra-performante, la combinaison de la précision de l'ingénieur et de la fougue batailleuse des alliés soldés, hier bandits napolitains, guérilleros espagnols ou coupe-jarrets sikhs, aujourd'hui Alliance du Nord, Peshmergas kurdes d'Irak ou tribus christianisées du Soudan...

En ce sens, la nouveauté du conflit, ce serait peut-être son archaïsme, presque antécolonial,

1. Certes, les nouvelles directives stratégiques adoptées par les États-Unis quelques mois après le 11 septembre font référence à un usage plus important de l'arme nucléaire dans la riposte, en cas d'attaque bactériologique, par exemple. Légitime, cette approche n'en est pas pour autant dissuasive, à la différence de l'équilibre de la terreur auquel on parvint rapidement pendant la guerre froide.

lorsque les *raiding parties* des marines de guerre américaines ou britanniques se contentaient, à Tripoli ou dans les Emirats, de venir tout casser un bon coup, puis de repartir sans hisser durablement les couleurs de la mère patrie. Mais, attention, ici, un archaïsme apparent cache une absolue nouveauté, préparée, hélas, par l'itinéraire sinueux poursuivi par la guerre froide elle-même.

« Les conflits interminables »

La guerre froide, en effet, n'a pas conduit à un refoulement complet de la guerre – malgré la puissance nucléaire à laquelle nous sommes, en Europe, redevables de notre prospérité pour la paix absolue qu'elle a garantie depuis 1945 –, ou même – solution réaliste –, à sa transformation aboutie en « guerre politique », menée par des petits groupes, au total inoffensifs, de gendarmes et de voleurs. Le caractère incomplet de la dissuasion a plutôt conduit à une reprise « non clausewitzienne » de la guerre, là où cette dissuasion ne fonctionnait plus, laissant, depuis 1950 environ, une bonne partie de l'humanité démunie devant la violence guerrière. Cette idée est difficile à concevoir, parce qu'elle n'entre pas dans le paradigme de la guerre froide. Pourtant, un simple regard rétrospectif y conduit instantanément : depuis la guerre de Corée jusqu'à celle du Koweït (1950-1990), très peu de conflits classiques sont parvenus à épuiser leur potentialité agressive.

D'emblée, la guerre de Corée, menée avec les moyens de la Seconde Guerre mondiale, plafonne en deçà d'un seuil de déploiement à la fois géographique et militaire de la violence, en raison du risque d'un conflit nucléaire généralisé. Il en résulte une stabilisation très précaire avec la naissance, en Corée du Nord, d'une stratégie de chantage terroriste sans précédent ; la fin de la guerre française d'Indochine ouvre sur une série de petits conflits subversifs qui conduisent, dix ans plus tard, à la guerre américaine du Vietnam, laquelle engendrera encore le conflit vietnamo-khmer, qui ne s'éteint qu'avec Gorbatchev, en 1986-1987. Les conflits israélo-arabes, au départ indépendants de la guerre froide, sont capturés par ce grand fleuve guerrier à partir de 1960, ce qui n'aboutit aucunement à leur extinction après 1987-1988, malgré trois phases très intenses en 1967, 1973 et 1982. Il n'est pas jusqu'à de vieilles blessures superficielles – telles que la Violencia colombienne déclenchée en 1948 par l'émeute de Bogota, le *Bogotazo*, entre conservateurs et libéraux – qui ne promènent leur triste existence jusqu'à aujourd'hui, tout comme l'insurrection africaine du Sud-Soudan ou la révolte kurde en Irak, dont les prodromes remontent au tout début des années 1960.

On peut donc parler ici de « conflits interminables », tout comme la psychanalyse définit des « analyses interminables ». Or, cette résistance « non clausewitzienne » de la guerre est directement en rapport avec une dissymétrie fatale créée par la guerre froide. Celle-ci confère à des conflits initialement périphériques une intense énergie, qui provient du centre nucléaire de l'affrontement : c'est Moscou et Washington qui jettent dans le brasier ressources, technologies et même concepts nouveaux... tout en empêchant le même brasier de se consumer et de s'éteindre, c'est-à-dire d'aller linéairement jusqu'au bout de sa logique, ainsi que la décrivait Clausewitz à l'époque classique.

Une exception confirme la règle, jusqu'à un certain point : le Vietnam. Là, l'alliance de revers conclue grâce au génie d'Henry Kissinger entre Amérique et Chine, en 1972, entraîne une régression totale de l'appui américain au Sud-Vietnam et un maintien dissymétrique de l'aide soviétique à Hanoï : il en résulte une victoire totale des communistes en 1975 et la réunification des deux zones du pays. Mais cet unique triomphe de Clausewitz permet mieux d'établir la règle ailleurs. Désormais, la guerre n'est plus totale, mais de « basse intensité » : elle déploie ses effets, non plus foudroyants mais lancinants, sur des durées très longues, sans montée aux extrêmes ni mobilisation totale des ressources d'un peuple.

Colombiens, Israéliens, Palestiniens, Turcs,

Indiens et Pakistanais, Cinghalais et très longtemps Sud-Coréens, Taiwanais, Vietnamiens, vivent de moins en moins bien, avec la guerre au flanc – la *guerre-ulcère* et non plus la *guerre-thrombose*. Née de la guerre froide qui engendra perversement cette « stase » de la guerre, cette permanence n'a plus besoin d'un verrouillage sommital par le nucléaire pour se maintenir : une architecture géopolitique mondiale peut contraindre Israël à ne pouvoir ni négocier, ni guerroyer ; le gouvernement colombien à céder un territoire aux FARC narco-communistes sans pouvoir faire mouvement sur ses sanctuaires vénézuéliens ; de même que les Frères musulmans soudanais n'ont jamais pu, malgré les attentats de Ben Laden à Nairobi et Dar es-Salaam, atteindre les bases arrière de l'insurrection africaine du Sud en Ouganda.

D'où l'horreur de la question que l'on doit poser : les Etats-Unis ont-ils été atteints, le 11 septembre 2001, par un processus de cette nature ? Après avoir perdu, par le terrorisme, une sanctuarisation de leur territoire national que leur garantissait pleinement la double dissuasion (nucléaire à haute intensité, et navale à basse intensité), les Américains sont-ils plongés dans l'amère expérience d'un conflit interminable ? C'est en tout cas ce que Georges W. Bush a pour mission d'empêcher par tous les moyens. Y parviendra-t-il aussi facilement que certains tenants de la théorie de l'« hyperpuissance américaine » le pensent ?

Les États-Unis dans une « conflictualité radicale »

La question mérite d'être posée, malgré les excellents résultats politico-militaires de la phase purement afghane du combat. Al-Qaïda ne s'est-elle pas piégée elle-même en instaurant, avec ses amis des services pakistanais, l'un des régimes les plus odieux de la planète, et que les Afghans attendaient le moment opportun de renverser ? Mais, comme on le verra dans ces pages, les réseaux et leurs complicités, à des niveaux divers, s'étendent au Yémen, en Somalie, et aussi en Syrie et en Irak, ainsi qu'en Iran... Nous sommes encore loin du compte.

D'autres forces terroristes agissent en Asie du Sud-Est, et certains à Washington voudraient même y englober l'insurrection colombienne. Une excellente maîtrise de la précision informatique aérienne, jointe au développement de l'enquête policière interne, ne peut suffire à venir à bout d'un tel objectif. Voilà pourquoi le Secrétaire à la Défense, Donald Rumsfeld, parle volontiers d'effort prolongé sur plusieurs années, de mobilisation longue et d'objectifs patriotiques, proches de ceux de la Seconde Guerre mondiale. Empiriquement, les chefs politico-militaires américains ont vu la perspective d'un enlisement, d'une « israélisation » à l'échelle mondiale, où Oussama ben Laden, même mort, reviendrait fantomatiquement leur tirer les pieds sous la forme d'une conflictualité endémique, qui drainerait leurs ressources, leur prestance morale et même leur crédibilité globale...

Contre une telle menace, l'Amérique semble choisir le retour à Clausewitz, mais sur le terrain de la « petite guerre », c'est-à-dire le mûrissement délibéré des conflits locaux jusqu'à leur point de fusion, pour les éteindre effectivement comme naguère les puits de pétrole soufflés par l'explosif. La logique est à l'inverse de celle de la guerre froide : au plafonnement par le nucléaire succède le déplafonnement total, puisqu'il est même envisagé dans certaines situations d'utiliser l'arme nucléaire tactique... Il n'y aurait plus eu de limites physiques à l'engagement américain en Afghanistan, si le Pakistan avait fait mine de défendre les Talibans, et les Etats-Unis se seraient jetés sur lui en offrant des moyens illimités à l'armée indienne ; si la menace nucléaire pakistanaise était devenue effective, des commandos américains, israéliens et indiens auraient tenté l'assaut sur ses centres nucléaires et, pour finir, l'arme atomique aurait été utilisée préventivement. Ce discours dissuasif limité a armé le général Musharraf mieux que de grands déploiements.

Demain, même si l'Amérique prend tout son

temps pour y parvenir, elle jouera la guerre de plus en plus totale en territoire irakien afin de renverser – et non de contenir – Saddam Hussein. De même, dans l'arrière-plan logistique du conflit, se profile, non plus le *containment* mais l'implosion de l'OPEP, avec l'aide de la Russie et du Mexique, par développement systématique de sources non cartellisées d'énergie. De même des sources de financement d'Al-Qaïda seront détruites une à une, dussent les Saoudiens transférer tous leurs avoirs hors d'Amérique. Le geste du maire de New York, Rudolph Giulani, refusant le dégradant pourboire du prince Al Walid quelques jours après le 11 septembre, n'est pas seulement symbolique : il est la représentation d'un retour à Clausewitz sur le plan de la guerre économique. Exactement comme l'arrêt des opérations contre l'Irak, à la fin de l'hiver 1991, et la préservation délibérée de la garde nationale de Saddam Hussein, pouvaient être le symbole parfait de la conduite d'une guerre « non clausewitzienne » interrompue par des logiques régionales non guerrières, qui imposaient, contre un Iran intégriste et menaçant, la préservation de la dictature baasiste en Irak.

En chemin, l'Amérique, si elle persévère dans sa résolution, fera l'expérience amère qu'elle ne contrôle pas les destinées du monde, qu'elle a besoin d'alliés véritables et que l'intensité requise exige une focalisation sur un ou deux théâtres d'opérations au maximum, et la subordination de tout le reste à la conquête de son objectif. Un tel ordre de conflictualité rappelle davantage la Seconde Guerre mondiale, où Roosevelt sacrifia sans états d'âme l'indépendance de l'Europe de l'Est à son alliance avec Staline, que la guerre froide, où Truman refusa jusqu'au bout de relâcher sa vigilance en Europe sous prétexte d'étendre le front de la guerre de Corée, ainsi que le lui demandait MacArthur, qui décidément n'avait rien compris.

La Chine et la France peuvent dormir tranquilles : le temps où Washington jouait contre elles, à Taiwan ou en Afrique centrale, relançait l'OTAN contre les Russes ou mettait son nez dans toutes les affaires asiatiques, ce temps est bel et bien révolu.

De même, une conflictualité ouverte implique une mobilisation sans précédent, et essentiellement sécuritaire, de l'« arrière ». Elle rend possible l'usage limité de l'arme nucléaire, notamment en cas d'attaque bactériologique massive contre les populations[1].

Ainsi qu'aimait à le répéter notre maître Louis Althusser, l'histoire avance bel et bien, mais le plus souvent par son mauvais côté... La part sombre du rationalisme des Lumières, c'est la

1. Pour la première fois depuis la guerre de Sécession, les forces armées américaines se sont vus conférer le droit d'intervenir dans la vie intérieure du pays.

grande guerre, immense et symétrique comme l'architecture de Ledoux. La part obscure et violente de la mondialisation, c'est ce retour à une conflictualité radicale et sans détours, qui est aussi la réponse inévitable à ces guerres endémiques que nous léguait une bien étrange guerre froide.

1. LES ÉTATS-UNIS

Soudain, le 11 septembre

Nous avons été confrontés, le 11 septembre 2001, à un phénomène que nous ne connaissions pas encore : la vulnérabilité du territoire américain. Ce thème existe pourtant dans la pensée stratégique et militaire américaine depuis les années 1930. C'est en son nom qu'une poignée de chefs militaires plus lucides que d'autres a attiré l'attention du président Roosevelt sur le fait que le continent américain ne serait bientôt plus une île... La transformation du transport aérien, la possibilité de faire évoluer des flottes à proximité des côtes américaines rendaient l'idée d'origine britannique du « splendide isolement[1] » assez aléatoire.

Peu à peu, les Américains se sont donc mis à intervenir hors de leurs frontières. D'abord en Chine, dans les années 1930, pour essayer d'en-

1. L'expression « splendide isolement » est due au premier ministre britannique Palmerston, au XIXe siècle, qui pensait les avantages de l'insularité britannique insurpassables.

rayer une victoire totale du Japon ; puis en Europe, en 1939-1940, en aidant la France et l'Angleterre comme ils le pouvaient – l'Angleterre beaucoup plus en 1940 ; finalement, en décidant d'entrer en guerre en 1941. Ce qui les détermina ne fut d'ailleurs pas le bombardement de Pearl Harbor car, déjà quatre mois auparavant, la signature de la Charte de l'Atlantique par les Anglais et les Américains scellait cette entrée en guerre. Roosevelt n'attendait qu'un prétexte pour faire basculer son opinion derrière des décisions qu'il avait déjà largement assumées.

Toutefois, cette idée de la vulnérabilité stratégique, très présente pendant la guerre froide, n'a pas été concrétisée. Jamais le territoire américain proprement dit – car Pearl Harbor était située à des milliers de kilomètres des côtes du pays et l'Alaska bien lointain – n'avait été l'objet d'une attaque, ni des Allemands, ni des Japonais, ni des Soviétiques. Ni même des terrorismes divers et variés qui, dans les années les plus sombres de la guerre froide, faisaient de l'Europe le théâtre quasi quotidien d'attentats visant tel avion sur l'aéroport de Rome, tel lieu de distribution à Paris, tel hôtel à Londres... Jamais les Etats-Unis n'avaient connu cela. La sanctuarisation pouvait sembler totale, grâce à une véritable défense de l'avant.

Etant donné que les Américains voyagent peu, ces tensions internationales ne concernent que la toute petite partie de la société américaine tournée vers le monde extérieur – quelques centaines de milliers de personnes. En outre, les Etats-Unis acceptent volontiers une division du monde tout à fait islamique dans son origine. D'un côté, le monde de la paix, *Dar el-Salam,* qui est le monde intérieur des Etats-Unis. De l'autre, le monde de la guerre, *Dar el-Gharb*, les « terres indiennes » où quelques pionniers s'aventurent, au risque de perdre leur scalp... On est d'accord pour accorder les honneurs militaires au malheureux consul assassiné à Khartoum ou aux marines révolvérisés à Kaboul, mais on considère que ces événements témoignent de la manière d'être des peuples encore un peu sauvages qui constituent l'environnement des Etats-Unis... Les Européens eux-mêmes appartiennent parfois à ces terres lointaines dans ces films d'espionnage où Paris, Rome ou Berlin deviennent des territoires de chasse.

Le 11 septembre, les Américains ont connu l'équivalent d'un des jours les plus sombres des bombardements de l'Allemagne, en 1943. Bien sûr, cela n'est pas comparable à Dresde, qui fut une apocalypse, avec près de 180 000 morts, ni même au grand bombardement de Hambourg, qui tua 25 000 personnes en deux heures et provoqua un vent de panique chez les nazis. Les milliers de morts de New York et Washington sont tout de même significatifs : en outre, tout indique que les auteurs de l'attentat auraient bien sûr préféré se munir d'une bombe atomique ou bactériologique, s'ils en avaient eu la possibilité. Tout indique qu'ils chercheront à recommencer.

Le bilan ne s'arrête pas au décompte des victimes. Les premiers jours, la richesse détruite s'élevait déjà à 1,4 trillion de dollars, c'est-à-dire à peu près le PNB de la France. Ce chiffre est certes fictif, car le cours des actions est remonté depuis lors... Mais le choc économique et social a été d'une extrême violence : les salariés des compagnies aériennes ne sont pas seuls à avoir perdu leur emploi. L'économie américaine qui était en train d'éviter la récession, a plongé encore pendant trois mois supplémentaires. Tout cela est entièrement imputable à l'attaque terroriste du 11 septembre.

La cible du quatrième avion était peut-être le Capitole, selon un scénario proche de celui du roman de Tom Clancy, lequel, avec le Coran, est certainement une des lectures favorites d'Oussama ben Laden... Chez Clancy, un pilote japonais, mécontent du tour que prennent les relations nippo-américaines, lance un avion vide de la Japan Airlines contre le Capitole, alors en séance avec le président des Etats-Unis. Le Président et deux tiers des sénateurs sont tués... Il s'ensuit un renouvellement complet de la classe politique, tel que le souhaite évidemment Tom Clancy. Le projet d'Oussama ben Laden est d'une autre nature. Mais la technique de l'avion-suicide a sans doute intéressé ceux qui ont lu ce roman publié en 1995.

Il semble aujourd'hui que les deux derniers avions étaient destinés aux principaux symboles de Washington. L'un, la puissance militaire américaine, avec le Pentagone, cet immense ministère bâti au lendemain de la Seconde Guerre mondiale pour abriter à la fois l'armée et la marine, autrefois rivales, dans une seule et même structure. L'autre, le cœur du pouvoir, probablement la Maison Blanche, défendue par une petite batterie de missiles anti-aériens et des croiseurs Aegis en mer qui n'auraient probablement pas été capables d'arrêter l'avion en vol.

Pour les Américains, ce sont là des faits inouïs, qui montrent que leurs institutions les plus sacrées sont désormais aussi vulnérables que celles de n'importe quelle capitale européenne. Cette vulnérabilité, l'Europe l'a vécue tout au long de la guerre froide. Hambourg était située à quelques kilomètres de la frontière entre les deux blocs. Les usines Volkswagen, à Wolfsburg, étaient distantes de huit kilomètres. Près de 60 % du PIB de l'Allemagne se trouvait à 150 kilomètres des premières divisions soviétiques. Istanboul vivait à 75 kilomètres de la frontière bulgare, Vienne à 12 kilomètres de la frontière tchécoslovaque, et Venise n'a jamais été loin de l'incendie yougoslave. L'Europe occidentale a vécu, dès 1914, avec un sentiment de précarité essentiel, qui ne l'a pas quittée jusqu'à ce jour.

Au moment où l'Europe s'affranchit de sa vulnérabilité – car qui peut croire aujourd'hui que la Russie nous menace ? –, ce sont les Etats-Unis qui se trouvent à portée de canon d'un adversaire résolu. Voilà ce qu'Oussama ben Laden a démontré. Les présidents des Etats-Unis vont désormais devoir vivre terrés dans des caves, lors des périodes d'alerte. Il va falloir renforcer leur sécurité, non pas contre le fou isolé qui enrage de ne pouvoir coucher avec la dernière actrice en vogue, mais contre des adversaires extérieurs résolus – ce qui est une tout autre affaire.

Les pacifistes et les défaitistes, qui spéculent sur un épuisement des Etats-Unis après les premiers succès en Afghanistan et sur un abandon de leurs objectifs stratégiques en matière antiterroriste, ne mesurent pas à quel point, de bas en haut de la société, les Américains ont pris conscience du danger. Pendant la guerre du Vietnam, l'argument des pacifistes était : « Arrêtons de faire la guerre et il n'y aura plus de guerre. » Ce fut en effet le cas. La note fut acquittée par d'autres en Asie. Mais cet argument n'a plus cours. Lorsqu'on arrêtera la campagne antiterroriste, la menace terroriste sera toujours là. Les Etats-Unis iront donc jusqu'au bout. Ils ne peuvent s'arrêter, parce que les terroristes ne négocient pas. Ils pourront certes, à terme, transformer la guerre chaude en guerre froide par *containment* du monde arabe, mais pas avant d'être montés aux extrêmes ici ou là.

Au passage, la démonstration est faite des

limites tactiques du fameux « bouclier antimissile ». Aucun système de haute technologie n'a pu empêcher ce qui s'est produit le 11 septembre, pour la bonne raison qu'aucun des appareils qui ont été utilisés n'a pénétré dans l'espace aérien américain... Ils y étaient déjà. Ce sont des avions américains, volant dans le ciel américain, qui ont frappé des cibles américaines. Ajoutons que tous les jours, plusieurs dizaines, plusieurs centaines peut-être de petits avions bourrés de drogue franchissent ces frontières aériennes pour le compte des cartels de la drogue... La police des frontières et la garde nationale sont pour l'instant impuissantes face à une telle profusion d'objectifs [1].

Or, rien ne garantit que l'un de ces petits avions ne sera pas un jour chargé d'une bombe atomique plutôt que de cannabis ou d'héroïne pure... Le bouclier antimissile ne protège pas des actions terroristes, même s'il peut revêtir une certaine importance face à des puissances constituées.

Nous ne sommes peut-être pas si loin, dans l'esprit de Ben Laden en tout cas, du moment où Al-Qaïda disposera, non plus d'un quasi-Etat, mais d'un Etat véritable, qui pourra se doter de missiles à courte ou moyenne portée capables d'atteindre des territoires stratégiques : l'Arabie Saoudite, Israël, la Turquie... Un dispositif antimissile per-

1. Ce sont elles qui auront le plus besoin d'une injection massive de hautes technologies informatiques.

formant est une parade contre un certain type de chantage. Mais il n'annule pas tous les autres, les chantages à basse technologie. Comme l'a dit le général Wesley Clark, ancien commandant de l'OTAN, à propos de l'opération de Ben Laden : « *Low technology, high concept.* » C'est à ce type de défi qu'il faut maintenant faire face, non pas en s'appuyant sur des « jeux vidéo » mais avec de l'infanterie, en allant chercher les terroristes là où ils se trouvent. Il faut leur montrer qu'il n'existe pas pour eux de sanctuaire inviolable. A son tour, cette riposte sera une action technologiquement faible, mais stratégiquement avancée. Or, cela coûte très cher d'entretenir une armée conventionnelle de bon niveau, surtout en temps de paix, et les budgets militaires ne sont pas indéfiniment extensibles. Je pense donc que le programme de bouclier antimissile perdra peu à peu son caractère prioritaire, face à la redécouverte des potentialités d'une armée classique de porte-avions et de blindés légers, appuyés sur un renseignement de meilleure qualité.

Cependant, un obstacle à ce fameux bouclier vient de sauter. Il était nécessaire d'annuler un certain nombre de dispositions du traité antibalistique, signé en 1972 par les Etats-Unis et l'Union soviétique. A la veille du 11 septembre, les Américains tentaient, à la fois par l'intimidation – c'était l'approche des durs, tel Donald Rumsfeld, le ministre de la Défense –, et par les cajoleries – c'était l'option diplomatique de Candy Rice, la Secrétaire du Conseil de sécurité –, d'obtenir de Poutine qu'il renonce à ce traité, afin de passer très vite à l'expérimentation du bouclier. Poutine s'y refusait, tout en disant : « Cela peut se discuter, mais votre offre est beaucoup trop faible. » Il attendait des Américains des concessions importantes... Aujourd'hui, les Russes ne sont plus hostiles au bouclier stratégique car ils figurent, pour des raisons géographiques, parmi les premières cibles potentielles du *rogue state* (l'Etat voyou) qui lancera peut-être un jour une attaque contre eux... Si les Russes, qui n'ont pas le budget nécessaire pour développer un bouclier, mais disposent de savants et d'infrastructures adaptées, participaient au programme américain, non seulement ils ne s'opposeraient plus à ce bouclier, mais ils en seraient les propagateurs zélés. Voilà une affaire qui n'est pas du tout remisée. C'est là le paradoxe : autant l'hostilité russe est levée, autant les difficultés, techniques et financières, ne font que commencer... Mais peut-être s'agit-il d'ores et déjà de l'un des dossiers les plus importants de la nouvelle alliance russo-américaine qui, peu à peu, se met en place. Ces négociations russo-américaines sont en tout cas parfaitement secrètes.

Avec le précédent des attentats du 11 septembre, le défi stratégique lancé par Oussama ben Laden, qui est de rassembler la majorité des musulmans de la terre en un mouvement appelé à devenir un Etat – le Califat restauré –, constitue une attaque en règle des intérêts américains. Cela implique, de la part des Etats-Unis, quelles que soient les réactions de leurs alliés et partenaires, un état de guerre. N'importe quel chef d'Etat devrait réagir comme l'a fait George W. Bush, dès lors que les intérêts fondamentaux de son pays seraient menacés à ce niveau d'intensité.

Une victoire d'Oussama ben Laden signifierait en effet la fin de l'Arabie Saoudite telle que nous la connaissons – elle représente encore 51 % de la production mondiale de pétrole – et la détention de l'arme atomique par un Etat – le Pakistan – qui n'accepterait plus aucune forme de limitation de son armement alors qu'il dispose d'un potentiel nucléaire d'usage immédiat. Cela signifierait aussi une remise en cause totale de la sécurité d'Israël et la condamnation à mort de tous les régimes musulmans dits modérés, alliés ou en rapport avec les Etats-Unis, depuis l'Egypte jusqu'au Bangladesh, et peut-être même l'Indonésie.

Si l'on ne considère pas cela comme un motif de guerre, alors il n'en existe aucun. Il ne reste plus qu'à transformer les Etats-Unis en une communauté de type « Lanza del Vasto » ou à adopter l'islam comme religion officielle en supprimant la Constitution de 1787. Toutes mesures qui, notons-le au passage, ne satisferaient pas encore Oussama ben Laden...

La première blessure de l'après-guerre ?

Les Etats-Unis ne sont pas les seuls à être menacés, et c'est bien pour cela qu'ils ne sont pas seuls en guerre. Ils sont accompagnés de leurs alliés – les pays du premier cercle – et entourés d'un certain nombre d'Etats qui se trouvent en sympathie avec leurs objectifs – les pays du second cercle. Le troisième cercle est composé d'Etats foncièrement hostiles à la politique américaine mais qui, en la circonstance, ont décidé de s'abstenir. On peut citer, dans le premier cercle, des pays tels qu'Israël, l'Inde ou la Turquie, mais aussi la Russie. Le second cercle est composé, entre autres, de la France, de l'Allemagne ou de l'Italie, ainsi que de la Chine et du Japon. Dans le troisième cercle, on trouve, par exemple, Cuba ou l'Iran, selon les jours. Paradoxalement, l'Angleterre appartient tout à la fois au premier cercle des alliés immédiats par la volonté de Tony Blair, et aux frontières du deuxième cercle par la complaisance totale des services secrets de Sa Majesté vis-à-vis de l'islamisme.

Comme dans tous les grands drames de l'Histoire, on a l'impression d'assister à la fin d'une pièce shakespearienne, lorsque tous les acteurs, même les seconds rôles, reviennent sur le devant de la scène. C'est le temps du dénouement, où l'on perçoit à la fois loin dans l'avenir et loin dans le passé. Mais, comme Hegel l'a souvent dénoncé, le regard est plus exercé à observer le passé... On saisit tout de suite ce qui nous ramène à 1941. L'effet *back to the future* est déjà là. Mais il faudrait aussi parvenir à voir ce qui nous projette vers 2020 avec la même énergie concentrée.

On assiste en tout cas à un retour à une Amérique que tout le monde sait confusément avoir été meilleure. Il y a maintenant une nostalgie palpable du grand New York civique, celui de Fiorello La Guardia, le maire de l'époque du *New Deal.* Voilà des années que des livres paraissent sur ce que l'on appelle là-bas les « grands Américains ». Dans ces ouvrages, un peu naïfs parfois, on mêle Roosevelt, MacArthur, Marshall, Patton, autant de héros dont certains n'en étaient pas – je pense en particulier à Patton et MacArthur, deux sinistres fascistes dont il fallut maîtriser les foucades bellicistes... Mais l'intention est bien là : les Américains sont en accord avec le grand journaliste et sociologue new-yorkais Studs Terkel, qui a composé une histoire orale de la Seconde Guerre mondiale baptisée *The Best War Ever.* Pour la génération traumatisée par le Vietnam, il était évident que les combattants de la Seconde Guerre mondiale avaient mené une « bonne guerre ». Ils avaient sauvé un continent, l'Europe, qui les avait accueillis en libérateurs. Ils avaient, au prix de pertes relativement modérées, vaincu le Japon.

L'Amérique était sortie triomphante. Elle avait doublé son PIB en l'espace de trois ans, les femmes étaient entrées massivement sur le marché du travail, avec une égalité de condition qu'il a été ensuite très difficile de remettre en cause. La société américaine s'était lancée hors des frontières du ruralisme conservateur de ses vieilles élites. La discrimination raciale, notamment dans l'armée de terre, n'a pas résisté à l'héroïsme des soldats noirs, japonais, ou indiens sur le front, mettant en branle le processus de remise en cause de la ségrégation sur l'échelle de la Nation tout entière. Les principes proclamés par les Etats-Unis ont donné un souffle à la décolonisation. Ils ont fait de l'Amérique un pays dont le prestige était encore intact vers 1950 auprès de ce qui allait devenir le tiers-monde.

Enfin, cette période de plein emploi, qui succédait au marasme de la grande crise, a permis non seulement le taux de syndicalisation le plus fort qu'ait jamais connu la société américaine, mais aussi le véritable début des grandes lois sociales. Certes, il ne faut pas minimiser l'impact du premier *New Deal*, en 1932-1935, lorsque Roosevelt a mis en œuvre un certain nombre de grandes réformes reposant sur quelques principes nouveaux. Mais le *New Deal* intervenait dans un moment où l'Amérique se débattait dans une crise économique sans précédent. Il a souvent joué sur le plan des idéaux plutôt que dans la réalité. De surcroît, en 1938, la crise et le chômage étaient repartis de plus belle, et il a fallu attendre 1939 pour assister à une montée inexorable de la production et, bientôt, de la richesse : ce furent les lois sociales en matière d'emploi, d'hygiène ou de sécurité, qui ont accompagné la mobilisation de la main-d'œuvre de guerre. Ce furent aussi les salaires les plus élevés de la planète. Ce fut également la transformation des grandes entreprises automobiles en fournisseurs de la défense, qui a conféré à ce secteur de l'industrie une discipline militaire, et la possibilité de remplir des objectifs d'expansion démesurés. McNamara, qui a par la suite rejoint General Motors avec son équipe de petits génies, les *whizz kids*, a été l'homme de la première informatisation de la logistique américaine pendant la guerre. Tout cela a été mené avec les moyens d'une politique économique enfin pleinement keynésienne – car on peut difficilement qualifier de keynésienne pure l'action de Roosevelt entre 1933 et 1936, obsédé par la tenue du dollar. En revanche, la politique des déficits croissants financés par l'emprunt et de la dépréciation monétaire intelligente a bel et bien été apportée par la Seconde Guerre mondiale. Autrement dit, cette guerre-là a fait l'Amérique moderne.

Les générations de la guerre et de l'après-guerre, une fois l'échec vietnamien oublié, ont eu la nostalgie de cette société qui était dure, parce qu'elle demandait des actes héroïques aux individus sous l'uniforme, mais aussi solidaire et généreuse. La littérature et le cinéma ont exalté l'armée de conscription et le sacrifice personnel. *Casablanca*, le chef d'œuvre de Michael Curtiz, réussit à tout dire de la nouvelle éthique en une forme très ramassée.

Patriotisme n'est pas nationalisme

Au lendemain du 11 septembre, les Français ont été frappés, et pour certains, choqués, par le patriotisme des Américains. Une politologue américaine, interrogée sur les similitudes entre patriotisme et nationalisme, a répondu : « Le nationalisme, c'est la haine des autres. Le patriotisme, c'est l'amour de son pays. » C'est une très belle phrase un peu facile, d'origine française d'ailleurs, il faut évidemment aller plus loin. L'Amérique a été créée par les pauvres et les mal-aimés de la vieille Europe. On pourrait même dire les pauvres et les mal-aimés de l'ensemble du monde, puisque les Etats-Unis intègrent à présent une puissante immigration latino-américaine et asiatique, qui s'ajoute à l'immigration européenne. Les premiers habitants de l'Amérique, avant la fondation de la Virginie par la Couronne, n'étaient autres que des protestants non conformistes en révolte contre la monarchie anglaise qui n'avaient pas la patience d'attendre Cromwell... Ils ont été rejoints par les laissés-pour-compte du compromis historique de 1688, la *society of friends*, qui est à l'origine de la Pennsylvanie et de l'esprit démocratique américain. On lui doit l'habitude d'appeler les gens par leur prénom – les considérant ainsi comme appartenant à une « famille » –, le tutoiement généralisé, et la volonté de repartir de zéro. Ensuite sont venus les baptistes du nord de l'Angleterre, qui se sont installés en Virginie et qui, par l'évangélisation de leurs esclaves, ont créé, un peu malgré eux, une spiritualité protestante noire, au potentiel artistique et intellectuel considérable. Tous ces protestants anglo-saxons étaient en rupture avec la société britannique, ses codes et ses exigences. Les autres immigrants, Scandinaves, Allemands, Italiens, Latino-Américains, Juifs ou Ukrainiens étaient eux aussi des mal-aimés de leurs pays d'origine.

La société américaine – c'est son côté infantile et poignant – est fondée sur la recherche d'un nouveau départ. C'est la conception du monde *born again*, venue des baptistes, dont le symbole conquérant est le fréquent baptême qui permet de « repartir » vers une nouvelle vie. Après l'affaire Lewinsky, Clinton n'a rien fait d'autre que de montrer qu'il était capable de se reconstruire de la sorte, en stricte fidélité du credo baptiste de la Chute et de la Rédemption. Il rejoignit par là l'idéologie américaine fondamentale. Seule la culture afro-américaine s'est engagée dans la recherche des *roots*, des racines du pays de départ. Aucune autre frange de la société américaine ne participe à une telle démarche. En fait, ce qui différencie les Afro-Américains – à l'exception de ceux, tel Colin Powell, originaires des Antilles – c'est qu'arrivés à fond de cale, ils n'ont pas choisi de venir. Ce qui explique largement leur nostalgie d'une Afrique supprimée dans les mémoires. Les autres immigrants ont tous été des volontaires de l'Amérique.

Par définition, les Américains ne sont pas hostiles aux autres peuples. Voilà pourquoi leur patriotisme n'est pas très agressif. On n'observe pas de chauvinisme marqué, comme on le connaît en France ou en Angleterre – une série de stéréotypes pour caractériser le voisin... Pour une raison simple : le voisin d'en face n'existe pas. Les Américains n'ont pas de voisins. Ils sont empreints d'une bienveillance généralisée, teintée d'ignorance. Ils ne sont pas par nature ouverts aux autres cultures... Simplement ils les ignorent, ou presque : leurs grands intellectuels les ont embrassés sans préjugés ni retenue.

Les Américains ne connaissent pas grand-chose de la vie des autres sociétés. Ils n'éprouvent donc pas d'hostilité à l'égard du monde extérieur. L'inverse n'est pas vrai. Toute l'Amérique latine, par exemple, hait les Américains. Elle a inventé un mot, *gringo*, pour les désigner. Aux Etats-Unis, il n'existe aucun terme d'usage généralisé pour caractériser les Latino-Américains. Et s'il arrive que des expressions dépréciatives s'attachent à telle ou telle minorité, le phénomène est toujours limité dans l'espace et dans le temps. Le mot *paddy*, par exemple, utilisé en Angleterre pour qualifier les Irlandais, a très vite disparu aux Etats-Unis. Les mêmes protestants écossais et presbytériens qui s'étripent avec les catholiques irlandais à Belfast ou à Glasgow élisent les Irlandais catholiques à Boston et à New York.

Les caractérisations hostiles des Juifs ou des Italiens ne sont restées vivaces que dans certains quartiers ou certaines villes, le temps d'une génération. Ils ont été rapidement effacés par la *political correctness*, qui réconcilie les quakers de Pennsylvanie et les puritains de la Nouvelle-Angleterre dans la même culture de bienséance : il n'est pas dans la culture américaine de caractériser négativement les nouveaux arrivants, dont dépend la vitalité de la société. C'est même tout le contraire.

Ceci ne vaut pas seulement pour la période récente, marquée par des progrès fulgurants. Le rejet des préjugés raciaux et sociaux a toujours existé, excepté à l'égard de la population afro-américaine. Or, cette exception doit elle-même être nuancée. Les Afro-Américains qui ont fait la conquête de l'Ouest, au Texas par exemple, avaient atteint la plupart du temps une situation beaucoup plus libre que dans le vieux Sud cotonnier. Le vrai rebondissement de la question raciale est intervenu avec l'arrivée massive des paysans afro-américains du vieux Sud dans les emplois industriels du Nord vers la fin des années 1950. La nouvelle histoire de la ségrégation raciale, qui était en réalité une ségrégation sociale, a commencé alors. Mais la société américaine, quoi qu'on en dise, ne connaît pas la haine de l'autre, telle qu'on peut la rencontrer dans les Balkans par exemple. La conversion aux nouveaux droits civiques est aujourd'hui sincère, l'intégration des Sino-américains et des Nippo-américains en Californie totalement réussie.

Les Etats-Unis sont le pays dont les incursions à l'extérieur de ses frontières ont été les plus marquantes. Il est devenu courant de relire leur histoire en distinguant les périodes au cours desquelles ils ont été « interventionnistes » et celles au cours desquelles ils ont préféré la non-intervention.

Dès la fondation des Etats-Unis, un conflit a éclaté entre les partisans de projets apparemment antagonistes. Le dauphin désigné de George Washington, Alexander Hamilton, voulait faire de l'Amérique une seconde Angleterre, un pays doté d'une marine puissante, d'une politique étrangère réfléchie et permanente, plus tard de colonies, elle jouerait un rôle croissant sur la scène internationale. A l'inverse, l'idée dominante de la gauche de la révolution américaine, telle que l'exprimait Thomas Jefferson, troisième président, c'était la méfiance instinctive de l'Etat et de tout ce qui pouvait représenter l'Ancien Régime...

L'expression « l'Etat à bon marché », inventée à la même époque par le philosophe utilitariste Bentham en Angleterre et qui plaisait tant à Karl Marx, est devenue le mot d'ordre autour duquel s'est bâti un consensus démocratique d'inspiration jeffersonnienne. L'Amérique ne doit pas dépenser un dollar de plus qu'il n'est nécessaire pour sa sécurité et la liberté de son commerce. Elle doit avoir certes une marine pour faire accepter la liberté des mers, et celle-ci était déjà supérieure à celle des Britanniques dès le début du XIXe siècle. Elle doit disposer de forces armées pour garder ses frontières et aider les pionniers à avancer selon les directions prévues à l'intérieur du continent. Il lui faut organiser la sécurité de son territoire, mais en se méfiant des armées permanentes et en les équilibrant entre elles. En 1917, il existait encore trois armées de puissance de feu équivalente aux Etats-Unis : la garde nationale, dont le maintien empêchait que la force armée ne fût monopolisée par l'Etat central, l'armée et la marine des Etats-Unis, entre lesquelles une concurrence systématique était organisée, puisque la marine disposait de son armée de terre : le Corps des Fusiliers marins ou « Marines ».

Cette méfiance vis-à-vis de l'Etat ne plaidait pas pour une politique étrangère. Néanmoins, la doctrine Monroe a été énoncée dès les premières révolutions latino-américaines, avec lesquelles les Etats-Unis ont sympathisé. Elle établissait le principe de la non-intervention *des autres* – c'est-à-dire des puissances européennes – dans le nouveau monde... Ce principe a été battu en brèche pendant fort longtemps et les Américains n'ont été en mesure de l'imposer vraiment qu'au début du XXe siècle, un siècle après sa formulation. La doctrine Monroe a alors changé de nature, mais les Américains ne sont pas devenus annexionnistes pour autant. Ils ont songé à s'emparer du Canada, en 1812, mais ils y ont renoncé assez vite, car ils ne voulaient pas en fin de compte intégrer un bloc de population francophone aussi important. Ils ont poussé leur armée jusqu'à Mexico, dans les années 1840, mais ils n'ont finalement annexé que le Texas, où la population anglophone était déjà majoritaire, et les territoires vides au nord du Rio Grande jusqu'à la Californie.

Les débuts de l'impérialisme américain proprement dit, en 1898, avec l'annexion des Philippines, de Porto Rico, l'instauration d'un protectorat de fait sur la Caraïbe (Cuba, Saint-Domingue, Haïti) ne constituaient pas un débordement de la doctrine Monroe, en regard des impérialismes européens de l'époque.

Il a pourtant existé, notamment chez les pétroliers, comme le grand Rockefeller jusqu'à son petit-fils Nelson, véritable proconsul d'Amérique du Sud, des impérialistes qui auraient aimé rassembler l'Amérique latine en un bloc autosuffisant pour industrialiser la région. Cet objectif est réapparu dès que l'Amérique a été en paix. C'était l'idée de la grande Atlantide, qui s'étendrait de l'Alaska à la Terre de Feu, et dont le projet actuel de gigantesque marché englobant l'Argentine et le Brésil – évitant ainsi la formation d'un pôle méridional Argentine-Brésil – est la dernière mouture... Ces idées grandioses se sont toujours heurtées à la réalité humaine d'une Amérique latine qui, pour l'instant, Mexique et Caraïbes exceptés, rejette à des degrés divers l'Amérique du Nord.

Mais cela n'a pas suffi à créer un véritable isolationnisme américain. L'idée du repli sur l'espace continental, qui a été une tentation d'après 1918, n'a pas tenu. Il y a d'abord eu des flux économiques. Dès la fin du XIXe siècle, l'Amérique a exporté massivement vers l'Europe des produits à bon marché, depuis les denrées alimentaires du Middle West jusqu'aux produits industriels du Nord-Est. Le second poste de son commerce était l'Asie. N'oublions pas que ce sont des vaisseaux américains qui ont « ouvert » le Japon pour la première fois, en 1866, juste après la guerre de Sécession. Le commerce américain vers la Chine a été amorcé dès la fin du XVIIIe siècle à Boston et à

Baltimore. L'intérêt des Etats-Unis pour ce pays, plus vif que leur attrait pour l'Amérique latine, s'est manifesté dès les années 1870. Les Américains représentaient la moitié des missionnaires en Chine, et leur protestantisme a commencé à gagner les élites chinoises au début du XXe siècle. Ainsi Sun Yat-sen s'est-il réfugié aux Etats-Unis, non en Angleterre, lorsqu'il a été pourchassé par la police impériale. De nombreux démocrates asiatiques ont fait de même dans les années 1930. C'est aussi aux Etats-Unis que sont allés les boursiers qui ont bâti la science chinoise moderne. Cette dimension asiatique de la politique étrangère américaine a été rapidement très marquée. Les Américains se sont passionnés pour le combat des Chinois, « la prochaine nation chrétienne » comme ils se sont enthousiasmés avec Hemingway pour la République espagnole.

Puis ils ont été contraints d'intervenir en Europe. Leur première incursion, en 1917, était incertaine. Aux yeux de Wilson, il s'agissait moins de battre l'Allemagne que de rétablir un équilibre compromis par l'effondrement russe, et de mettre fin à une tuerie insoutenable. L'Amérique s'est ensuite retirée, mais pas complètement. En effet, bien qu'une majorité républicaine isolationniste se soit opposée à la Société des Nations, minant la crédibilité de la paix dès le premier jour, la communauté financière américaine a imaginé une solution au problème des réparations, les plans

Dawes et Young. Les réparations allemandes ont en fait servi, grâce à un mécanisme de prêt américain, à assurer le remboursement des dettes françaises et anglaises aux Etats-Unis... Il s'agissait d'un système circulaire qui, sans la crise de 1929, aurait sans doute liquidé entièrement les problèmes liés à la Première Guerre mondiale, en l'espace de quelques années supplémentaires.

Paradoxalement, c'est dans les années 1930, lors de la crise et de la montée des dictatures, que l'Amérique s'est claquemurée chez elle, au moment où, pour la première fois, sa sécurité et son avenir étaient vraiment en jeu. Et ceci malgré les convictions de Roosevelt, anti-isolationniste convaincu. Mais ce renfermement ne fut que passager. Un consensus s'est installé dans les élites américaines, à la fin des années 1930, qui a mis fin à l'opposition doctrinale entre Hamilton et Jefferson... Le meilleur des idéologies républicaine et démocrate s'est alors combiné. Les Républicains pro-britanniques affirmaient : « L'Amérique est une puissance comme les autres. Elle n'a pas à pratiquer l'angélisme. Elle doit au contraire se réconcilier avec le concept d'équilibre des puissances. Si nous tolérons qu'une puissance telle que l'Allemagne domine l'Europe, elle s'approchera des côtes américaines dans quelques années. » C'était l'idéologie réaliste machiavellienne de l'Etat, que reprend aujourd'hui à son compte un Henry Kissinger.

De l'autre côté, chez les Démocrates rooseveltiens, prévalait l'idée de la croisade pour les démocraties[1]. Les Démocrates pensaient au contraire des Républicains que l'Amérique avait le devoir d'intervenir dès que la démocratie et la liberté étaient en danger. Mais la reconquête de la liberté des Espagnols, à moitié communistes ou anarchistes, des Français, peu décidés à se battre, ou des Chinois, un peu arriérés, ne mobilisait pas les foules. Il a fallu que les premières bombes commencent à tomber sur Londres pour que l'Amérique profonde essuie une larme et se dise que tout de même, Hitler allait un peu loin... Puis, en 1941 est intervenu le basculement préparé par

1. Dans l'esprit des Américains, le mot « croisade » n'a pas la connotation religieuse médiévale qu'il conserve chez nous. Aux Etats-Unis, ce terme a été repris au XXe siècle, par cxemple, pour désigner la lutte contre la pauvreté menée par les communistes et les socialistes de Californie du mouvement Epic, *Crusade against poverty*. Il est depuis longtemps entré dans le vocabulaire de l'Armée du Salut et du protestantisme social. George W. Bush a été maladroit de dénommer ainsi sa campagne contre Al-Qaïda, mais il n'avait évidemment pas l'intention de se croiser contre les musulmans. Pour preuve, il y a aujourd'hui à Houston, deuxième ville du Texas, l'Etat dont est originaire George W. Bush, plus de soixante mosquées, en raison de l'habitude des Saoudiens de venir y faire leurs études. Le Texas est l'un des Etats les plus tolérants à l'égard de l'islam que l'on puisse imaginer. Il partage d'ailleurs l'essentiel des conceptions saoudiennes en matière de peine de mort.

trois ans d'une campagne ininterrompue contre l'isolationnisme, à laquelle l'Angleterre avait prêté la main en installant un véritable service de propagande à New York, auquel Alfred Hitchcock appartenait, mandaté par Churchill. Les premiers films américains de l'auteur des *Trente-neuf marches* sont autant de dénonciations cinglantes de l'isolationnisme.

Cette synthèse de 1941 entre Démocrates et Républicains a duré. L'Amérique considère aujourd'hui qu'elle a des devoirs en tant que nation porteuse de valeurs démocratiques. Ainsi au Kosovo et en Bosnie. Mais elle est aussi obligée de pratiquer un certain machiavélisme. Ainsi vis-à-vis de l'Arabie Saoudite ou de l'Egypte, dont les valeurs vont à l'encontre des siennes. La politique étrangère américaine témoigne en permanence de ces deux dimensions contradictoires. Mais c'est la dimension machiavélienne, il est vrai fort étendue, qui a discrédité l'Amérique pendant la guerre froide. Car s'allier avec des dictatures peu recommandables et avec des gangsters, par exemple avec Tchang Kaï-chek et les bandits de Shanghai pour lutter contre le Japon ; ou avec Ibn Saoud, parce qu'il assurait de façon régulière l'approvisionnement en pétrole des forces de guerre anglo-américaines ; ou avec Franco, pour être sûr qu'il ne mettrait pas complètement ses ports au service de l'offensive sous-marine allemande ; ou recruter la mafia pour assurer le débarquement en

Sicile, tout cela était justifiable « à chaud ». Nous en verrons d'ailleurs l'équivalent dans la guerre contre Al-Qaïda... Mais quand les braises refroidissent et que l'on s'aperçoit que les Etats-Unis protègent des deux côtés de l'Atlantique une mafia entièrement couverte par ses services secrets et la démocratie chrétienne italienne ; que l'on sait que cette mafia a fait la loi au sud de Rome dans les années 1960-1970, comme longtemps dans l'Etat du New Jersey et qu'au lieu de supprimer des agents mussoliniens ou des sentinelles allemandes isolées, elle a assassiné des journalistes communistes ou des juges intègres, on cesse de rire... Lorsque le peuple espagnol réalise que Franco et ses séides disposent d'un viager pour continuer à dominer l'Espagne, parce que la guerre froide « interdit » que l'on modifie les équilibres, cela ne rend pas pro-américain à Madrid ou à Barcelone...

Pourtant, c'est l'Amérique qui a fait vivre le concept de « monde libre » sur une partie de l'espace de la guerre froide. Aux Berlinois qui ont connu le pont aérien et vu Kennedy aux côtés de Willy Brandt – lui-même création des Etats-Unis et homme de gauche vibrant et intègre –, il n'est pas possible de dire que l'Amérique incarne autre chose que la liberté politique sous sa forme la plus haute. L'Allemagne, le Japon, l'Angleterre, et jusqu'à un certain point la France, savent que l'Amérique leur a permis de remporter le combat contre les forces anti-démocratiques de droite et de gauche dans l'après-guerre.

La France et l'Amérique

Or dès 1942 et le débarquement en Afrique du Nord, la France a été traitée par les Etats-Unis comme un pays de second ordre. Elle a été gênée dans ses objectifs nationaux les plus légitimes par une politique hostile et elle a eu à subir les préjugés d'une classe dirigeante anglo-saxonne qui ne la prenait plus très au sérieux. L'Amérique de 1920 admirait la France de Verdun, celle de 1944 méprisait la France de Pétain... C'est ce que le général de Gaulle relate dans ses mémoires lorsqu'il évoque son entretien avec Harry Hopkins, l'un des proches conseillers de Roosevelt, auquel il avait demandé, fin 1944 : « Mais qu'avez-vous contre nous ? » Celui-ci avait fini par lui répondre : « Mon Général, franchement, nous avons été très déçus par l'effondrement de la France en 1940 et l'opinion américaine ne vous prend pas au sérieux. » Sans doute n'était-ce là qu'une partie de la vérité, car Hopkins était aussi très pro-soviétique et prônait pour l'après-guerre une sorte de duopole Washington/Moscou. Mais le tableau est crédible. Les Américains n'ont eu de cesse de chasser la France de ses colonies, parfois trop vite et sans aucun bon sens. Il leur est aussi arrivé de subventionner la France pour que nous restions y mener de mauvaises guerres... Ce fut le cas en Indochine, où Washington a activement coopéré avec Ho Chi Minh en 1945, puis subventionné la guerre contre le Viet-minh à partir de 1948. Le bilan n'est pas heureux. La relation franco-américaine est une relation manquée depuis 1945. Elle a provoqué en France un anti-américanisme légitime gaulliste et républicain... qui voisine avec le pro-américanisme de mauvais aloi qui fut celui des modérés de Vichy, Darlan puis Giraud. Une telle combinaison ouvrait une large carrière à l'anti-américanisme le plus illégitime, c'est l'évidence.

Certes, Washington a exercé des pressions sur les Britanniques dans divers domaines, mais à la France, on a énoncé des diktats. Le traitement des deux pays n'a pas été de la même nature. Les Américains ont manifesté à Churchill, ici et là, qu'ils ne le prenaient pas toujours au sérieux, mais ils n'ont jamais déployé les efforts absurdes et odieux qu'ils ont faits pour se débarrasser du général de Gaulle.

Il est très difficile pour la France d'être estimée si bas sur le « marché politique américain ». La France a une dignité, une certaine idée d'elle-même que le général de Gaulle a formidablement véhiculée dans l'opinion, mais qui existait aussi chez d'autres. Je rappellerai simplement la réaction d'André Philip, Français libre socialiste, proche de Léon Blum et ministre de la France combattante, qui avait écrit, avant guerre, un livre enthousiaste sur le *New Deal*. Le Général avait cru bon de l'envoyer pour cette raison en mission de bons offices à Washington, fin 1943. Reçu par Roosevelt, il raconte : « Au début, j'étais impressionné, je tremblais devant ce grand homme et je me suis dit : "Ah ! Je suis devant Clemenceau !" Et puis, il a commencé à parler, et au milieu de la conversation, je me suis dit : "Tout de même, il est plus proche de Paul Reynaud que de Clemenceau..." A la fin de l'entretien, j'ai pensé : "Mais c'est Pierre Laval !" »

Indéniablement, un renversement s'est produit dans les relations franco-américaines, dès avant 1945. A la fin du XIXe siècle, la majorité de l'opinion américaine citait la France comme le pays dont elle se sentait le plus proche. La révolution et la guerre d'Indépendance n'étaient pas si lointaines et seuls deux pays du monde occidental – laissons de côté la Suisse – étaient des Républiques, les Etats-Unis et la France.

La sympathie des Etats-Unis pour la IIIe République française était incontestable. Les Américains ont même élaboré des plans de guerre contre les Anglais jusqu'au milieu des années 1920, tout cela parce que l'alliance entre la Grande-Bretagne et le Japon ne leur plaisait pas. Jamais contre la France. Cette tendance s'est inversée car l'Angleterre s'est démocratisée après 1904, elle a cherché avec obstination l'alliance américaine et l'a obtenue tacitement dès cette époque. Churchill a été l'artisan de ce rapprochement, tant à travers ses livres que par son action au gouvernement dès avant 1914. La France était déjà alors apparue, aux yeux de Wilson, comme une puissance aveuglément germanophobe et faible de surcroît. Or Roosevelt était déjà le ministre de la marine de Wilson en 1917. Il en a partagé les aveuglements vis-à-vis de Paris.

La naissance d'une classe dirigeante anglo-américaine en voie de fusion, entre les deux guerres, a amené un redimensionnement vers le bas de la France, lequel a été consommé lorsque Edouard Herriot a été obligé de renoncer au remboursement des dettes de guerre et de démissionner dans le paquebot qui l'emmenait vers les Etats-Unis, en 1932. Ce fut peut-être le moment décisif, le tournant de nos relations avec Washinston. La France était considérée comme un pays impécunieux, en déclin, qu'il fallait tenir à bout de bras... Cela a duré jusqu'en 1958. Je pense qu'une bonne partie de la mauvaise image que les Américains ont aujourd'hui en France est tout simplement due à la mauvaise image qu'ils ont eux-mêmes conçue de notre pays, sous l'influence de l'oligarchie financière anglophile de Wall Street... et, à l'époque, c'était la même chose, germanophile : car par antisémitisme comme par préjugé patricien, la Haute Banque de New York soutenait à fond l'Apeacement de Neville Chamberlain et méprisait Léon Blum.

L'anti-américanisme

L'anti-américanisme a des ancêtres : la francophobie et l'anglophobie... Toutes les puissances dominantes, dans la communauté des nations occidentales, ont suscité une aversion plus ou moins forte. La francophobie légitime, c'était le rejet de Napoléon, de son projet politique, de l'arrogance et de la suprématie françaises... La francophobie illégitime a été celle du romantisme allemand, qui haïssait dans la France non seulement le rival, mais aussi le porteur de la philosophie des Lumières et des valeurs démocratiques de la Révolution.

L'anglophobie mesurée de Nehru est acceptable lorsqu'il raconte dans ses Mémoires, *A discovery of India* : « L'Empire des Indes était un vaste domaine anglais dans lequel le lord habitait la maison principale tandis que nous, les serviteurs, vivions dans les dépendances... » L'anglophobie irlandaise, qui nie tout ce qu'a été la culture de ce peuple de langue anglaise, avec une superbe ignorance de Joyce et de Shaw et se centre sur des problèmes de voyous à Belfast et Londonderry, est inacceptable. Il existe toujours, dans la lutte qui oppose les peuples à une nation dominante, quelque chose de positif – la recherche d'égalité, la volonté de s'émanciper – et un élément terrible, le ressentiment. Il s'agit alors de la haine de ce qui est fort, de ce qui est grand, de ce qui est beau. Du rejet, en quelque sorte, de tout ce que l'on devrait imiter...

De même, l'anti-américanisme comporte des éléments légitimes. Si j'étais espagnol, je ne pardonnerais pas d'emblée aux Etats-Unis le soutien qu'ils ont apporté à Franco pendant quarante ans. Si j'étais italien, j'aurais le regret qu'un certain « gaullisme » à l'italienne, qui se dessinait avec Amintore Fanfani et Enrico Mattei au début des années 1960, n'ait pas réussi à remettre les Américains à leur place à Rome. Si j'étais grec, j'en voudrais aux Etats-Unis d'avoir aidé les colonels à prendre le pouvoir à Athènes en 1967. Mais quand bien même je serais espagnol, grec ou italien, il me semble que je parviendrais à faire la part des choses. Je comprendrais que l'Amérique, tout en menant ces politiques plus que discutables, a généralisé le modèle démocratique, à l'échelle mondiale.

L'anti-américanisme est la fusion de valeurs démocratiques – l'égalité de tous les peuples, la lutte contre l'hégémonisme –, et de valeurs profondément antidémocratiques, qui sont la haine de la liberté telle que les Etats-Unis l'incarnent. Alain de Benoist, le chef français de la « nouvelle droite », est celui qui a le mieux exprimé naguère ce rejet de la démocratie. Dans *Mourir pour Gdansk*, un article publié en 1981, il donnait son aval à la volonté de l'Union soviétique – qui avait à ses yeux l'avantage d'être un empire, et de surcroît de race blanche – de lutter contre la désagrégation que représentait pour lui le mouvement Solidarnosc en Pologne. Il condamnait sans réserve l'appui que leur offraient les Etats-Unis... et en païen convaincu, il exécrait le Pape bien sûr.

Au fond, l'extrême droite française a adopté une position très claire. Elle n'aime dans l'Amérique ni la démocratie, ni le rôle excessif qu'y jouent selon elle les Juifs. Elle abhorre l'économie de marché. Elle dénonce, avec des accents maurrassiens, la destruction des cultures nationales par le *melting pot* et la diffusion généralisée de la langue anglaise. Elle voit, dans la lutte pour l'indépendance des dictatures – qui ne veulent évidemment pas se soumettre au consentement des nations démocratiques –, une manifestation d'authenticité, pour employer un terme heideggerien. Cette idéologie antidémocratique, qui est à la fois fille du stalinisme et du fascisme, mais où l'élément brun est beaucoup plus fort que l'élément rouge, est profondément réactionnaire, dangereuse et destructrice. Elle coule à pleins bords dans la France de ce début de siècle.

Il a existé, dans les années 1950, un anti-américanisme d'extrême gauche profondément et positivement ambivalent. Les grandes figures de l'anti-américanisme d'alors – Jean-Paul Sartre et la revue *Les Temps modernes* ou les intellectuels sympathisants communistes à la Marguerite Duras – étaient aussi très férus de jazz et de cinéma hollywoodien... Cet anti-américanisme était, pour reprendre le mot de Sacha Guitry, contre l'Amérique, mais tout contre. Il choisissait une Amérique de gauche contre l'Amérique de droite. Il a connu sa fin heureuse, son « happy end » avec le voyage d'Yves Montand aux Etats-Unis et l'idylle du chanteur avec Marilyn Monroe. D'une certaine façon, la France communiste des années 1950 épousait Mme Arthur Miller ! Ce que la gauche française reprochait aux Etats-Unis, ce n'était pas tant le fait qu'ils fussent américains que le fait qu'ils eussent trahi leurs propres valeurs : l'Amérique n'était pas aussi libérale avec les Européens qu'elle prétendait l'être. Mais cette gauche n'est pas demeurée anti-américaine. Elle aimait trop Hollywood, le jazz, les nègres, mais aussi New York, beaucoup plus d'ailleurs que la droite française semi-vichyste, supposée pro-américaine. C'était le moment Eddie Constantine de l'anti-américanisme.

Cet anti-américanisme folklorique et bon enfant a laissé place à un anti-américanisme méchant et haineux qui utilise des restes de l'idéologie de gauche – notamment la rhétorique de l'anti-impérialisme – assaisonnés de maurrassisme. Mais l'anti-impérialisme invoqué pour défendre la Serbie et l'autoriser à commettre n'importe quelle exaction avec ses citoyens albanais, ou pour soutenir des dictatures atroces, en Irak et en Corée du Nord par exemple, c'est une cuisine un peu lourde... Derrière tout cela, on décèle une philosophie de l'authenticité qui s'exprime par le refus de la science – à propos des organismes génétiquement modifiés, par exemple –, le refus du commerce – vieux thème de l'Etat commercial fermé inventé par Fichte à l'époque napoléonienne, qui fait partie de l'arsenal de tous les régimes totalitaires –, et le rejet global de la démocratie au nom d'un droit à la biodiversité des systèmes politiques dans lequel Saddam Hussein et les Talibans ne déparent nullement.

Cette idéologie réactionnaire n'est pas sans rappeler la révolution conservatrice de Weimar. Elle se réfère d'ailleurs volontiers à gauche comme à droite aux idéologues qui ont préparé l'avènement du IIIe Reich, les Heidegger, Carl Schmidt et autres Kantorovitch, c'est-à-dire à la philosophie réactionnaire conservatrice allemande la plus déterminée, la plus cultivée et la plus anti-américaine qui se puisse penser. Car, il faut le rappeler, le grand pays touché par l'anti-américanisme dans les années 1920 était bel et bien l'Allemagne de Weimar. La critique de la technologie et l'évocation romantique du caractère unique et indépassable de chaque société étaient profondément ancrées dans le mouvement contre la modernité et la démocratie qu'a été le fascisme européen, surtout dans son cœur allemand. Je prétends donc que l'anti-américanisme d'aujourd'hui, sous des dehors vaguement progressistes, n'est qu'un conglomérat de vieux rêves évanouis sous les décombres du mur de Berlin – un sentiment fascisant qui, de fait, se trouve en sympathie avec le « fascisme musulman » propagé par les islamistes. Un de ses personnages-clés est José Bové, cette espèce d'avatar de Poujade touché par la métaphysique heideggerienne et allumé par une mystique pseudo-gandhienne.

L'irruption d'Oussama ben Laden est une mauvaise nouvelle pour tous ces gens-là. Elle les oblige à prendre parti ou à se découvrir. Sans les attentats du 11 septembre, leur idéologie aurait continué, pendant des années, à attaquer l'Amérique à fleuret moucheté. Mais Oussama ben Laden a fait monter les enchères à un tel niveau qu'il leur faut maintenant se prononcer, soit en admettant que l'Amérique a raison de se défendre, ce qui est très dur pour eux, soit en s'alignant peu à peu sur Al-Qaïda, ce qui n'est tout de même pas très populaire. Force est de constater à six mois des événements que rien ne les arrête.

Ben Laden, l'unique ennemi ?

L'ennemi désigné des Etats-Unis, c'est Ben Laden, bien sûr, mais c'est aussi, par-delà le nihilisme radical des islamistes les plus violents, cette « révolution conservatrice » qui s'exprime sous diverses formes dans le monde, depuis le début des années 1990. Le démembrement du bloc soviétique a entraîné un développement très rapide de l'économie de marché et des libertés politiques. Conséquence ? La destruction des anciennes sociétés, phénomène inévitable, nécessaire et libérateur, mais souvent douloureux. Les formations sociales confrontées à la brutalité de ce changement ont eu des réactions plus ou moins violentes, qui sont allées pour certaines, celles qui ont peu ou pas profité de la mondialisation, jusqu'au rejet du modèle démocratique. En prenant de l'ampleur, ces réactions sont devenues une menace, non seulement pour les Etats-Unis et leurs alliés, mais d'abord et avant tout pour les sociétés qui en abritent les propagateurs.

Ces dernières sont plus ou moins armées pour se défendre. Au cœur même des Etats-Unis, ce rejet existe, à l'extrême droite. Ce fut l'attentat d'Oklahoma City, en 1995. Il s'exprime également à l'extrême gauche, comme en témoignent les manifestations antimondialistes de plus en plus violentes de Seattle à Gênes. Mais il demeure marginal. En Russie, des groupes ont essayé de renverser ouvertement Boris Eltsine en 1993, et de manière plus contournée à différents moments ultérieurs. Ils n'y sont pas parvenus car les Russes, malgré leurs souffrances, sont majoritairement d'accord pour évoluer. Ils ne veulent pas revenir à une forme ou une autre de dictature communiste. Le souvenir de l'époque Brejnev est par trop cuisant.

En Chine, ce sont des éléments du parti communiste qui développent une xénophobie inquiétante et cherchent à déstabiliser les réformateurs économiques. Après Tienanmen, ils ont renforcé leur présence à la direction du Parti, mais ils n'ont jamais réussi à reprendre les commandes du pays.

Le monde musulman, en revanche, voit ces forces antidémocratiques et antimondialistes particulièrement développées et puissantes. Elles s'appuient en effet sur des traditions historiques et des questions géopolitiques non résolues qui donnent à leurs thèses un écho sans commune mesure avec celui qu'elles suscitent dans d'autres régions du monde.

Tout semblait réglé depuis 1941, depuis que l'Amérique combinait une politique machiavélienne de puissance et une politique démocratique de soutien aux régimes qui partagent les mêmes valeurs qu'elle. En réalité, la fin de la guerre froide a introduit aux Etats-Unis une profonde régression intellectuelle. Les interventions vers l'extérieur ont été jugées dangereuses, difficiles, justifiant un retour de l'isolationnisme. Entre-temps, l'élément machiavélien s'est paradoxalement renforcé. On avait décrété dès 1946 que l'Amérique n'était pas là pour aider les peuples à s'émanciper, mais pour contenir une menace précise, celle du pouvoir soviétique. Il aura fallu attendre la chute du mur de Berlin et le succès relatif de la campagne contre Saddam Hussein en 1991 pour voir s'annoncer une nouvelle période.

A partir de là, l'Amérique s'est essayée, sans grand succès, à une nouvelle synthèse dans laquelle l'élément machiavélien était quelque peu en retrait : les Etats-Unis ne soutiendraient plus des régimes opposés aux libertés et ils accepteraient, au moins dans le discours, le principe d'un « interventionnisme humanitaire ». En apparence, il s'agissait d'un recadrage de la politique américaine au profit d'un interventionnisme démocratique de type wilsonnien. En réalité, face à la disparition de l'ennemi soviétique, le peuple et une partie de l'opinion éclairée ont évolué vers un isolationnisme tacite. J'entends par là un isolationnisme non revendiqué, qui se traduit par l'idée selon laquelle l'Amérique, n'ayant plus d'adversaire véritable, doit réorienter ses ressources et son intelligence vers sa politique intérieure. Ce primat de la politique intérieure – c'est l'idée maîtresse de l'historien social-démocrate allemand Eckhardt Kehr, à la fin des années 1920 – est en effet la caractéristique des régimes démocratiques. Dans les régimes despotiques, c'est l'inverse qui se produit : on assiste à un primat de la politique extérieure et de l'expansion militaro-stratégique.

Bill Clinton a cherché un juste milieu entre un isolationnisme instinctif et un machiavélisme prudent, mais sa synthèse n'était pas la bonne. Il s'est contenté de placer à la tête du Département d'Etat des personnalités intellectuellement assez faibles – Warren Christopher et Madeleine Albright – qui appartenaient à la frange la plus à droite du parti démocrate, de manière à ne pas encourir les foudres du parti républicain. Il a laissé ses deux ministres successifs – le premier très inerte, qui se méfiait de toute vision à long terme ; la seconde, élève orthodoxe et peu intéressante de Zbigniew Brzezinski – mener des politiques contradictoires, plus marquées par l'esprit de la guerre froide que par celle du nouveau monde en gestation. Clinton est arrivé à des compromis, tel celui atteint avec la première guerre dite humanitaire, celle du Kosovo, dont on doit approuver la finalité mais dont on ne peut pas dire qu'elle ait été menée d'une main très sûre.

Pour le reste... Les tentatives de nuire à la France en Afrique ; la politique de chaud et froid avec la Chine, qui favorisait de fait la fraction nationaliste la plus dure à Pékin et mettait dans l'embarras les vrais réformateurs, tel le Premier ministre Zhu Rongji (que Clinton faillit faire démissionner lorsqu'il dévoila le secret des négociations sur l'OMC au moment même où son armée venait de bombarder l'ambassade chinoise à Belgrade)... Autant d'erreurs grossières commises par cette administration, par ailleurs brillante en matière économique et sociale.

Au Moyen-Orient, la politique américaine de Clinton a toujours été conduite de manière bipartisane, par une équipe qui avait été mise en place par George Bush senior et qui n'a pas changé. Le vrai ministre du Moyen-Orient, qui ne rendait compte qu'au Président, était Dennis Ross, un diplomate de carrière, juif et républicain, l'homme du processus de paix israélo-palestinien – une affaire qu'il a menée jusqu'à la fin, puisqu'il n'a quitté le Département d'Etat qu'au moment où se déclenchait l'Intifada des Mosquées, à l'automne 2000. Clinton a d'abord suivi de loin. Ce n'est qu'après avoir subi la procédure d'*impeachment* qu'il a lui-même pris en main le dossier. Il s'est alors investi comme jamais un président des Etats-Unis ne l'avait fait. Peut-être a-t-il voulu, de concert avec Ehud Barak, trouver à marche forcée une solution unique et globale à un problème qui n'en acceptait pas d'immédiate. Mais on ne peut pas reprocher à Clinton sa volonté d'avancer vite, comme on ne peut lui tenir grief, lui qui a été un ami sincère de la communauté juive américaine, d'avoir entretenu des relations d'ouverture avec les principaux Etats arabes.

Mais là encore, le résultat n'est pas bon. Le dossier israélo-palestinien, traité dans la précipitation, a été accompagné d'un pourrissement lent et inexorable de l'affaire irakienne et d'une attitude de gribouille à l'égard de la montée en puissance des programmes nucléaires indien et pakistanais, tantôt cajolés, tantôt vilipendés sans suite. Clinton était plein de bonnes intentions, mais il a laissé à son successeur une situation insaisissable, avec un Moyen-Orient à feu et à sang, un Saddam Hussein en pleine santé à la différence de son peuple, une Arabie Saoudite où les courants anti-américains n'ont jamais été aussi virulents, un programme nucléaire pakistanais entre les mains des services secrets islamisés de ce pays...

Pourtant, Clinton ne mérite pas le procès qui lui est fait de ne pas respecter les musulmans. Son administration a fait plus que quiconque pour défendre les musulmans de Bosnie et du Kosovo. Simplement, cette action n'a pas été exploitée, parce que Clinton n'avait pas de dessein pour la région des Balkans, tout comme il n'en avait aucun pour l'Amérique latine, où il s'est débrouillé de l'effondrement du Mexique en 1995 et des difficultés du Brésil en 1998-99 sans jamais s'intéresser sérieusement à ces pays. Il n'a rendu visite à aucun chef d'Etat latino-américain, alors qu'il a accompli une tournée absurde de propagande en Afrique... Il y a dans cette confusion quelque chose d'amateur, d'hollywoodien et en définitive de très méprisant. Clinton n'a pas respecté l'Etat américain, ses symboles et sa grandeur. C'est ce que ses adversaires lui reprochent. Il est vrai que louer la chambre à coucher de Lincoln pour que des contributeurs importants du parti démocrate s'y ébattent à la nuit tombée, cela manque d'élégance.

En ce sens, Clinton a participé à la désétatisation de l'Amérique, phénomène entièrement négatif commencé sous Reagan. Bien qu'il soit un homme de gauche épris de justice sociale, il appartient aussi au mouvement anti-étatiste qui a investi l'Amérique comme une fièvre spéculative, à partir du milieu des années 1980. C'est parce qu'il n'aime pas l'Etat qu'il n'a pas eu de politique étrangère. Il laisse un héritage incroyablement chaotique à George W. Bush qui, lui, croit à l'Etat à sa manière et voudrait avoir une politique étrangère, mais n'est pas aussi intelligent que son prédécesseur...

La naissance d'une autre Amérique ?

Le futur est fait de passé et d'intégralement nouveau. Une fois encore, on voit, dans les événements récents, ce qui nous ramène à 1941 : le climat d'union nationale, grâce auquel les deux groupes parlementaires, républicain et démocrate, collaborent à l'élaboration du nouveau budget au lieu de se concurrencer ; le recours aux déficits publics et à une politique keynésienne maîtrisée. Bush a demandé et obtenu 70 milliards de dollars de dépenses supplémentaires. Ces crédits ne seront pas seulement affectés à la défense, mais aussi à la reconstruction. On voit réapparaître timidement encore une politique sociale. Les Démocrates sont prêts à voter une augmentation massive du budget militaire, à créer un KGB américain – le ministère de la Sécurité d'Etat confié à l'ancien gouverneur de Pennsylvanie Tom Ridge –, mais ils veulent en retour des garanties pour l'emploi... La première illustration de cette politique est la quasi-nationalisation des compagnies aériennes à laquelle les Américains ont procédé dans l'urgence, pour éviter leur faillite. Enfin, troisième élément rooseveltien, une société beaucoup plus solidaire se profile indépendamment de ce qu'en pense l'aile droite du parti républicain.

Quant à l'absolument nouveau, ne serait-ce pas le fait que, pour la première fois, les Etats-Unis ne se réfèrent plus à l'Europe. C'est là l'effet le plus clair de la mondialisation. Au XXe siècle, l'Amérique a toujours été « l'autre Europe ». Il faut se rappeler l'étrange moment qui court du 20 janvier au 20 février 1933. Le 20 janvier, c'était l'intronisation de Franklin Roosevelt et son discours annonçant le *New Deal*. Un mois plus tard, le 20 février, Hitler a conquis tous les pouvoirs en Allemagne. Hitler et Roosevelt étaient des contemporains absolus. Ils sont morts à quelques semaines d'écart, en 1945. Roosevelt a été l'anti-Hitler. Avec lui, l'Amérique a présenté dès 1933 une alternative au modèle hitlérien d'Europe fasciste. Elle a aussi incarné le modèle d'opposition à l'Europe communiste et elle a continué, avec Reagan, à s'opposer à une Europe décadente marquée par l'ampleur des investissements sociaux et la faiblesse de la posture militaire.

Aujourd'hui, alors que l'Europe s'unit et que l'euro entre en scène, l'Amérique, si le schéma qui a prévalu au XXe siècle était toujours valide, se positionnerait contre l'euro. Il n'en est rien. Pour la première fois, le point de référence des Etats-Unis n'est pas l'Europe mais... le reste du monde. La guerre que mène l'Amérique ne se situe pas au nord de la planète, mais au Moyen-Orient, c'est-à-dire au sud. Elle sera peut-être amenée à l'étendre à une partie de l'Asie orientale (Indonésie, Philippines), à l'Amérique latine (Colombie, Venezuela), non pas dans le but d'imposer un modèle de société mais pour rétablir sa propre sécurité. C'est la première guerre de nature totalement non idéologique que mène l'Amérique : une guerre pragmatique, dépourvue de tout messianisme démocratique.

Car les objectifs de cette guerre, contrairement à ceux de toutes les guerres que les Etats-Unis ont menées, ne peuvent être des objectifs absolus. Depuis la guerre d'Indépendance, le moyen américain de faire la guerre consistait à obtenir une capitulation sans condition de l'ennemi. A l'exception de la guerre du Vietnam, qui peut aussi être considérée comme une séquence malheureuse dans un long conflit, les Etats-Unis sont toujours allés jusqu'à la victoire totale. La guerre d'Indépendance s'est terminée par une pleine et entière indépendance vis-à-vis de l'Empire britannique. La guerre avec le Mexique a débouché sur la prise de Mexico. La guerre de Sécession a entraîné la capitulation sans condition des Sudistes. La guerre de 1945 ne s'est arrêtée qu'avec les capitulations sans condition de l'Allemagne et du Japon. La guerre froide s'est close par Tien Anmen et la chute du mur de Berlin.

Oussama ben Laden sera sans doute tué, Al-Qaïda dispersée, la menace que ce mouvement fait planer sur les sociétés musulmanes écartée, mais ces sociétés ne se convertiront pas pour autant au point de vue américain. Au contraire, l'intervention américaine dans cette région, une fois ses objectifs de court terme atteints, créera une solidarité assez ouvertement anti-américaine et favorisera l'émergence d'un pôle musulman qui ne sera pas un protectorat américain, voire qui demeurera durablement hostile aux Etats-Unis.

Cette situation est comparable à celle de l'Angleterre de 1815 qui, étant intervenue en Espagne, puis à Waterloo, pour aider les Européens à endiguer la puissance de Bonaparte, a assisté, au Congrès de Vienne, à une réorganisation de l'Europe qui, sans lui être défavorable, ne lui était pas subordonnée. L'Angleterre ne dictait sa loi ni à la Prusse, ni à l'Autriche, ni aux petits Etats européens... ni même à la France. De même, si Oussama ben Laden et ses partisans sont neutralisés, il restera un Iran, une Arabie Saoudite et une Egypte qui, tout en tirant les conséquences de la défaite des islamistes radicaux d'Al-Qaïda, auront à cœur d'inventer une idéologie intégratrice sur le plan régional et accorderont une place variable, mais importante à ces islamistes dans leurs sociétés.

Il y a fort à parier que l'hostilité, aujourd'hui palpable, des sociétés musulmanes envers les Etats-Unis demeurera, quand bien même elle sera contenue et militairement surveillée. Tout cela devrait conduire, une fois la région nettoyée de ses éléments les plus destructeurs, à l'émergence d'hommes d'Etat qui rebâtiront une puissance pour le monde musulman. Celle-ci tiendra pour le moins ses distances avec les Etats-Unis.

Nasser pleurerait sur la situation actuelle, lui qui voulait éliminer, pas seulement en Egypte, les Frères musulmans, pourtant bien moins extrémistes à l'époque que Ben Laden. Et pourtant il est vrai que la meilleure solution de long terme que les Américains pourraient trouver dans la région, c'est l'émergence d'un nouveau nassérisme arabe, ou peut-être iranien, capable de faire contrepoids au nihilisme islamiste, quelque soit le prix sans doute exagéré qu'il faudrait acquitter pour le voir se développer.

2. L'ISLAM

Le judaïsme, le christianisme, l'islam

L'islam est la plus récente des grandes religions de l'humanité. Nous avons connu une première bourrasque de religions du salut dans une période très restreinte, de 600 à 500 environ avant Jésus-Christ, période qu'un historien américain de l'islam, Hodgson, a très justement baptisée l'âge axial de l'humanité. Ces religions, sous la forme où nous les connaissons, sont le judaïsme prophétique, avec Isaïe ; le bouddhisme qui n'est autre que la prédication et la révolte anti-brahmane et anti-castes de Siddharta Gautama, en Inde ; et enfin, la philosophie devenue religiosité populaire de Confucius, en Chine. Toutes ces religions sont orientées vers une amélioration des rapports de l'homme et du monde, de l'homme et du temps, de l'homme et de l'Histoire.

Cinq siècles plus tard, le christianisme émerge, comme une mutation fondamentale du judaïsme vers une religion universelle. Six siècles s'écoulent encore avant que n'intervienne, vers le début du VIIe siècle, la naissance de l'islam. L'islam est une synthèse d'éléments venus du judaïsme et d'éléments venus du christianisme... Ce que l'islam conserve du judaïsme, c'est l'affirmation de l'unité de Dieu, l'idée que Dieu est irreprésentable et qu'il impose une Loi révélée, la Torah, devenue *charia* pour les musulmans. Cette loi est susceptible d'interprétation. L'interprétation de la *charia*, sans être aussi riche que celle de la Torah chez les talmudistes, est tout de même diversifiée, et donne lieu à des écoles qui se sont développées au cours du temps et qui introduisent progressivement un réel pluralisme intellectuel dans l'islam. Mais l'idée d'une absolue unicité de Dieu et de sa Loi est une réaffirmation de judaïsme fondamental contre un christianisme qui avait relativisé l'importance de la Loi et la transcendance de Dieu, pour le rapprocher des hommes à travers l'incarnation. L'islam refuse toute forme d'incarnation de manière radicale et orgueilleuse, ce en quoi il est très proche du judaïsme tel qu'il s'est durci dans sa polémique avec le christianisme, à la fin de l'Empire romain.

En même temps, il y a un aspect par lequel Mahomet s'est rapproché du christianisme, surtout après la conquête de La Mecque et l'établissement d'un premier Etat des croyants dans la péninsule arabique, c'est l'idée de la grâce et de la cité de Dieu. Il y a dans le premier islam une idée profondément chrétienne, celle de la grâce. Le premier verset du Coran, « Soit loué le Dieu miséricordieux, le Dieu de grâce » fait référence à l'infinie bonté de Dieu et à sa capacité à sauver les hommes, non pas à la fin des temps comme dans le judaïsme, mais en ce temps même, comme dans le ministère de Jésus.

Il y a certes un Dieu qui est tout-puissant, qui réaffirme sa transcendance parmi les hommes ; mais il y a aussi une cité, qui est l'accomplissement du dessein de Dieu sur terre et la consolation du chagrin des hommes.

L'islam maintient une très forte tension du croyant vers Dieu, qui n'est jamais totalement satisfaite ou accomplie. Le passage de l'âme tel que le décrit une sourate célèbre du Coran est un lent mouvement de purification : l'homme n'est jamais en règle avec Dieu irreprésentable, très haut dans le Ciel. Il y a une inquiétude dans l'islam qui est à l'origine des élaborations les plus sublimes de la culture musulmane, sa mystique. L'âme de l'homme doit s'élever vers Dieu. Et cette élévation passe par des confréries – le soufisme naît de là, contenu en germe dans la révolution du prophète, mais qui atteint sa pleine maturité au contact de la mystique persane.

A côté de cette élévation, fondée sur une recherche personnelle qui correspond sans doute à un moment de la biographie de Mahomet s'élève, comme pour la compenser, un mur de soutènement très solide, la construction d'une cité sainte, ici et maintenant. Cela rappelle le théocentrisme byzantin qui eut la sympathie de Mahomet dans son combat contre la Perse païenne. Le christianisme et le judaïsme ont évité ces écueils. Le judaïsme en s'arc-boutant sur le messianisme, c'est-à-dire en s'intéressant passionnément à l'interprétation dynamique de la Loi, en plaçant l'application complète de la Loi et la réalisation du dessein de Dieu dans un avenir difficile à atteindre, coextensif à l'avènement du Messie. Et avant la fin des temps, il y a donc place chez les Juifs pour du provisoire, pour de l'aléatoire, pour une remise en cause des institutions existantes qui est justement toute la dialectique talmudique fondée sur l'immensitude de la décision humaine.

Dans l'islam, cette dialectique est beaucoup moins forte, bien qu'elle existe, parce qu'elle doit aboutir à des résultats immédiatement applicables dans la Cité. L'islam est une cité sainte avant d'être une inspiration. L'islam n'est pas tendu vers le temps à venir, mais vers l'ici et maintenant. L'islam vit intensément la présence de Dieu. On ne bâtit pas pour les générations à venir, on bâtit maintenant. D'où l'urgence et un certain révolutionnarisme qui procède du texte lui-même comme de l'épopée guerrière et politique du Prophète consacrée dans la Tradition, les Hādiths.

Le christianisme, pour sa part, a peu à peu trouvé une solution assez proche de celle du judaïsme, dans « l'incarnation ascendante ». Dieu s'incarne dans les hommes, et d'abord dans son

Fils qu'il a envoyé pour assumer les péchés de l'Humanité tout entière. Ensuite les sociétés chrétiennes réalisent à travers le temps le dessein de Dieu, qui s'achève par le retour du Messie sur terre. L'imitation de Jésus-Christ, l'édification de son Eglise, qui constitue à travers les siècles et les contrées son « corps mystique », renoue avec un certain messianisme des fins dernières, et permet la prise de distance du temporel. Pour le judaïsme comme pour le christianisme, la vérité est à la fin.

Or, dans l'islam, la vérité est au commencement. Mahomet est « le sceau de la prophétie ». Il est le dernier des prophètes. Et il est, un peu comme dans la philosophie hégélienne, la subsomption de toutes les croyances antérieures. Ceci conduit à une tolérance bien plus grande, au début. L'islam ne pourchasse ni le christianisme ni le judaïsme mais le contient en ses flancs, à condition bien entendu de les dominer intellectuellement et politiquement, dans une cité où il assume la première place...

Et ce qui n'est pas dans cette cité se situe dans le monde de la guerre, le *Dar el-Gharb*. L'islam n'est certes pas en guerre permanente contre ce qui lui est extérieur, mais il exclut vers le monde non pacifié ce qui n'est pas soumis à la *charia*. Incontestablement, la foi musulmane s'accompagne d'une foi dans la cité musulmane, qui n'est autre que la cité de Dieu.

Rappelons qu'en islam, le degré de tolérance

peut être extrême, comme on l'a vu dans les « apogées » de l'islam qu'ont été le Bagdad abbassi du IXe siècle, l'Andalousie omeyyade aux IXe-Xe siècles, dans la Constantinople des grands sultans ottomans, qui ont accueilli notamment les Juifs expulsés d'Espagne, ou dans l'Inde des premiers Grands Moghols aux XVIe et XVIIe siècles. Il y a donc pas lieu de dire que l'islam ne s'intéresse qu'à lui-même. Au contraire, quand les moines, tels qu'Umberto Eco les représente dans *Le Nom de la Rose*, déchiraient les grimoires ou les brûlaient, faisant perdre à l'Occident les deux tiers de la civilisation gréco-latine, l'islam a conservé des textes entiers d'Aristote, de Gallien en médecine, de la mathématique grecque. Comment ne pas lui être infiniment reconnaissant de ce travail et de cette tolérance ?

Mais cette tolérance s'arrête sur un point : il y a une cité des hommes, la cité sainte, qui est la cité de l'islam, le *Dar ul-Islam*.

Les déchirements de l'islam

Cette double tension – mysticisme et incarnation, transcendance de Dieu et immanence de son règne – est extrême dans l'islam et produit des luttes intenses. Très vite, nous assistons à des déchirements, ni pires ni meilleurs que ceux qu'ont connus les Césars à Rome ou les dynasties issues des invasions barbares dans l'Occident médiéval. Mais ces déchirements ont marqué la communauté des croyants. Les descendants d'Ali, le gendre préféré de Mahomet, sont expulsés de la succession. Ils forment un parti, le parti dit d'Ali Chiat' Ali – les chiites – car cette querelle purement politique et dynastique se cristallise bientôt en théologie.

Ou plutôt en des théologies... Les ismaéliens, dont l'Agha Khan est encore aujourd'hui le chef, attendent le retour du dixième imam dans la succession d'Ali. Au contraire, le courant majoritaire du chiisme, qui domine en Iran (où il est une religion d'Etat depuis la fin du XVIe siècle), et qui est représenté en Irak, en Azerbaïdjan, au Liban (avec le Hezbollah, notamment) ainsi qu'en Afghanistan et en Asie du Sud, lui croit à *douze* imams. Enfin, il existe des chiites qui nous donnent une idée de ce qu'a été le chiisme à ses débuts, les zeïdites au Yémen, qui eux se sentent les descendants directs d'Ali et de son combat quasi tribal.

Et puis il y a la majorité sunnite, sunnite c'est-à-dire orthodoxe – la *sunna* c'est le corps commun de la tradition telle qu'elle est transmise aux musulmans. Bien entendu, les chiites récusent ce nom de sunnite, parce que eux-mêmes se considèrent comme parfaitement « sunnites », orthodoxes.

Et les sunnites eux-mêmes sont divisés. Se réclamant du sunnisme, vous trouvez des mystiques absolus qui suivent la voie du soufisme des grandes confréries, mais aussi des gens qui veulent appliquer la *charia* dans tous ses articles, et de la manière la plus vétilleuse, tels les wahhabites du Nedjd qui se rattachent à l'école ultra-orthodoxe hanabalite.

Vous avez des musulmans, des sunnites, qui croient à la raison, des chiites aussi – car, chez eux, le commentaire du Coran, l'*ijtihad*, est libre –, et qui veulent lui faire une place. C'est le courant philosophique qu'on appelait moutazilite à l'apogée de l'islam, et qui a engendré, avec Averroès, tout le rationalisme médiéval juif et chrétien y compris, pour cette conception, la toute-puissance de Dieu est limitée par les décrets de la raison. Malheureusement, ce courant a été battu dans l'histoire et dans la philosophie de l'islam par des courants à la fois mystiques et fidéistes qui se sont développés au moment même où la construction politique musulmane a été mise en question par l'effondrement du califat abbasside.

A son apogée, l'islam vit à peu près dans un Etat homogène de l'Espagne à l'Indus, qui n'a existé qu'à la fin de la dynastie omeyyade au VIIIe siècle. Une parenthèse : le pèlerinage à Jérusalem s'est développé à la fin de cette dynastie parce que les routes de La Mecque n'étaient plus sûres... Faute d'aller à La Mecque, les pèlerins étaient réorientés vers la mosquée Al-Aqsa de Jérusalem. C'est la seule période où Jérusalem a vraiment joué le rôle d'une cité sainte de l'islam. Ensuite elle a été abandonnée à son sort, sauf pendant la période de Saladin lors des croisades, et ne comptait pas même pour un demi-pèlerinage, comme Kairouan en Tunisie pour le Maghreb ou Samarcande en Asie centrale.

Après la fin du califat omeyyade, se produit une série de révoltes d'où résulte l'instauration du califat abbasside. Le califat abbasside est contemporain de Charlemagne. C'est l'apogée politico-culturel du monde musulman. Bagdad est la capitale de ce vaste empire imprégné de culture persane – alors que le califat omeyyade était plus traditionnellement arabe, et tourné vers le monde gréco-byzantin.

A partir du califat abbasside, une partie du monde musulman entre en dissidence, c'est l'Andalousie qui continue d'être gouvernée par le dernier des Omeyyades qui a échappé au massacre de toute sa famille. A son tour, le califat abbasside entre en déclin, lentement, et lorsqu'il s'effondre, il laisse place à des « royaumes combattants », qui tous naissent du califat, reconnaissent formellement un calife abbasside sans pouvoir autre que religieux à Bagdad, mais s'en émancipent sur tous les autres plans.

Le dernier calife abbasside n'est qu'un avorton qui sera emporté par les invasions mongoles. Ailleurs, en Egypte et en Tunisie, les chiites ismaéliens ont établi leur propre califat, dit « fatimide », qui ne sera pas durable. Dans la désorganisation qu'apportent les croisades, puis les invasions mongoles et la fragmentation des royaumes musulmans à cette époque, nous vivons une première période de désorientation et de crise profonde de la pensée islamique.

C'est à ce moment-là, au XIe siècle, qu'émerge un grand mystique soufi, Ghazali, dont les idées irrationalistes vont marquer l'ensemble du monde musulman. Il met en avant la foi, avant tout, contre la formalité de Loi et surtout contre la raison. Ghazali va marquer de manière indélébile les écoles théologiques musulmanes les plus dures, notamment l'école hanbalite wahhabite, qui reprend les idées de Ghazali, quelques siècles plus tard. Le point de départ de ce fidéisme intolérant, c'est la décadence de l'islam.

L'appel du prophète s'est perdu. Seule une soumission totale à la volonté du Tout-Puissant, seul un retour à l'application la plus stricte de l'islam, sont de nature à le sauver du naufrage.

En face de ce fondamentalisme, s'installe à la même époque en Perse surtout, puis en Anatolie, un véritable apogée philosophique et mystique. C'est l'ère des grands mystiques, qu'on redécouvre aujourd'hui : Ibn Arabi, Sorawardi, Rumi...

L'islam ottoman et le califat

Si l'islam fascine tant d'intelligences aujourd'hui, c'est qu'il a poussé très loin l'émancipation du croyant. Même la mystique orthodoxe russe dans le christianisme ou le hassidisme dans le judaïsme ne font pas une place aussi grande à l'ascèse personnelle.

Paradoxalement, l'homme musulman est seul. Il est seul justement parce que la communauté est trop serrée. Et ce resserrement de la communauté n'est pas un trait de l'islam éternel. Il est un trait de la *crise* de l'islam. Aux XIe et XIIe siècles, seule la communauté des croyants, qui se substitue au califat défaillant, peut recréer la cité de Dieu. Et ce qui manque à l'homme est à rechercher dans une ascèse personnelle, au sein de la confrérie. D'où le caractère double de l'islam. Il y a à la fois la communauté et la confrérie. La grande communauté, la *oumma*, taillée trop large, trop exigeante, qui demande trop des hommes... Et il y a la petite communauté, la confrérie, qui permet une émancipation, mais de l'homme seul, sans sa famille, sans ses enfants, et qui est une aventure personnelle, une aventure métaphysique.

Tout ceci conduit à des impasses politiques majeures. Face à de telles exigences, la reconstitution du califat, qui va advenir avec les Ottomans, est une reconstruction pragmatique. Les Ottomans, par leur puissance militaire, réussissent cet exploit de redonner de l'énergie à un islam qui avait été dispersé, et ils lancent ensuite leurs armées pleines de mercenaires chrétiens contre ce qui reste de l'empire byzantin et les principautés faibles de l'Europe du Sud-Est. Ils réinstallent un nouveau centre de l'islam beaucoup plus à l'ouest, à Istanbul, qui rayonne à la fois sur les Balkans et sur l'Anatolie. Cet islam-là est tout à fait pragmatique : il accepte très bien la cohabitation avec d'autres minorités, chrétiennes pour l'essentiel, qu'il ne cherche même plus à convertir, mais seulement à dominer politiquement.

Ainsi l'islam ottoman, l'école hanafite, la plus libérale, introduit-il une différence radicale entre la religion et la politique. Les Ottomans sont plus machiavéliens que Machiavel à la même époque... Ils considèrent que ce qui est de l'ordre de la politique est de l'ordre du provisoire. La politique est rationnelle, elle est une combinaison de moyens et de fins régie par les mathématiques et la physique humaines. Tandis que la religion est une espèce de nuage qui doit être maintenu, avec des oulémas... mais on ne doit surtout pas permettre aux oulémas de régner, aux nuages de descendre sur terre.

Cette solution, qui est encore en usage dans les Etats musulmans issus de l'empire ottoman –

depuis la laïcité militante des Turcs jusqu'à la laïcité honteuse des Egyptiens –, fonctionne toujours, mais sur le mode mineur : la grande politique ne consiste plus aujourd'hui à dicter sa loi aux Habsbourg ou à faire peur à l'Europe entière, mais à demander des rallonges au budget américain pour l'Egypte ou à vivre des subsides français ou européens ailleurs, ce qui n'est pas exactement l'idée que les bons musulmans se font de leur place dans le monde...

Pour faire tenir tranquilles les oulémas, il faut être vainqueur. Nasser l'était presque, et c'est pour cela qu'il tenait un discours sans concession aux Frères musulmans. Mais l'islam religieux, que la raison d'Etat ottomane a voulu ranger dans un recoin obscur et archaïque de la société, relève la tête. Et le seul islam que l'on puisse opposer véritablement à cet islam humilié des oulémas sunnites, c'est l'islam du cœur, c'est l'islam soufi, c'est l'islam mystique, celui qui ne prêche pas la guerre contre tous mais la fraternité de tous les hommes, celui qui parle au contraire au nom de la miséricorde divine aux hommes et aux femmes à travers le chant de la nature.

Pour que cet islam-là triomphe un jour, il faudrait qu'il s'exprime... Or, toute la tradition soufie, c'est justement la discrétion, la dissimulation, la *Taqiya*. Déjà Averroès, le père de la laïcité moderne, disait qu'il existait une science des doctes, réservée aux hommes instruits, et puis une religion des humbles ; il fallait accepter que le vulgaire pratique cette dernière sans nuances afin qu'il se tienne tranquille.

Quand on prétend que l'islam est incapable de laïcité, on se trompe. Simplement, sa laïcité est inverse de la nôtre. La laïcité chrétienne, en effet, c'est la naissance, à travers la controverse interne au christianisme du Pape et de l'empereur, d'un espace public où l'on décide que les conflits de la religion seront exclus, sans oublier que cet espace public est hérité de la Grèce et de Rome.

Autrement dit, la solution de la tolérance, à partir de l'édit de Nantes, à la fin du XVIe siècle, c'est de faire de la religion une affaire privée. C'est ainsi que cela a fonctionné aussi bien aux Etats-Unis qu'en Europe. Chacun est également libre de pratiquer la religion comme il l'entend, et la religion qu'il préfère, mais il doit accepter l'existence d'un espace qui transcende cette conviction religieuse et où chacun essaie de trouver le bien commun, non pas à partir de sa propre conviction, qui doit rester privée, mais de fondements humanistes qui sont communs à tous, d'une sorte de religion naturelle qui plonge ses racines dans l'Antiquité gréco-latine.

Dans l'islam, chacun est également libre de donner à la religion l'interprétation qu'il choisit. C'est ce que l'architecture musulmane traduit admirablement, avec ces maisons tournées vers l'intérieur, où la décoration extérieure est modeste et où le patio est composé de jardins, d'ornements extraordinaires. Et la beauté – la beauté des femmes aussi, d'ailleurs – est réservée à la consommation intérieure. La vie intérieure est repliée derrière les hauts murs de la médina. Quant à l'espace public, c'est un espace religieux. C'est l'espace privé qui est l'espace laïque.

L'échec du modèle ottoman de quatrième califat – après les Omeyyades, les Abbassides et les Fatimides du Caire – est consommé en 1924 lorsque Atatürk abolit le pouvoir califal du sultan, après avoir aboli son pouvoir temporel, deux ans auparavant. Mesure typiquement jacobine, qui plonge dans la consternation les musulmans très au-delà des frontières de la Turquie. Il y aura un mouvement pour le rétablissement du califat en Inde, qui va être un premier mouvement d'éveil des musulmans de l'Inde, lequel est pour beaucoup dans les origines de l'idée du Pakistan. Dans le monde arabe aussi, cette abolition du califat ottoman provoque des débats. Le roi Fouad d'Egypte a été tenté, à un moment, de se proclamer calife. Seuls ses ministres coptes l'en ont empêché, au nom de l'unité de l'Egypte. Peut-être faut-il le regretter. Pareillement, Ibn Saoud n'a jamais osé se proclamer calife, lui qui était à la tête de quelques tribus bédouines. Cela, il faut s'en féliciter au contraire.

Aujourd'hui, il n'y a plus de califat, mais beaucoup de musulmans – tous ceux nés avant 1924 –

ont encore connu un calife. Cette idée d'un pouvoir suprême compte pour les sunnites. Evidemment, les chiites ne l'acceptent pas...

Même pour les Javanais soumis à la domination hollandaise, même pour les Africains musulmans qui vivaient dans des colonies françaises ou britanniques, le sultan calife conservait encore un sens même lointain.

Cette idée de l'organisation politique de l'islam avec un souverain qui est à la fois le desservant le plus important de la religion révélée et le chef politique, est profondément enracinée dans l'islam. Et seule une tension plus forte, un rapprochement qui impliquerait que ce mysticisme de la personne descende vers la cité, tandis que, au contraire, la cité de Dieu remonterait vers un objectif historique plus lointain, serait de nature à alléger le poids de l'idéologie politique à l'œuvre en permanence dans la religion musulmane.

Historiquement, les musulmans ont montré qu'ils pouvaient vivre dans des milieux laïques, voire comme minorités religieuses – par exemple, en Russie depuis le XVIe siècle ou en Chine depuis toujours. Mais il est très difficile pour un croyant d'accepter que l'islam puisse se pratiquer, sans qu'il y ait une manifestation ici et maintenant de l'espace islamique.

Ce réflexe se retrouve à chaque insurrection musulmane. Les Bosniaques se sont battus pour qu'existe une république de Bosnie qui soit la république des musulmans, même s'ils n'étaient pas du tout engagés dans une guerre sainte contre les Serbes et les Croates, qu'ils ne voulaient pas convertir. En revanche, ils voulaient un territoire bien à eux, dès lors qu'éclatait la Yougoslavie.

Cette représentation est très profonde dans l'islam. Là où il y a musulman, il y a territoire musulman. La Loi musulmane s'y applique, et par là la foi musulmane... Ce n'est qu'à travers une ascèse personnelle et une polémique ouverte que les musulmans libéraux peuvent s'émanciper de cette représentation trop prégnante. Elle n'est pas généralisée, je l'entends bien, mais elle est là. L'imam de Roubaix ne reçoit-il pas Martine Aubry à la lisière du quartier où les musulmans sont majoritaires, parce qu'il considère que la municipalité n'a pas à pénétrer plus avant ? C'est là encore une manifestation pittoresque, mais cela peut prendre des formes inquiétantes. Il y a souvent une volonté musulmane de territorialisation. On le voit dans le nord du Nigeria, avec tous ces Etats de l'Union nigériane qui, les uns après les autres, adoptent la *charia*, ce qui conduira, si l'on n'y prend garde, à la naissance d'un « Pakistan noir », au milieu de l'Afrique occidentale, la République islamique des Haoussas et des Foulanis.

Certains musulmans sont hostiles à cette conception. Tous les musulmans assimilés de Russie, qui sentent bien combien le séparatisme tchétchène est de nature à leur faire perdre pied dans une société où ils étaient acceptés comme minorité religieuse, préfèrent la notion de minorité culturelle non territoriale à cette territorialisation parfois suicidaire.

Pareillement, un certain nombre de chefs politiques qui n'ont pas été écoutés en Bosnie voulaient l'entente avec les Serbes. Il y a de nombreux intellectuels musulmans, ainsi que des dignitaires religieux en France, qui sont tout à fait d'accord avec l'idée d'une assimilation positive à la République.

L'hégire c'est la fuite de La Mecque, un lieu de paganisme, vers Médine, où le Prophète va pouvoir installer la société soumise au Dieu Unique telle qu'il la conçoit. Il y a toujours dans l'islam une exigence de vivre en accord avec les prescriptions du prophète et elle passe par la territorialisation de la cité de Dieu. La modernisation de l'islam passe à l'inverse, pour ceux qui ont choisi de vivre avec l'Occident, par une relative déterritorialisation de leur foi. C'est là un passage manifestement difficile. Mais le judaïsme et le christianisme ont aussi de grands efforts à accomplir sur eux-mêmes.

La fin du modèle ottoman ?

Dans le contexte actuel, cela signifie que la plupart des intellectuels musulmans se trouvent confrontés à l'échec du modèle ottoman affaibli. Les Etats de cette vaste région qu'est le Proche-Orient sont semblables aux petits Etats italiens que dénonçait Stendhal dans *La Chartreuse de Parme*. Ce sont des structures de transition qui devraient donner naissance à des formes plus larges. Beaucoup de musulmans qui regardent la télévision et qui lisent les journaux comprennent que la plupart de ces micro-Etats sont condamnés, même quand ils sont les plus prospères, comme le Koweït, le Qatar, les Emirats arabes unis. En Europe occidentale, nous sommes en train de créer, avec l'Union européenne, une fédération dans laquelle les Etats renoncent à leur souveraineté entière pour créer un espace de liberté plus grand.

Dans le monde arabe, c'est l'inverse qui s'est produit. Les Etats qui se réclamaient de l'unité de la nation arabe, depuis l'Atlantique jusqu'à l'Euphrate, qui n'étaient jamais en peine de déclarations idéologiques, sublimes et vides de contenu, ont été transformés en petits principats, dirigés par des cliques qui, derrière un discours unitaire, sont farouchement opposées à toute forme de rapprochement. Il y a aujourd'hui beaucoup plus d'échanges entre le Maroc et la France, entre l'Algérie et la France qu'entre l'Algérie et le Maroc ! Or rien n'empêcherait la naissance d'un grand marché commun entre les trois grands pays du Maghreb qui partagent la même culture araboberbère...

La Syrie et l'Irak n'ont cessé de se combattre, avec un luxe de coups bas et de meurtres absolument ahurissant, alors que ce sont les deux branches du même parti panarabe Baas qui y sont au pouvoir. L'Arabie Saoudite, qui dépense en mosquées tout l'argent du pétrole qu'elle n'utilise pas pour acheter la sécurité de ses sujets, n'a jamais donné beaucoup d'argent, ni à l'Egypte pour qu'elle développe des projets d'irrigation, ni à quelque Etat arabe que ce soit d'ailleurs. D'où l'image exécrable de l'Arabie Saoudite dans le monde arabe.

Un intellectuel arabe qui connaît sa tradition se dit aujourd'hui ceci : nous avons été grands quand nous avons été un Etat unifié par une vision du monde à la fois religieuse et politique : le califat. Un califat tolérant, que ni l'Europe carolingienne, ni l'Europe byzantine, ni l'Europe espagnole avec les bûchers de l'Inquisition, ne peuvent se permettre de juger de haut.... A l'époque, nous avions la science, la chimie, l'algèbre. Ainsi, l'algorithmique vient d'une région aujourd'hui déshéritée de l'Ouzbékistan, le Khwarezm. Nous avons introduit le zéro, qui nous était venu de l'Inde. Nous avons fait la synthèse de l'alcool, que nous n'avons pas le droit de boire. Nous avons créé le pouvoir qui permet de transférer des fonds d'un pays à l'autre, le chèque. C'est le même mot que « cheikh ». Nous avons donné à l'Occident, outre la boussole, la voile dite « latine », qui est une voile arabe. A cette époque, nous étions un. Il y avait un seul pouvoir, depuis Agadir jusqu'à Karachi. Et à cette époque-là, nous étions respectés et même nous étions tolérants.

Et aujourd'hui ? Nous avons des régimes qui singent l'Occident en complet-veston, des régimes archaïques, autoritaires, despotiques, malhonnêtes. Nous sommes pris au piège alors que nous parlons au moins la même langue, l'arabe, pour dix-neuf d'entre nous, et que nous avons la même référence, l'islam, pour une trentaine d'Etats. Si nous mettions en commun nos richesses – notre pétrole, notre savoir-faire, notre énergie –, nous compterions comme la Chine compte, comme l'Inde comptera, comme l'Europe aujourd'hui s'efforce de compter.

Cette idée n'est pas irrationnelle. Sauf qu'elle se heurte à des obstacles majeurs qui sont internes, et non pas extérieurs comme le prétend l'idéologie courante, reprise avec étourderie par trop d'analystes superficiels.

Le nationalisme arabe est de nature différente. Au Machrek, « l'Orient arabe » – c'est-à-dire en Egypte, dans la péninsule arabique, en Syrie et en Irak –, le nationalisme arabe a été « inventé » par les Occidentaux. Il s'appuie sur cette idée de nation fondée sur la langue, directement inspirée du monde européen, qui a artificiellement opposé les Arabes – tous ceux qui parlent la langue arabe –, aux Turcs et aux Iraniens. Un des grands intellectuels de la révolution jeune-turque, Gökalp, écrit dans un poème célèbre : « Que les Arabes restent avec les Arabes, que les Persans se tournent vers les Persans. Nous, nous sommes Turcs et nous entendons le rester. »

Cette idée de nation refondée sur la langue, directement inspirée du monde européen et de la philosophie de Herder, a connu un vrai succès. Pendant la Première Guerre mondiale, le nationalisme arabe a été instrumentalisé par la France et la Grande-Bretagne pour détacher les provinces méridionales arabes de l'empire ottoman de Constantinople...

Par ailleurs, ce nationalisme a été très marqué par le christianisme. Les chrétiens arabes, qui jusque-là étaient des minoritaires plus ou moins protégés avec condescendance, ont en effet trouvé dans ce nationalisme le moyen de réintégrer la majorité... Voyez le raisonnement : « Vous les Arabes musulmans, vous nous considérez comme des minoritaires, mais en tant qu'Arabes, parlant la même langue que vous, nous sommes la quintessence de ce que vous êtes. » C'est ce que les intellectuels chrétiens coptes ont réussi, à partir de 1880, en Egypte, en prenant dans les faits la tête du mouvement national. C'est le tour de passe-passe qu'ont longtemps réussi les intellectuels chrétiens de Syrie, du Liban, d'Irak, fondateurs du Parti national syrien, puis du Baas, son successeur idéologique.

Au passage, ils ont introduit dans ces partis nationalistes arabes une substance autoritaire et initiatique, parce qu'au fond, les chrétiens en dehors du Liban ne seront jamais intéressés par l'exercice du suffrage universel dans un monde arabe où ils représentent au maximum 5 à 10 % du corps électoral. Alors que dans une dictature, et compte tenu du caractère avancé de l'éducation chrétienne soutenue par les missions occidentales, notamment dans un despotisme éclairé qui est le régime qui leur convient le mieux, ils ont des moyens d'influencer le sultan, voire de faire la politique à sa place, en accédant au poste de vizir. Le dernier représentant de cette approche, c'est Tarek Aziz, chrétien chaldéen, c'est-à-dire catholique irakien, aujourd'hui numéro deux d'un régime qu'il aura mené longtemps par le bout du nez.

Le fondateur du parti Baas, Michel Aflak, était un chrétien d'Alep. Son adjoint Sami Al Joundi, un chiite ismaëlien. Le Baas a formidablement servi le dessein des minoritaires. Et il a réussi partout comme expression des minorités. En Syrie, les alaouites ont pris le pouvoir alors qu'ils représentent à peine 15 % de la population syrienne, mais 80 % des généraux et 100 % du pouvoir politique... C'est une commandite extraordinaire, mais bien fragile. En Irak, l'alliance qui sous-tend le Baas de Saddam Hussein ne représente que 20 à 30 % de la population des Arabes sunnites et chrétiens.

Il y a bien dans le nationalisme arabe un fondement minoritaire et autoritaire, car il est évident que la véritable culture de ces régions n'est pas étroitement nationaliste. Observons la société égyptienne : au XIXe siècle, sa classe dirigeante est composée de Turcs et de Circassiens – les proches cousins des Tchétchènes – tout autant que d'Egyptiens de souche. Des villes comme Alep en Syrie ou Mossoul en Irak sont encore à moitié turques. Et si vous considérez la culture des Arabes chiites du sud de l'Irak – avant que le Baas ne leur explique qu'ils avaient une frontière à maintenir, tous drapeaux déployés –, c'est une culture qui fut autrefois bilingue, à la fois arabe et persane. Rarissimes étaient les gens éduqués au sud de l'Irak, à Nadjaf, à Kerbela ou à Bassora, qui ne parlaient pas le persan aussi bien que l'arabe. Rarissimes les Iraniens, à Abadan, qui ne parlaient pas l'arabe. Rarissimes les Kurdes qui ne parlaient pas à la fois le persan et l'arabe, dès lors qu'ils vivaient dans les villes.

Si vous voulez aujourd'hui démêler l'élément turc de l'élément iranien, vous créez des complications incroyables dans la géographie politique, jusqu'en Asie centrale. C'est Staline qui a voulu rompre l'unité des Tadjiks et des Ouzbeks, les Tadjiks parlant persan et les Ouzbeks parlant turc... La vérité c'est que les deux peuples vivent intimement mêlés, au point que les familles parlent souvent les deux langues ! Je ne suis pas certain qu'on arrivera à reconstituer au XXIe siècle l'unité de cet ensemble, et c'est bien dommage.

Sommes-nous loin de notre sujet ? Pas du tout ! Parce que Oussama ben Laden veut tout cela. La force de l'islamisme moderne, c'est de plonger les gens dans un passé qu'ils avaient oublié et qui, en l'occurrence, paraît souvent meilleur que le présent.

Des cousinages anciens, des parentèles ont été brisés par des frontières en partie artificielles. Mais n'est-ce pas la même chose en Europe ? La différence est que, depuis 1945, nous avons assoupli nos frontières, alors que dans le monde musulman, les frontières ont été durcies. Par exemple, les ouvriers égyptiens expulsés par camions et molestés par la police de Saddam Hussein, à un moment de tension entre l'Egypte et l'Irak, en 1989-1990. Sans parler des Palestiniens qui vivent sans passeport et sans aucun droit dans des pays qu'ils ont très largement contribué à édifier, comme l'Arabie Saoudite ou le Koweït.

Ces tentatives d'Etat-nation musulman n'ont pas réalisé ce que notre Etat-nation a toujours voulu : l'éducation commune, une culture commune... Alors pourquoi voudrions-nous que des musulmans, qui savent qu'ils ont été une grande société, une grande culture, aient un amour sans borne pour ce système trop étroit ? Il faut faire une exception pour la Turquie, qui a réussi pour l'essentiel l'établissement d'un Etat sur le modèle européen, mais au prix d'exigences et d'efforts considérables. Il faut aussi faire une exception partielle pour l'Iran, installé sur le territoire d'une grande nation persane, dans une certaine continuité historique.

Mais ailleurs dans le monde arabe, ces Etats récents n'ont aucune légitimité, ni au regard de la raison, ni au regard de l'Histoire. A l'inverse, la force de l'islamisme, c'est de parler aux gens une langue qu'ils entendent parfaitement. La langue des fondements de l'islam est aussi cette exigence de bâtir la cité de Dieu.

Les musulmans qui ne veulent pas de l'islamisme ne peuvent opposer à cette vision qu'une vision plus haute. Ce n'est pas Moubarak qui serait porteur de cette vision, ce n'est pas Arafat, et c'est là toute la vulnérabilité du monde musulman d'aujourd'hui. Ben Laden l'a bien compris. On répond à son discours par des paroles de bon sens ou par un haussement d'épaules, pourquoi pas. Mais il n'y a pas de théorie ou de discours qui soit à la hauteur du sien, malgré ses immenses faiblesses.

Tous ces dirigeants que l'on voit sur les photos de l'Egypte de grand-papa étaient francs-maçons. Ils portaient avec noblesse leurs redingotes et leurs gilets couronnés du tarbouche, ils étaient à la fois de bons musulmans et des hommes épris de sciences... Ils pensaient que leur politique allait émanciper les paysans, leur donner les moyens de devenir les acteurs de la vie politique et sociale. Soixante-dix ans plus tard, que reste-t-il de ces rêves ? De la poussière. Et ce sont les mêmes, ou leurs petits-enfants, qui sont au pouvoir ! Simplement leurs ambitions ont été étouffées. Et la bourgeoisie aisée, née de l'ouverture de l'Egypte, est d'une indifférence politique absolue. Prise de vertige piétiste, se sentant coupable d'avoir gagné tant d'argent si vite, elle donne aussi parfois des fortunes aux fondations saoudiennes...

Islam et islamisme

Quel est le discours du fondamentalisme religieux ? En quoi est-il fidèle à la tradition du texte sacré ? C'est la question que nous nous posons tous.

L'immense majorité des musulmans d'aujourd'hui, qui sont de bons musulmans observants, qui ne mangent pas de porc, ne boivent pas de vin, élèvent leurs enfants dans l'islam, qui, s'ils ne prononcent pas leurs cinq prières les font au moins en intention et considèrent que la parole du Prophète est la vérité révélée, rejettent profondément l'islamisme. Des milliers et des milliers de musulmans sont déjà morts en luttant contre cet islamisme. En Algérie, au Pakistan, en Turquie, en Egypte, combien ont donné leur vie pour une autre conception de l'islam ?

Le problème politique majeur, c'est que ceux qui s'opposent à l'intégrisme n'ont pas tout à fait la théorie adéquate. Tout ce que disent les islamistes est bien dans le texte. Les intégristes ne sont pas des hérétiques – en tout cas en ce qui concerne les sunnites, comme Oussama ben Laden. Ils ne développent pas des conceptions nouvelles de l'islam. Simplement, au nom de la guerre sainte, ils veulent créer un Etat pour tous les croyants.

En réalité, leur doctrine est profondément contraire à l'islam, non pas dans la littéralité de ce qu'ils affirment, mais dans la manière dont ils conçoivent leur combat.

Ce qui caractérisait la guerre sainte des premiers descendants du Prophète lorsqu'ils conquirent le Croissant fertile ou des Turcs lancés à l'assaut de l'Europe du Sud-Est, c'est leur ouverture d'esprit. Que fait Selim Ier lorsqu'il arrive à

Constantinople ? Certes, il fait passer de la chaux sur des mosaïques dans des églises, il transforme en mosquée la basilique Sainte-Sophie. Mais pour le reste, il dit à l'aristocratie byzantine : « Ne changez rien à vos habitudes. » Il fait du patriarche de Constantinople le premier dignitaire de l'empire !

Que fait le premier Grand Moghol Baber le Tigre ? Bien sûr, il transforme les temples en mosquées comme à Ayodhya où le temple du Seigneur Krishna devient la *Babri Masjid*, la mosquée de Baber. Mais il dit aussi que l'hindouisme est une religion qu'il respecte et qu'il construira un temple hindou dans tous ses palais, pour ses compagnons indiens. Et son successeur, Shah Jahan, édifie le Taj Mahal, ce monument d'architecture soufie, proclamation du pur amour, ouvert à la fois aux musulmans et aux hindous et où l'on ne trouve pas un seul verset du Coran.

Que fait Omar, le conquérant de Jérusalem ? Il trouve une ville désolée où les Byzantins ont occulté toute manifestation physique du Temple de Jérusalem. Car la doctrine byzantine orthodoxe veut qu'un Temple ne soit plus jamais élevé dans Jérusalem. Omar demande au patriarche orthodoxe : « Montre-moi le Temple. » Finalement, le patriarche, après l'avoir emmené en deux lieux inexacts, l'emmène à la « porte des immondices », où toutes les ordures de Jérusalem étaient déversées. Et c'est, hélas, le véritable emplacement du

Temple. Là, Omar se baisse et commence à essuyer patiemment les immondices de sa djellaba blanche, pour libérer l'emplacement du Temple, sur lequel s'élèvera Al-Aqsa.

Bientôt, tous les guerriers l'imitent. Le Temple revit en partie grâce à Omar. Au début, les clefs d'Al-Aqsa étaient laissées à des familles juives des environs de Jérusalem dans lesquelles on avait confiance.

Pour autant, ne nous voilons pas la face, la guerre sainte est inquiétante... Le psychothérapeute, apaisant, dirait : « Non, la guerre sainte, c'est en fait la guerre que chacun doit mener en lui-même pour s'élever moralement... » Le djihad peut certes devenir cette ascèse, la guerre qu'on livre à soi-même, un chemin vers Dieu. C'est une acception bien plus satisfaisante et reposante pour l'esprit. Mais il s'agit d'une métaphore tardive des grands mystiques soufis qui n'a guère de prise sur la représentation courante. Le djihad, c'est d'abord la conquête de la moitié du monde. C'est la guerre. Bien entendu, on ne peut que favoriser une interprétation non littérale du djihad ou sa sublimation. Mais on n'enlèvera jamais de l'islam l'idée de créer sur cette terre la cité sainte. Et par la guerre.

Cette guerre sainte est accompagnée chez les fondateurs de tous les grands Etats musulmans d'une authentique générosité, sans égal.

Or, à l'évidence, l'islamisme actuel est fondé

sur un rejet absolu, total, de toutes les cultures antérieures, de toutes les traditions, de tout ce qui constitue l'âme tolérante et pluraliste de l'islam.

Comment expliquer qu'en 1 500 ans d'islam, aucun dirigeant religieux, ni aucun conquérant, n'ait touché aux célèbres bouddhas afghans de Bamyan, et qu'il ait fallu attendre l'an de grâce 2000, dernière année du XXe siècle, pour que les Talibans s'en prennent à ces statues ?

Lorsque les musulmans sont arrivés en Afghanistan, au VIIIe siècle, ils ont trouvé les tribus pathanes organisées avec des traditions qu'elles révéraient et un code coutumier particulier, la *pachtoun-wali*, la loi des Pathans. Eh bien la *pachtoun-wali* a eu toujours force de loi, à côté de la *charia*. Jusqu'aux Talibans... On pourrait multiplier les exemples de ce type.

Un suicide de l'islam ?

Je me souviens de discussions avec des islamistes iraniens proches de Khomeyni. Leur idée maîtresse n'était pas du tout que l'islam demeurât une religion conquérante qui s'imposerait au reste de l'humanité. Ce discours militant, ils le réservent aux frères déshérités qu'ils reçoivent, aux paumés des banlieues parisiennes, par exemple. Mais les chefs véritables n'en pensent pas un mot.

Ils croient, bien au contraire, que l'humanité court à sa perte parce qu'elle a perdu le sens de Dieu, que nous nous dirigeons tout droit vers un crépuscule des dieux. Et dans ce crépuscule des dieux, l'islam va mourir, parce que la société moderne lui est trop contraire. Mais s'il doit mourir, il ne mourra pas seul...

C'est pourquoi le suicide, dont la trace est inexistante pendant les grands moments de la conquête musulmane classique, prend une place centrale aujourd'hui dans l'idéologie islamiste. C'est par cette obsession du suicide que l'on voit à quel point ce nouvel islam national-intégriste diffère de tout ce qui l'a précédé. Il y a une volonté de destruction et d'autodestruction qui est au cœur cancéreux de l'islamisme, parce que l'islamisme n'est pas du tout une affirmation confiante de l'islam – « Nous avons le temps, nous avons l'Histoire pour nous... » –, mais au contraire la transe angoissée d'hommes qui voient disparaître une société qui leur était chère. Et ces hommes sont prêts à tuer, jusque dans leur entourage le plus proche, pour ne pas voir ce qui vient, c'est-à-dire la fin d'une société hiérarchique, masculine, qui se meurt, quoi qu'il arrive.

On voyait cette même volonté suicidaire à l'œuvre dans le nazisme crépusculaire, sombre, autodestructeur. Avec la conviction *in fine* que l'adversaire est trop fort, mais qu'il paiera pour sa victoire. Auschwitz aura été ce prix acquitté à la défaite du germanisme païen.

Les islamistes sont profondément croyants, et profondément effrayés par le monde qu'ils observent depuis leur étroite fenêtre. En même temps, ce qui est encore souterrain dans le monde sunnite et arabe est parfaitement lisible en Iran, où nous sommes confrontés à la double tradition persane et chiite du pluralisme culturel et religieux. Tradition persane, parce que dans cette société, la controverse, la philosophie n'ont jamais disparu, à la différence du monde arabe, dominé par les Turcs. Et tradition chiite, parce que le chiisme, qui a été persécuté comme le christianisme dans l'empire romain, a trop longtemps été repoussé dans la catacombe. Lorsqu'il devient enfin religion d'Etat en Iran, très tard, à la fin du XVIe siècle, il conserve l'idée que l'interprétation de la Loi, l'*ijtihad,* est libre. Le chiisme codifie l'existence d'écoles différentes et autorise la controverse.

Ainsi la République islamique de Khomeyni était à la fois aussi violente qu'une dictature fasciste, mais n'a jamais supprimé totalement le débat en son propre sein. Le chiisme ne pourrait jamais être qu'un intégrisme « à moitié », un fascisme non totalitaire.

Les théoriciens de la Révolution islamique ont partout affirmé qu'il fallait arrêter l'évolution de la société actuelle. C'est bien pour cette raison qu'ils exercent une trouble fascination sur une partie du populisme de gauche européen, qui a peur de la science, de la fin des campagnes et des petites villes, et qui recrute dans la petite bourgeoisie effarée par la vitesse de transformation de notre monde et malmenée par de nouvelles élites affairistes et immorales.

En Iran, des intellectuels de qualité ont rejoint le camp de la Révolution islamique parce qu'ils ne supportaient pas le développement accéléré que le chah faisait subir à l'Iran. Ils ont préféré que l'Iran cesse d'être une grande puissance plutôt que de renoncer à cette identité, qui est une identité *vécue* plus qu'une identité *pensée*. C'est pourquoi, à la fin du compte, l'islamisme fait prévaloir un islam du vécu, un islam sociologique, sur un islam intellectuel, un islam de l'individu, libre de son destin.

En réalité, rien ne s'oppose à ce qu'un musulman épouse aujourd'hui les formes les plus avancées de l'économie et de la société. Ne serait-ce que parce que l'islam, à l'origine, est une religion des villes, de la technologie, et du savoir. On lisait et on écrivait beaucoup plus dans l'islam classique que dans l'Occident carolingien. Mais cela, les islamistes d'aujourd'hui n'en ont cure : ils sont, sous cet angle, plus Carolingiens qu'Abbassides...

Ils veulent la dictature des hommes sur les femmes, la société patriarcale, un certain équilibre des campagnes, mais ni le développement, ni jamais la démocratie. Pour ce faire, ils convoquent à leur profit toutes les représentations traditionnelles de l'islam, comme Hitler avait su susciter tout le chatoiement de la féodalité médiévale au service de sa propagande. L'islamisme est aussi nouveau que la démocratie et il s'y oppose de toutes ses forces.

Le moment décisif, c'est 1914. L'empire ottoman est gravement menacé. La dernière garnison ottomane évacue le Nedjd, la région désertique où Constantinople avait essayé tant bien que mal de maintenir la paix ottomane. Tout de suite Ibn Saoud, qui est soutenu discrètement par les Anglais, fonde le noyau de ce qui va devenir le royaume saoudien. Il s'allie avec les oulémas de la secte wahhabite, une secte ultra-intégriste de l'islam local. Après que les « jeunes-turcs » qui croyaient encore à la synthèse de l'islam, du califat et de la modernité, eurent conduit l'armée ottomane à la défaite totale dans le Caucase et sur le canal de Suez, un homme, admirateur de la France, contribua à sauver, avec l'aide allemande, l'armée ottomane aux Dardanelles. C'est Mustapha Kemal, partisan d'une réforme quasiment anti-islamique de la Turquie.

En 1920 émergent deux solutions radicalement différentes : Mustapha Kemal en Turquie et Ibn Saoud en Arabie Saoudite. L'un abolit le califat. L'autre réoccupe les lieux saints et en chasse Chérif Hussein, libre penseur moderniste et chef de la famille des Hachémites, celle-là même qui donna naissance à Mahomet. On réinstallera son frère Fayçal en Irak et son neveu Abdallâh en Transjordanie. Un nouveau chapitre, bipolaire, s'ouvre. Un pôle arabe, islamiste, et un pôle turc, laïcisant.

Les Turcs abandonnent à leur sort toutes ces forces laïques égyptiennes, syriennes, irakiennes, qui étaient encore tournées vers Istanbul en 1914. Tandis qu'au fond du désert naît un royaume arabe que tout le monde méprise : ce sont des barbares à peine dégrossis du Nedjd, mais qui vont se retrouver, par le pétrole, à la tête d'une richesse incroyable, qui sanctifie aux yeux de beaucoup, comme par un décret de la Providence, leur occupation des lieux saints. Les Saoud deviennent ainsi les alliés privilégiés des Etats-Unis parce qu'Ibn Saoud, sur les conseils de Philby, son conseiller britannique, arrive à ne pas rompre avec les Anglais tout en faisant appel aux Américains. Ceux-ci leur inspirent confiance parce qu'ils viennent d'interdire la consommation d'alcool... Il voit, dans la prohibition, le début d'une islamisation possible des Etats-Unis !

On assiste très vite, au début des années 1930, en Egypte, à la naissance des Frères musulmans qui entendent combattre à la fois pour l'indépendance de l'Egypte, mais aussi contre la laïcité et contre l'influence des chrétiens, et contre celle des Juifs, bien sûr. Les Frères se réclament explicitement du modèle militant saoudien.

Hassan al-Bannah crée le premier parti islamiste moderne en Egypte, et le premier, il autorise le régicide et le terrorisme : en 1946, les Frères musulmans, très liés au IIIe Reich, assassinent le Premier ministre du roi Farouk, Mohammed Maher, parce qu'il a déclaré la guerre à l'Allemagne.

Ce meurtre scelle l'entrée des Frères musulmans sur la scène historique. Très vite, ils essaiment à Gaza, alors sous occupation égyptienne, en Syrie, un peu en Irak – mais là les sunnites, minoritaires, ne répondent pas... Surtout, leur exemple va inspirer les premiers groupes islamistes qui naissent en Iran et qui s'opposent à Mossadegh et à la laïcité iranienne. Peu à peu, des liens entre Egyptiens et Iraniens vont se créer, notamment grâce à l'ayatollah Bahonar, proche de Khomeyni et mort dans l'explosion du siège du Parti de la République islamique en 1982.

Une sorte d'internationale naît, encore modeste, mais menaçante. A la faveur de l'indépendance de l'Algérie, les Frères musulmans égyptiens envoient massivement leurs militants intellectuels enseigner l'arabe aux jeunes Algériens. C'est ainsi qu'ils prennent contact avec toutes les forces conservatrices du Maghreb, qui attendaient un nouveau mouvement.

Aujourd'hui les Frères musulmans égyptiens sont divisés entre une majorité à tendance réformiste, qui cherche à pénétrer le pouvoir plutôt qu'à le renverser, et des forces radicales, notamment le Gamaa Islamya, les associations islamiques, dont un des chefs, le docteur Aïwan Zawahiri, est le numéro deux de Al-Qaïda. Le passé n'est jamais loin ! Malgré tout, les ponts entre les ailes extrémiste et modérée sont loin d'être rompus. Il s'agit plus d'une répartition des rôles que d'un véritable affrontement... Zawahiri n'est-il pas lui-même le petit-fils du cheikh Al-Azhar, la plus haute autorité de l'islam égyptien ?

Les intellectuels musulmans

Aujourd'hui, les intellectuels musulmans vivent dans l'horreur de l'islamisme, qui les voue à l'extinction. Quand l'on pense que Naguib Mahfouz, prix Nobel de littérature, a été poignardé à 82 ans par un fanatique, en pleine rue du Caire. Il en a heureusement réchappé. Ces intellectuels ont le sentiment que leur ultime rempart, ce sont encore les Etats-nations vermoulus qu'ils méprisent. Il est plus facile de décrire le programme du califat... de l'extérieur !

Les intellectuels musulmans sont menacés physiquement par l'islamisme, qui les considère comme un obstacle à la propagation de leurs idées... Dès la victoire de Khatami, les services secrets iraniens sont allés assassiner, à titre d'intimidation, plusieurs intellectuels laïques, partisans du défunt Mehdi Bazargan. La mort ou l'exil sont souvent les seules branches de l'alternative.

Après Moubarak – certes peu intelligent et corrompu – c'est le déluge ! Il faut donc préserver Moubarak. Ce que beaucoup d'intellectuels algériens n'osent pas dire, c'est qu'il faut préserver les militaires algériens. Beaucoup d'intellectuels tunisiens regardent à deux fois avant d'exprimer tout le mépris qu'ils éprouvent pour Ben Ali, parce qu'ils préfèrent finalement Ben Ali à Rachid Ghannouchi, le chef des islamistes en exil à Londres. Et on a beau savoir que le roi du Maroc n'est pas un grand réformateur, on le préfère encore au cheikh Yassine, doctrinaire de l'intégrisme marocain.

Les intellectuels ont établi un pacte tacite et honteux avec des Etats qu'ils n'approuvent pas, mais qui représentent pour eux un moindre mal.

Pour autant, il y a des journalistes et des polémistes d'un courage extrême dans ces pays. Mais l'ambiguïté de la situation historique des intellectuels arabes, bien analysée en son temps par le philosophe marocain Abdallah Laharoui, fait qu'ils ont des difficultés à répondre à Ben Laden, à l'exception des Turcs, qui savent quel choix ils ont accompli en choisissant un calife anti-califal, Mustapha Kemal.

En Turquie, il y a une énergie et une pureté que l'on ne trouve pas toujours dans nos sociétés vis-à-vis des idéaux de la civilisation démocratique et libérale. Les Turcs ont fait leur révolution dans les années 1920-1930. C'est un des rares pays à ne pas avoir connu la férule du monde occidental. Tous les autres ont connu cette domination, même si elle demeurait indirecte mais combien haïe en Iran. Cette situation de dépendance a abouti à la défense insensée des aspects les plus archaïques de ces sociétés dépendantes, par simple réflexe d'humiliation.

L'islamisme et les sciences

Comment expliquer les noces étranges entre le fondamentalisme religieux et les départements scientifiques des universités d'un certain nombre de pays arabes ? Ce paradoxe, nous l'avons déjà connu au XVIe siècle, avec l'invention de l'imprimerie. Il y a d'abord eu le formidable essor de la Renaissance, de la culture, du doute. Et ensuite est venu, comme dans un mouvement de ressac, le fondamentalisme. Cette Bible imprimée, qui a appelé à remettre en cause les notions les plus ancrées de la culture médiévale, a servi ensuite à d'autres fondamentalismes... Qui aurait pu penser par exemple que Luther, défenseur d'un christianisme érudit, humaniste, fondé sur le retour des langues jusque-là interdites par la scolastique –

l'hébreu, le grec –, deviendrait cette brute intolérante qui introduirait une lecture unique de la Bible et combattrait toute dissidence ainsi que le judaïsme avec haine ? Comment expliquer qu'un médecin marrane cherchant la liberté de conscience, Michel Servet, ait fini sur le bûcher, non pas dans son Espagne natale mais dans la Genève de Calvin ?

Dans le monde arabe, comme dans tout le tiers-monde, une minorité seulement accède à ces nouveaux savoirs. Mais un très grand nombre de gens y sont exposés et réagissent négativement, tout comme les masses fraîchement évangélisées que l'on a lancées contre les sorciers et les hérétiques. Devant les vertiges de la connaissance, on s'efforce de retrouver des certitudes et on affirme d'une manière hystérique les dogmes d'autrefois...

Les islamistes d'aujourd'hui ne sont pas des ignorants. Ce sont au contraire des gens qui ont été au contact de l'Occident, qui maîtrisent certaines techniques mais refusent la pensée qui les sous-tend. Les vrais savants du monde musulman ne sont pas intégristes. Abdus Salam, prix Nobel de physique, a toujours défendu la laïcité dans son pays, le Pakistan. Le professeur Cherfi, un très bon physicien, qui fut ministre de l'enseignement supérieur tunisien, a fait expliquer dans toutes les universités le *Traité sur la tolérance* de Voltaire. Quant à Erdal Inönü, chef du programme nucléaire turc, il a dirigé pendant une dizaine d'années le parti social-démocrate Sodep.

En revanche, les jeunes qui se sont frottés un peu aux mathématiques, à l'informatique, ou à la médecine et qui finalement ont été humiliés par ce contact avec la science occidentale – apprendre l'anglais, se soumettre à des techniques étrangères –, ceux-là peuvent faire un retour vers le savoir traditionnel, où leur autorité sera plus facile à établir...

Au fond, l'islamisme est la religiosité des demi-savants, des demi-habiles et des demi-émancipés. Et ceux-là préfèrent les joies faciles du populisme, de la même façon qu'Attac est le mouvement de ceux qui se sont un peu initiés à la pensée économique, mais luttent contre l'enseignement des mathématiques en économie, parce que toute complexité intellectuelle les offense.

Un milliard de musulmans dans le monde ?

Enfin, on entend souvent l'argument du poids démographique croissant de l'islam dans le monde. On répète ainsi qu'il y a aujourd'hui un milliard de musulmans dans le monde, et c'est exact. Seulement, quel milliard ? Il y a environ 200 à 250 millions de musulmans africains. En dehors du Nigeria et du nord du Soudan, et peut-être aussi de la Somalie aujourd'hui, la plupart de ces musulmans africains se sentent africains bien avant de se sentir musulmans. L'islam s'est implanté chez eux comme la chrétienté chez leurs voisins immédiats, sans remettre en cause l'appartenance à une commune civilisation africaine, avec une philosophie de la vie animiste qui continue de parcourir l'ensemble du corps social.

C'est la raison pour laquelle d'ailleurs le Sénégal a parfaitement accepté un président chrétien, Léopold Senghor, alors qu'il compte 80 % de musulmans. Bref, l'appartenance à l'islam, en dehors de quelques poches de fanatisme du nord du Nigeria, n'a aucune pertinence politique pour ces quelque 250 millions d'Africains qui pratiquent l'islam du Sénégal à la Tanzanie.

Dans le cas des 200 millions de musulmans de l'Indonésie, de la Malaisie et du sud des Philippines, il s'agit d'une religion « importée », non par le djihad, mais par la persuasion des commerçants venus de l'Inde ou du Yémen... L'islam n'y a jamais persécuté les autres religions. Concrètement, les oulémas tolèrent les pratiques malaises traditionnelles et pratiquent un islam indonésien ou malais respectueux de la tradition locale. L'identité malaise n'est donc pas purement musulmane.

En dehors de petites régions très particulières comme le nord de Sumatra, l'ancien sultanat d'Aceh, où les gens se pensent héritiers d'une tradition purement arabe, l'islam indonésien est tourné vers l'Asie et pas vers le Moyen-Orient. En tout cas, il n'est pas mobilisable pour le djihad, en dehors de quelques extrémistes.

Mais il est vrai qu'Oussama ben Laden le travaille en profondeur, car il est originaire de la région côtière du Yémen, qui a depuis cinq cents ans des liens historiques avec l'Asie du Sud-Est. Et il est avéré que la minorité yéménite en Indonésie joue un rôle politique important. Mais, à ce jour, l'islam tolérant du Nadhlatul Ulama l'emporte encore largement sur les courants plus intolérants de la Mohammedia.

La plus grande communauté musulmane de la terre, c'est l'islam indien, qui comprend trois groupes de force démographique sensiblement égale, le Bangladesh – 130 millions de personnes –, le Pakistan – 140 millions –, et l'Inde elle-même, qui comprend probablement le plus grand groupe, près de 150 millions d'individus.

Les musulmans de l'Inde ont des attitudes différentes selon les régions, mais ils se sentent profondément indiens. Certains sont totalement intégrés à l'appareil d'Etat. Je ne ferai ici référence qu'à Abdul Qalâm, un soufi du sud de l'Inde, mais aussi responsable du programme nucléaire indien et qui ne considère pas du tout qu'il trahit l'islam en servant l'Etat indien. Pas plus que l'ambassadeur de l'Inde à Washington pendant dix ans ou l'ancien président indien Zakir Hussain ! Une grande partie de ces musulmans ne se considèrent pas comme une minorité protégée, mais comme des Indiens à part entière.

De son côté, le Pakistan, c'est incontestable, se rattache au monde musulman classique, même s'il demeure divisé... Ce qui nourrit aujourd'hui la violence du sentiment islamique au Pakistan, ce sont les réticences très fortes, dans une partie de la population, à couper les ponts avec l'Inde. Les Pakistanais adorent le cinéma indien. La proximité avec l'Inde est perceptible dans le fait qu'une femme comme Benazir Bhutto ait pu être Première ministre du Pakistan, à l'imitation évidemment d'Indira Gandhi. Il en va de même des présidentes successives du Bangladesh. Et cette idée de placer des femmes à la tête d'une société politique est purement indienne.

La Turquie est un cas à part depuis 1908 et la Révolution jeune-turque, on l'a vu : 60 millions de musulmans ; on pourrait rapprocher un certain nombre de peuples, Bosniaques et Albanais des Balkans, mais aussi Azéris du Caucase, très laïques, très tournés vers Istanbul et, avec des évolutions un peu différentes, les Turcs de l'autre côté de la mer Caspienne, Turkmènes et Ouzbeks.

Enfin les musulmans de Chine... Entre 35 et 50 millions de personnes, qui ne sont en rien affectées par le djihad. Les musulmans chinois ont des sympathies culturelles pour les autres musulmans, mais ils se pensent avant tout comme Chinois. Même remarque pour les Tatars et les autres musulmans du centre de la Russie, Bachkirs, Tchouvaches.

Finalement, ceux que nous devons considérer avant tout, ce sont les musulmans qui appartenaient déjà à l'islam classique lorsque le califat ommeyyade s'est développé. Autrement dit : les musulmans de la péninsule arabique, du Croissant fertile – Irak, Syrie, Liban, Jordanie et Palestine –, de l'Iran et des régions péri-iraniennes comme l'Afghanistan ou le Tadjikistan, de l'Egypte et de la vallée du Nil un peu plus au sud vers le Soudan, du Maghreb enfin. Soit 300 à 350 millions de personnes, autrement dit un peu moins de population que dans l'Union européenne élargie.

La majorité des musulmans de la terre n'appartient pas pleinement, nous l'avons vu, à cette histoire : ce sont les musulmans de l'Indonésie, de la Chine, de l'Inde, de l'Afrique noire, de l'Europe. Bien entendu, cela n'enlève rien à la profondeur de leurs convictions. Ils ont certainement plus de sympathie pour les Palestiniens ou pour les Tchétchènes que leurs compatriotes. Mais ils ne remettent pas en cause leur appartenance aux sociétés dont ils sont membres.

Les uns sont devenus musulmans, parce que le pouvoir mongol est passé un beau jour en Russie du bouddhisme à l'islam. Les autres sont devenus musulmans parce qu'ils appartenaient à des castes inférieures en Inde et qu'ils préféraient, ayant été autrefois bouddhistes – notamment au Bengale ou au Cachemire –, une religion sans castes. D'autres le sont devenus parce qu'ils étaient endettés avec des marchands indiens à Java. Voilà pourquoi ce « milliard » musulman est sans grande signification géopolitique.

Marxisme et islamisme

La grande peur des islamistes qui les pousse à la destruction, c'est que disparaisse en fin de compte la société traditionnelle à laquelle ils sont attachés : en Tunisie, c'est Kairouan contre Tunis ; en Algérie, c'est Constantine contre Alger ; en Egypte, c'est Le Caire contre Alexandrie et contre les quartiers neufs du Caire ; à Téhéran, ce sont les quartiers sud contre les quartiers nord résidentiels... Un certain islam classique, petit-bourgeois, des petits centres et des petites villes, s'est senti tout d'un coup déraciné et une double peur a cimenté son désir de meurtre : celle du communisme et celle de l'Occident.

Car n'oublions pas que la peur du communisme a été très forte. C'est ce qui a conféré à cet islamisme une certaine impunité aux yeux des Américains, pendant un long temps de latence.

Au Maghreb, que voyaient les oulémas traditionnels ? Que tous les jeunes cadres algériens partaient sous Ben Bella en Union soviétique, et même certains en Chine, et qu'ils revenaient avec des idées de réformes sociales, d'égalité entre les hommes et les femmes, qu'ils buvaient du vin s'ils ne mangeaient pas déjà du porc. Finalement le communisme, le marxisme ou le nassérisme exerçaient une influence hégémonique. Ils conduisaient au matérialisme et à la remise en cause de toutes les religions, y compris la plus sainte. Ils conduisaient les femmes à se couper les cheveux et à se promener en jupe ou à pratiquer un sport. Ils conduisaient les sociétés et les jeunes à ne plus respecter les anciens, le Coran, à ne plus faire les prières. Ceci au nom du développement.

L'une des raisons pour lesquelles Oussama ben Laden n'est guère sensible à la cause des Palestiniens, c'est qu'il les voit encore comme le réceptacle de toute cette fuite en avant dans le *Djahylia*, le paganisme. N'oublions pas que les Palestiniens se sont donné pour porte-parole à Madrid en 1992 une femme, une chrétienne de surcroît, Hinane Ashraoui, aujourd'hui secrétaire adjointe de la Ligue arabe et ne portant pas le foulard. Et qu'ils ont été guidés à une époque par un autre chrétien, Georges Habache. Les Palestiniens sont beaucoup trop modernes pour Oussama ben Laden. Celui-ci pense d'ailleurs que c'est parce qu'ils sont guidés par des femmes, des chrétiens, des homosexuels et des marxistes que les Palestiniens n'arrivent à rien face aux Juifs. Telle était la leçon de son maître, palestinien de Jordanie, Abdallah Azzah, mort il y a deux ans, et qui fut l'inspirateur des nouveaux courants intégristes en Arabie Saoudite.

Par ailleurs, il y a un rejet profond de la modernité arabe des années 1960 et 1970. Les premiers militants du FIS à Alger, comme le triste Abassi Madani, on les a fait venir, on les a nommés professeurs pour lutter contre l'influence des étudiants communistes à l'université d'Alger. Ils ont commencé par vitrioler les filles qui s'habillaient de façon « immodeste » et par molester les étudiants, avec l'aide de voyous du dehors.

Et puis vient l'invasion de l'Afghanistan. Là les communistes, qui avaient toujours été désignés comme le grand allié stratégique du monde arabe, envahissent un pays musulman et le foulent aux pieds, sans grand ménagement pour la religion. Le djihad contre l'Union soviétique a été un moyen de coaguler les oppositions aux régimes nassériens et post-nassériens, avec la bénédiction initiale des Etats-Unis. Les jeunes qui sont partis d'Algérie ou d'Egypte étaient conscients de cela. Et l'Arabie Saoudite, qui a longtemps été le dos au mur, assiégée par Nasser, a vu dans cette affaire afghane l'occasion de proclamer l'heure de la revanche face à des régimes qui livraient les musulmans au paganisme. Bien entendu, une fois les Russes abattus, toute cette énergie se déplace vers les Américains. Là commence l'histoire contemporaine de l'islamisme. L'islamisme avait mis en sourdine son hostilité aux Américains, convaincu derrière les Saoudiens, qui étaient ses premiers bailleurs de fonds, que l'Amérique n'était que conjoncturellement liée aux Juifs. Exactement comme l'Angleterre a changé d'idée sur le sionisme entre 1920 et 1930, et a fini par devenir l'alliée des Arabes dans la guerre contre Israël, l'Amérique finirait par avoir les yeux dessillés.

Longtemps les islamistes ont manifesté une espèce d'indifférence à l'égard des Etats-Unis. Malheureusement pour l'islam sunnite, Khomeyni a pris le pouvoir en Iran... Or, dans un pays moderne, qui a longtemps souffert d'un quasi-protectorat américain, l'islamisme chiite prend des accents beaucoup plus anti-américains qu'anti-soviétiques. D'autant que les communistes ont vite été battus ou domptés. Et très vite aussi le Parti de la République islamique, qui intégrait nombre d'anciens communistes et d'anciens trotskistes, a su tenir un langage subversif qui a eu un effet électrique sur beaucoup de jeunes du monde arabe déçus par le marxisme, le nassérisme et ses succédanés.

A un moment donné, l'islamisme sunnite, celui des Frères musulmans et de leurs alliés proches, celui qui avait assuré de grandes responsabilités dans le djihad afghan, s'est donc trouvé face à un Iran en pleine expansion. Et très désarmé devant la propagande iranienne. C'est là qu'a commencé à naître, chez Oussama ben Laden et chez certains – formés, armés et agacés par les Américains –, l'idée qu'ils connaîtront la rédemption en retournant leurs armes contre les Etats-Unis... Notamment après la guerre du Koweït de 1990-1991, où ils ont eu l'impression que les Américains s'étaient joués des Saoudiens, pour soumettre la terre du Prophète et la souiller.

Les Etats-Unis, quant à eux, ont apporté une aide aux djihadistes parce que l'Arabie Saoudite et le Pakistan le leur demandaient, et qu'ils tenaient pour des raisons profondes à l'alliance du Pakistan et de l'Arabie Saoudite.

Les Etats-Unis ont été réticents à entraîner ces militants qu'ils ne connaissaient pas. Ils auraient préféré s'en tenir aux Afghans, et c'est sur les interventions du Pakistan qu'ils ont, par exemple, laissé le cheikh Omar Abdel Rahman rentrer aux Etats-Unis alors qu'il était recherché par le FBI et condamné pour meurtre en Egypte... Plus tard, l'Egypte l'a reproché amèrement aux Etats-Unis.

3. LE MONDE VU PAR BEN LADEN

Et Ben Laden attaqua l'Amérique...

On trouve toujours des hommes pour expliquer que les services secrets vont là où la diplomatie ne va pas et qu'ils esquissent souvent la politique inverse de l'officielle pour préparer l'avenir. Aux Etats-Unis qui n'en ont pas le monopole, cet usage est certain. Le Département d'Etat fulmine contre Pékin, mais la CIA discute attentivement avec les Chinois au Pakistan... Bush père garantit à Gorbatchev l'intégrité de l'Union soviétique pendant que la CIA et le Vatican s'affairent avec les Ukrainiens, etc. C'est la raison pour laquelle la CIA n'a jamais perdu le contact avec les islamistes. Ce qui ne signifie pas que la politique américaine se résuma à vouloir les réintégrer.

Mais Ben Laden savait qu'il lui fallait se dégager de cette image de complaisance américaine qui lui collait face aux agents recruteurs de l'Iran. Il a donc décidé, très tôt, dès 1992, d'attaquer l'Amérique, pour effacer toute trace de souillure antérieure. A-il été aidé par les services secrets irakiens ? C'est tout à fait possible. Mais ce n'est pas établi. Oussama ben Laden était installé à Khartoum, au Soudan, dans l'espoir d'entraîner l'Egypte dans la subversion... Le Soudan, bien qu'islamiste déjà, avait pris fait et cause pour l'Irak. Il y avait une très puissante ambassade d'Irak à Khartoum, des services secrets irakiens en nombre. Les Irakiens avaient également essayé d'assassiner George Bush lorsqu'il a visité Koweït, fin 1992.

Saddam Hussein était à la recherche d'une revanche. S'il n'a pas eu l'idée de l'attentat contre le World Trade Center – je pense qu'elle est déjà une idée d'Oussama ben Laden et du cheikh Omar Abdel Rahman, le chef religieux égyptien du Gamaa Islamya –, en revanche, l'Irak peut parfaitement avoir mis la main à la poche et fourni une certaine logistique. Certains analystes de la CIA s'orientent vers cette piste, mais peut-on les croire ? Ils souhaitent de toute façon une politique plus dure à l'égard de l'Irak...

Ce qui est certain c'est que les gens qui ont commis le premier attentat contre le World Trade Center, en 1993, l'ont fait par conviction et non par simple fanatisme obscurantiste. Leur but est clair : montrer à tous les hésitants dans le monde arabo-musulman qu'ils sont vraiment sérieux, dans leur haine de l'Amérique, malgré les complicités qui se sont tissées dans la lutte contre les Russes en Afghanistan.

C'est pourquoi les hommes qui ont été chargés de ces missions quasiment suicides sont ceux qui étaient les plus compromis avec les Etats-Unis... C'est le cheikh Omar Abdel Rahman, installé par la CIA dans une pseudo-mosquée à New York, en réalité le centre d'activité pour organiser l'attentat contre le World Trade Center, et, au passage, l'assassinat du rabbin Meir Kahane, extrémiste israélo-américain.

C'est aussi les attentats anti-américains du Soudan, qui culminent finalement dans les agressions au Kenya et en Tanzanie. Celles-là peuvent être considérées comme la réponse de Hassan Turabi et de ses Frères musulmans de Khartoum au soutien dont Américains et Egyptiens entourent le général Omar Bachir qui est en train de se débarrasser de la confrérie au Soudan.

Puis vient l'attentat contre le destroyer *Cole*, en rade au Yémen le jour même où se déclenche l'Intifada des Mosquées. Peut-être saura-t-on un jour s'il s'agit là d'une pure coïncidence. C'est enfin les attentats du World Trade Center. L'ensemble de ces activités, même quand elles bénéficient du soutien de tel ou tel service secret – le Soudan, ou des factions soudanaises pour les attentats en Afrique orientale, peut-être l'Irak pour l'attentat contre le World Trade Center de 1993 –, émanent toujours du centre d'Al-Qaïda. Le scepticisme initial des services occidentaux sur la réalité de cette organisation n'était pas justifié. Ces hommes font penser, par leur esprit d'insurrection radical, aux nihilistes russes du XIXe siècle, comme l'a souligné justement André Glucksmann. Ils ont la volonté de détruire totalement leurs adversaires, puis d'enrôler, par leur audace, l'ensemble du monde musulman.

Certains s'interrogent : « Ben Laden peut-il être autre chose qu'une raison sociale ? Comment cet héritier saoudien pourrait être responsable d'un phénomène d'une telle ampleur ? » Il est vrai que l'attentat du 11 septembre a été d'une violence inouïe, que les conséquences sur le monde en seront immenses. Il est donc contraire à l'intuition courante d'accepter d'attribuer une cause si modeste à de pareils effets.

Ainsi, si le général de Gaulle avait été tué au Petit-Clamart – une question de millimètres – les conséquences auraient été considérables. La France de Georges Pompidou n'aurait probablement jamais quitté l'OTAN après 1964. On imagine les théories de la conspiration qui auraient fleuri sur un tel tombeau. Pourtant, ce sont bien quelques têtes brûlées de l'OAS qui ont monté l'attentat du Petit-Clamart, pas une coalition des Américains et des Russes, de Pompidou et de Mitterrand.

Ben Laden n'est pas, du reste, un personnage de second plan. Il est admiré dans le monde arabe comme une sorte de Che Guevara musulman. Voilà un jeune homme, héritier d'une des plus grandes fortunes du pays, qui pouvait mener une vie confortable, et qui a préféré combattre en Afghanistan, dès 1982-1983. Ce n'est pas indifférent.

Ben Laden connaît bien le Coran et le *hâdith*, l'enseignement traditionnel. Son niveau d'exigence intellectuelle est assez élevé. Par ailleurs, il a été à un moment un des gestionnaires de la société de son père. Il sait comment fonctionnent la Bourse et l'économie moderne. Cela ne l'impressionne pas, mais ne le dissuade pas des trafics boursiers.

Enfin, les Bédouins pêcheurs du Hadramaout, les Hadramis, dont les Ben Laden sont originaires, sont renommés pour leur ouverture au monde. Leurs bateaux ont sillonné les mers depuis le Moyen Age. Ils connaissent l'Afrique. C'est là, à Khartoum, que Ben Laden a élu son premier siège, au Soudan. Ces amis connaissent très bien l'Asie du Sud-Est : le clan des Yéménites, au pouvoir avec Suharto, est l'allié de Ben Laden et le million d'Indonésiens d'origine partiellement arabe conservent des liens étroits avec le Hadramaout.

Aujourd'hui, la plaque tournante de toutes les affaires de Ben Laden, on la trouve au croisement du monde iranien, du monde indien et du monde arabe : au Baloutchistan et, plus au sud, à Peshawar. Les Baloutches forment un tiers de l'armée du sultanat voisin d'Oman et les Arabes d'Oman et du Hadramaout se retrouvent majoritaires dans les ports du Baloutchistan de l'autre côté. Tous ces lieux pourraient bien réapparaître à l'issue du drame de Al-Qaïda.

Ben Laden est très lié au Soudan, au mouvement Abou Saïaf aux Philippines, très lié aussi aux intégristes religieux d'Indonésie, à la Malaisie, à l'Afghanistan, au Pakistan. A cela s'ajoutent les liens discrets qu'il peut toujours entretenir avec les oulémas du Nedjd et la cour saoudienne elle-même. Il y jouit longtemps de l'indulgence du ministre de l'Intérieur, le prince Nayef.

Cet homme a ainsi une vision plus panislamique que panarabe. Il connaît la modernité et la rejette. Il considère que le djihad peut faire des miracles puisqu'à ses yeux les Russes ont été terrassés par lui seul en Afghanistan...

Au passage, on entend partout que les Russes ont été vaincus militairement par les Afghans. Or c'est la perestroïka qui a entraîné le retrait du contingent russe ! Et les trois guerres qu'y a menées l'Angleterre ont été marquées par deux victoires anglaises et une éphémère victoire afghane.

Second point fondamental : Oussama ben Laden a aussi une pensée stratégique. Il rappelle souvent Hitler. Comme lui, il est possédé par une vision eschatologique, monstrueuse et folle, mais il met à son service des moyens parfaitement rationnels. On retrouve la même méchanceté jamais gratuite, la capacité à repérer le point faible de l'adversaire et à le frapper tout de suite, de toutes ses forces. Hitler, par exemple, avait compris que les partis de Weimar ne s'opposeraient pas au parti nazi, qu'ils n'arriveraient jamais à s'entendre contre lui. Hitler avait compris que Chamberlain et la classe dirigeante anglaise laisseraient violer l'Autriche et la Tchécoslovaquie sans bouger. Hitler avait compris que Staline était comme hypnotisé par la puissance allemande et qu'il ne bougerait pas le premier en 1941. Hitler avait compris que la France était un vieux pays fatigué et que, contrairement à ce que pensaient ses militaires, elle s'effondrerait très vite.

Ben Laden savait, lui, qu'en frappant le World Trade Center et le Pentagone, il obtiendrait une réaction violente des Etats-Unis, mais aussi une polarisation très forte du monde musulman, tout à sa faveur. Il a le sentiment qu'il arrivera à échapper à l'encerclement américain et à poursuivre son combat, en marquant des points territoriaux et politiques. A ce jour, la preuve n'est pas entièrement faite qu'il se soit trompé, tant la situation demeure incertaine au Yémen et en Egypte.

Il considère que la révolution est mûre dans tout le monde musulman parce que les régimes actuels sont conservateurs et vermoulus. Ils se sont détournés de leurs idéaux – quand ils en avaient. Le régime nassérien en Egypte est devenu l'Egypte de Sadate et de Moubarak, qui vit de la manne américaine et qui est obligée, par ce fait, de maintenir des relations diplomatiques avec Israël, contre le sentiment profond du peuple égyptien. Le régime algérien, issu du FLN et de la guerre de libération, est aujourd'hui dominé par des généraux qui sont tous un peu tentés... par la nationalité française. Les régimes laïques, en Syrie et Irak, sont le produit des minorités rejetées par les majorités – chiites en Irak, sunnites en Syrie. L'Arabie Saoudite elle-même, née d'une insurrection bédouine pour rétablir avec la doctrine wahhabite la « pureté de l'islam », s'est avachie et détournée de sa mission dès la fin du règne d'Ibn Saoud.

Ben Laden écrit des lettres d'une impertinence rare au roi d'Arabie pour lui signifier qu'il est incapable de poursuivre la révolution de son père. Ces mots ont une grande importance en islam, où il n'y a pas de monarchie héréditaire. Il n'y a pas de respect dû aux familles, sinon chez les Hachémites, qui sont les authentiques descendants de Mahomet. On considère dans l'islam que chaque homme se fait lui-même, qu'il a ses mérites propres, aucune aristocratie n'est définitivement installée. Les mérites d'Ibn Saoud ne retombent pas automatiquement sur ses enfants, qui sont indignes... sauf peut-être quelques-uns, proches de Ben Laden !

Sans aucun complexe, Ben Laden défie la famille d'Ibn Saoud, exactement comme Ibn Saoud avait défié son rival, pourtant beaucoup plus puissant, Ibn Rachid, qui était le principal chef bédouin investi par les Turcs au Nedjd. Et Ben Laden lui dit en face : « Dieu ne t'aime pas, parce que tu n'aimes pas Dieu. Et le peuple te rejette. »

Ben Laden se tourne vers les minorités autrefois yéménites, qui se sentent méprisées par l'establishment de l'Arabie Saoudite, vers tous les non-wahhabites, la majorité des habitants du royaume. Il se tourne également vers le Pakistan, menacé d'absorption économique et sociale par l'Inde... Il a compris que le Pakistan, depuis la fin de la guerre froide, a été abandonné, après un demi-siècle d'indépendance chaotique, par ses deux parrains, les Etats-Unis et la Chine. Il dit donc aux Pakistanais : « Vous êtes des musulmans. Il faut que vous fassiez bloc avec le monde musulman, que vous oubliiez l'Inde. » Aux Iraniens, il dit : « Vous avez eu le mérite de faire votre révolution islamique. Mais vous avez eu tort, en tant que chiites, de vous détourner du monde sunnite. Moi, je peux vous donner les clefs d'une révolution islamique qui sera durable et qui mettra fin à votre isolement politique, à présent dans votre propre pays. » Et ainsi de suite. C'est là un discours très cohérent, même s'il est peu plaisant. A l'instar d'Adolf Hitler.

Autrement dit, Ben Laden a le sentiment que nous vivons un moment tout à fait particulier où tous les réseaux laïques du monde arabe sont à terre. Où toutes les monarchies traditionnelles, au Maroc, en Jordanie, en Arabie Saoudite, sont en difficulté. Où les pays de la périphérie, depuis la Bosnie jusqu'au Pakistan en passant par les républiques ex-soviétiques, Ouzbékistan, Turkménie, sont en profonde fièvre. Et où le pouvoir de Téhéran est gravement atteint depuis 1997 par la naissance d'un mouvement de contestation laïque et démocratique, qui se regroupe autour du président Khatami.

Ajoutons, pour faire bonne mesure, que l'Indonésie et la Malaisie, qui étaient la fierté du capitalisme musulman, ont été jetées à terre par la crise asiatique de 1998, dont beaucoup d'Arabes pensent qu'elle a été ourdie par des Juifs spéculateurs, comme Georges Soros, pour se débarrasser de Suharto. Les théories du complot sont toujours faciles, en raison même de leur imbécillité.

Ben Laden et Mao Tsé-toung...

Exactement comme Mahomet a réuni des tribus jusqu'alors dispersées et divisées, qui faisaient les unes allégeance à la Perse, les autres à l'empire byzantin, Oussama ben Laden veut réunir les tribus de l'islam. Les unes faisaient allégeance aux Etats-Unis, les autres à l'Union soviétique... Comme les cavaliers arabes qui ont envahi le

Croissant fertile, dix ans après la mort du Prophète, Ben Laden veut faire irruption dans le monde musulman, libéré par la fin de la guerre froide.

Pour cela, il dispose, pense-t-il, de quatre piliers : la péninsule arabique, avec le pétrole et surtout les lieux saints ; la vallée de l'Indus, autrement dit, le Pakistan, avec sa bombe atomique, son armée islamique et son savoir-faire technologique[1]. Le troisième pilier, c'est la force du nombre, avec l'Egypte, située au cœur du monde musulman et où il compte avec le Gamaa Islamya de Zawahiri, sa pièce maîtresse. Le quatrième pilier est la contre-révolution iranienne, qu'il veut déclencher, quand la puissance sunnite sera suffisamment forte pour que les islamistes chiites soient contraints de s'y rallier. Pas avant. C'est la raison pour laquelle Ben Laden a une stratégie vis-à-vis de l'Irak et de la Syrie sensiblement différente du traitement de choc qu'il réserve à l'Egypte. Si le régime post-nassérien doit être liquidé, en revanche, les dictatures du Baas doivent être récupérées à terme, dans un dessin global anti-saoudien. Le Hezbollah libanais, allié à Damas, et les services secrets irakiens ont donc systématiquement été courtisés par Ben Laden.

1. N'oublions jamais que tout ce qui fonctionne en Arabie Saoudite, sur le plan nucléaire, fonctionne... avec des ingénieurs ou des militaires pakistanais.

Ben Laden a étudié Mao Tsé-toung. Il a manifestement lu les textes sur la guerre révolutionnaire. Sa Longue Marche à lui, c'est son départ du Soudan et son arrivée en Afghanistan. Les communistes se sont installés dans les endroits les plus déshérités de la Chine. Ils ont constitué là un petit centre, la base rouge. Le terme « Qaïda » est la traduction de la « base », telle que Mao l'a décrite et théorisée dans les années 1930... Partant de ce vide organisateur, les affidés de Al-Qaïda ont commencé à rayonner vers les zones païennes. Bien évidemment, ces bases doivent se situer dans les zones les plus déshéritées du monde musulman qui, dans l'esprit de Ben Laden, sont les zones les plus riches en révolutionnaires...

Depuis l'Afghanistan, pauvre et oublié de tous, il a rayonné d'abord vers la vallée de l'Indus, puis vers les républiques ex-soviétiques et l'Ouzbékistan. Le vide de Khartoum et de la haute vallée du Nil a été utilisé pour menacer par les sources du Nil l'Egypte elle-même. Le vide des Philippines permet de peser sur Java et la péninsule malaise.

Depuis longtemps, les islamistes égyptiens ont essayé de s'implanter dans les montagnes albanaises pendant la guerre du Kosovo, pour peser sur l'évolution de la Turquie. Sans succès. Le vide des montagnes tchétchènes fait partie de la stratégie globale en rayonnant sur le Caucase musulman et évidemment sur la jointure Iran-Turquie, le Kurdistan...

Certaines zones acceptent ces implantations : c'est le cas de l'Afghanistan et du Soudan. D'autres à moitié : c'est le cas de la Somalie et de la Tchétchénie. Au Kosovo, Ben Laden s'est heurté au refus des Albanais, dont l'islam n'a rien à voir avec le sien.

A partir de ces zones vides, il envoie des émissaires, tels le Jordanien Khattab chez les Tchétchènes et au Daghestan ou l'Ouzbek Yüldlashev en Kirghizie, comme autrefois le prédicateur Abu Qutaïba à Londres.

Ben Laden et le capitalisme

Après l'inspiration Mao, vient le moment Warren Buffet : l'investisseur Ben Laden utilise des méthodes de gestion capitaliste, saines et lisibles, pour gérer une nébuleuse terroriste. Al-Qaïda gère ainsi une multitude d'organisations terroristes comme un portefeuille.

D'abord, les investissements en dur, là où Al-Qaïda possède en permanence des actions qui lui confèrent une minorité de blocage. L'organisation a investi lourdement dans l'armée pakistanaise, la police islamique saoudienne, le mouvement des Oulémas et, jusqu'à une époque toute récente, dans le régime islamiste soudanais. Elle n'en avait pas le contrôle total, mais y exerçait une influence grandissante. De la même façon, l'investissement a été mené de façon très sérieuse au Pakistan...

Le Pakistan cassé en deux ?

Au Pakistan, l'armée est de formation britannique. Les vieux généraux étaient revenus la poitrine constellée de décorations gagnées sur les champs de bataille de la Seconde Guerre mondiale, à El-Alamein ou en Birmanie.

Cette armée pakistanaise était dominée par le Pendjab, la plus indienne et la plus peuplée des provinces pakistanaises. Par ailleurs, les Mohajirs, réfugiés musulmans venus de toute l'Inde, ont investi en masse la fonction publique du nouvel Etat, et donc son armée. Le général Musharraf, né dans l'Uttar Pradesh, est l'un de ces Mohajirs, majoritaires dans la capitale économique du pays, Karachi.

Cette armée tournée culturellement vers l'Inde n'était pas très pratiquante ; anglophile, elle était très pro-occidentale. Le Pakistan cosigna toutes les alliances régionales avec les Etats-Unis jusqu'à la fin de la guerre froide. Mais à partir de 1971, l'armée pakistanaise évolue et commence à regarder vers le nord, vers l'Afghanistan. Elle change peu à peu et intègre dans ses rangs un nombre croissant de Pathans et de Baloutches. C'est une distinction qu'aucun Pakistanais n'accepterait, mais qui est fondamentale. Le Pakistan est divisé en deux moitiés très inégales de la population : d'un côté, une région indienne et musulmane ; de l'autre, les marches de l'empire où la culture, persane, était surtout tournée vers l'Asie centrale et l'Iran.

Aujourd'hui, les généraux pakistanais sont très souvent des Pathans de plus en plus islamisés.

Jusqu'en 1971, la plupart des officiers passaient par un stage en Grande-Bretagne ou aux Etats-Unis. Beaucoup préfèrent aujourd'hui l'Arabie Saoudite ou l'Egypte.

Cette armée pakistanaise a été profondément marquée par la guerre afghane et par le mirage saoudien. La guerre afghane l'a obligée à se tourner vers le nord et à s'y intéresser. Rien de tel pour mener à bien la guerre en Afghanistan que d'utiliser des Afghans, c'est-à-dire des Pathans. Les services secrets pakistanais ont recruté massivement des Pathans parmi leurs meilleurs officiers, qui ont ensuite mené la vie dure aux Russes.

Après 1973, les Pakistanais ont découvert l'eldorado saoudien. Les pilotes pakistanais ont souvent accompli des stages prolongés dans l'armée saoudienne. La France, au passage, a contribué, avec la création d'une marine saoudienne, à créer aussi une marine pakistanaise...

Ces contacts avec l'Afghanistan puis l'Arabie

Saoudite ont changé l'armée pakistanaise. Le général Musharraf, dont le père a été attaché militaire à Ankara, a passé son enfance en Turquie. Admiratif du modèle turc, il se réclame de la laïcité d'un islam pakistanais, et fait ainsi un peu figure de « dernier des Mohicans ».

L'officier pakistanais aujourd'hui est un officier de renseignement à l'anglais bancal, qui fait ses cinq prières quotidiennes ; il porte la barbe et cherche à ressembler à un Pathan, même s'il ne l'est pas. Au niveau des capitaines, des colonels, on trouve encore beaucoup de sympathisants d'Oussama ben Laden.

Deuxième force clef : l'ISI [1], les services secrets pakistanais. Ils sont beaucoup plus qu'un service secret de l'armée. Formellement rattaché à l'état-major général, l'ISI est, dans les faits, un organisme indépendant.

On peut, sans aucune hésitation, affirmer que le général Musharraf ne sait pas ce que trame l'ISI. L'armée pakistanaise, déjà dans une tradition d'insubordination par rapport au pouvoir politique civil, est confrontée, à présent, à un service de renseignements qui lui est insubordonné...

Exemple significatif : l'armée pakistanaise

1. Officiellement, ISI signifie « Inter Service Intelligence », mais beaucoup lisent « the Invisible Soldier of Islam », c'est-à-dire le Soldat Invisible de l'Islam.

tenait comme à la prunelle de ses yeux à l'alliance chinoise, nouée à la fin des années 1960, contre l'Inde. L'ISI a passé outre et aidé les séparatistes ouïgours à étendre la contestation au Xinjiang chinois, mettant ainsi en danger une alliance. L'ISI pilote entièrement la guerre au Cachemire. L'ISI contrôle enfin le nucléaire pakistanais, comme le KGB autrefois en Union soviétique.

Ses chefs, par exemple le général Hamid Gül, qui a été l'architecte du djihad afghan, en étroite association avec le prince Turki d'Arabie Saoudite, qui en fut le financier, ou encore le général Nasrullah Babar, inventeur des Talibans, sont les vrais maîtres de l'Afghanistan. Ils sont d'ailleurs afghans, puisque de grandes familles pathanes...

On sait aussi que Al-Qaïda est dirigée par une assemblée, sorte de comité central consultatif, laquelle comprend plusieurs généraux pakistanais de haut rang, issus de l'ISI et Pathans, pour un certain nombre d'entre eux.

Le calcul de Ben Laden, c'est qu'à tout moment, et notamment dans une situation comme celle qu'il vient de créer, le 11 septembre 2001, la société pakistanaise peut se casser en deux. Il espère tenir alors plus de la moitié du pays – autrement dit les forces islamistes et la bombe. Imaginons un instant : Ben Laden possède la bombe atomique via l'ISI – deux des principaux responsables du programme nucléaire pakistanais se sont rendus à Kaboul, à deux reprises, pour y conférer avec Ben Laden, en 2000-2001 – puis il prend le contrôle des régions vitales du pays. Enfin, il attend de pied ferme l'attaque de l'Inde et des Etats-Unis... Son pari, c'est que l'islam tout entier se soulèverait alors pour aider les Pakistanais face à l'offensive des ennemis de l'islam. Ce pari a été perdu de justesse par l'extrême résolution du général Musharraf, mais tout danger n'est pas encore écarté au Pakistan.

Quelle Arabie Saoudite ?

Pour Ben Laden, l'Arabie Saoudite doit devenir une confédération faisant place à toutes les ethnies arabes, la sienne, les Yéménites, comme les autres. Cette revendication est aussi celle du prince héritier Abdallâh, immensément populaire dans tout l'ouest du pays, où vivent 70 % des habitants. Ben Laden prône aussi une réorganisation de l'Arabie Saoudite en fonction des intérêts de l'ensemble du monde musulman. Il souhaite l'élimination de la famille Saoud... du moins officiellement. Pour ma part, je pense que Ben Laden a au moins un prince Saoud dans sa manche. Il est clair que le prince Turki, chef des services secrets, l'a protégé, même si dans l'année 2000-2001, il a tout fait pour le déloger d'Afghanistan. Son limogeage ignominieux, trois semaines avant le 11 septembre, semble plutôt lié à l'échec d'un attentat contre le prince héritier Abdallâh, mais aussi à sa politique de rapprochement avec l'Iran. L'opacité sur ce sujet reste constante.

Pour la surmonter, il faudrait connaître la cour saoudienne de l'intérieur, et ce n'est pas si simple. Il est toutefois probable que Ben Laden soit en affaires avec la moitié du pouvoir. L'Arabie Saoudite est un système double. Il y a d'abord le Nedjd, le cœur du désert, avec ses traditions particulières. Le Nedjd, c'est le centre du pays d'où vient le fondateur du régime, Abd el-Aziz Ibn Saoud. 80 % des juges coraniques en Arabie Saoudite viennent d'une seule province du Nedjd, le Ghasim, considéré comme particulièrement pieux. C'est dire la confiance qui est accordée au reste du pays.

Le discours d'Oussama ressemble ici à la politique de Hitler, qui, à sa prise de pouvoir, a réduit le rôle de la Prusse, bien qu'il ait fait monter le militarisme à des hauteurs où même les plus militaristes des Prussiens n'étaient pas parvenus, pour donner leur chance à toutes les autres régions. Oussama ben Laden a la même idée pour l'Arabie Saoudite : jouer sur le ressentiment anti-Nedjd du reste du royaume. Mais ce ressentiment qui fut autrefois laïcisant et anti-wahhabite, il veut, lui, le canaliser vers l'islamisme extrême.

Officiellement, en islam, les oulémas, les professeurs de religion, n'ont aucun pouvoir politique. Mais pour faire pièce à l'influence d'Al Azhar, la grande faculté de théologie égyptienne dont les arrêts ont un peu force de loi dans tout l'islam arabe sunnite, Ibn Saoud a donné une grande influence aux oulémas du Nedjd, des wahhabites ultra-orthodoxes. Et ceux-ci tiennent la police islamique, forte de 20 000 hommes, qui fouette les femmes en tenue « immodeste », y compris quand elles sont épouses de diplomates, et pourchassent les trafiquants d'alcool. Cette police islamique dépend directement du chef des oulémas, autrefois le cheikh Benbaz, mort il y a quelques mois, qu'un million de personnes ont accompagné à sa dernière demeure, à Riyad. Alors que seulement dix mille personnes se déplaçaient pour le frère du roi Fahd, quelques semaines plus tard.

Bien des oulémas ont, sans aucun doute, sympathisé avec Oussama ben Laden et déplorent la dérive pro-américaine de la famille saoudienne...

Ben Laden et le prince Abdallâh

Oussama ben Laden intervient ainsi dans une famille royale divisée, entre un parti traditionnel, pro-américain, représenté par le prince Sultan, ministre de la Défense, son fils Bandar, qui aspire à la succession à la prochaine génération, et le roi

Fahd lui-même, que les médecins américains s'efforcent de maintenir en vie le plus longtemps possible pour refuser au prince Abdallâh, son successeur désigné, la primauté à laquelle il aspire légitimement...

Abdallâh est certainement l'homme qu'Oussama ben Laden déteste le plus parce que sa biographie est étrangement parallèle à la sienne. De même que certains gauchistes n'aiment pas le parti communiste, parce qu'il leur faisait de l'ombre, Oussama n'aime pas Abdallâh. Ce dernier est certes le fils d'Ibn Saoud, mais sa mère est la petite-fille d'Ibn Rachid, tué lors d'un duel en 1912, par Ibn Saoud, son rival. Les Rachid ont toujours été à l'opposé des Saoud, dans les grandes querelles bédouines : sédentarisés dans une grande oasis du nord de la péninsule, ils ont soutenu le pouvoir ottoman, puis vécu en symbiose avec les membres de leur tribu installés en Irak ou en Syrie.

Abdallâh est aussi un enfant unique comme Oussama, c'est-à-dire qu'il est le seul fils de la même mère... Il est le résultat d'une réconciliation entre les Saoud et les Rachid. Il est donc autant Saoud que Rachid, et veut depuis toujours établir la paix entre les Bédouins wahhabites du Sud et les Arabes sédentaires irakiens et syriens du Nord. L'entourage d'Abdallâh est composé d'intellectuels syriens, libanais, irakiens. Les aspirations d'Abdallâh – longtemps fasciné par la carrière de Nasser – sont très proches du nationalisme arabe classique et son ambition était de faire de la richesse saoudienne un réservoir d'énergie pour l'ensemble du monde arabe, au moins à l'est de Suez. Pour le reste, on verra plus tard... Son projet est donc d'apaiser les relations avec la Syrie et l'Irak, et d'arriver un jour à réconcilier tout ce monde contre les Américains, contre les Israéliens, sans aller nécessairement jusqu'à la guerre.

Cette ambition géopolitique s'accompagne d'un programme de réformes authentiques, qu'il a dévoilé lorsqu'il a reçu les deux tiers du pouvoir en 1999 : privatisation de l'économie aujourd'hui aux mains de la famille royale et de ses proches, comme les Ben Laden, ouverture du capital en priorité aux Arabes, arrêt de l'immigration indienne et philippine et retour à l'immigration arabe. Bref, il a un programme cohérent, réformateur, nationaliste, anti-occidental, dont le point culminant aura été l'alliance avec l'Iran, conclue à la fin de l'an 2000.

L'alliance de l'Arabie Saoudite et de l'Iran avait, dans l'esprit d'Abdallâh, une conséquence immédiate : rendre caduque la présence américaine dans le golfe Persique. Depuis le déclenchement de l'Intifada des Mosquées, à l'automne 2000, Abdallâh a condamné à plusieurs reprises et avec bien plus de vigueur les Etats-Unis qu'Israël.

Voilà une stratégie qui, en apparence, ne devrait pas déplaire à Ben Laden. Mais le problème, c'est que si Abdallâh parvient à ses fins, il vide le projet panislamiste de Ben Laden de toute substance. L'éventuel succès d'Abdallâh apaiserait la contestation intérieure du monde saoudien. Abdallâh est même capable de s'entendre avec la minorité chiite de la côte pétrolière, parce qu'une de ses quatre épouses est alaouite et cousine germaine des frères Assad, ce qui est un sérieux signe d'ouverture.

Autrement dit, il ne suffit pas d'être contre les Américains pour s'identifier au combat dément de Ben Laden. Abdallâh, lui, n'est pas panislamique ; il est panarabe. C'est même un authentique patriote arabe. Il veut que les Arabes, et en particulier à l'est de Suez, s'entendent pour reconstituer ensemble leur puissance, mise à mal par le déclin catastrophique des partis baassistes, l'érosion de la rente pétrolière saoudienne et le processus de paix israélo-palestinien.

Abdallâh n'est pas engagé dans la restauration du califat. Sur tous ces aspects, qui nous semblent secondaires, il diffère radicalement de Ben Laden, pour qui il n'y a de salut que dans la révolution islamique. Abdallâh veut au contraire arrêter la révolution islamique, cesser de miner les Etats laïques, et s'entendre avec eux pour trouver une nouvelle synthèse. Il considère en particulier que le royaume saoudien ne résisterait pas à une prise de pouvoir intégriste en Egypte.

Ces derniers temps, Abdallâh a contraint le

Hamas palestinien, que les Saoudiens ont toujours soutenu, à se soumettre à Arafat. Ce n'est pas du tout la stratégie d'Oussama ben Laden. De la même façon, Abdallâh a fait tout ce qu'il pouvait pour renforcer le pouvoir actuel en Egypte. Il ne faut pas confondre l'agressivité d'Abdallâh à l'égard de l'Occident, qui est incontestable, avec la position d'Abdallâh à l'égard des régimes arabes. Ben Laden, lui, veut la guerre civile au sein du monde arabe. Il veut en découdre avec les traîtres et les païens. Il veut en découdre avec les réformistes. Il veut la tête des chrétiens.

L'Arabie Saoudite et la Syrie

Abdallâh s'est efforcé de se réconcilier avec la Syrie. Il se considère comme à moitié syrien puisque sa chère tribu des Shammârs est aux deux tiers installée en Syrie, notamment autour de Palmyre. Avec qui s'est-il entendu tout de suite ? Avec Rifaat Assad, qui a du sang sur les mains et qui n'arrive toujours pas à les laver... Il a, en effet, organisé la tuerie de Hamah, dans le nord de la Syrie. La ville a été passée au fil de l'épée et près de 14 000 personnes sont mortes, en 1981, à la suite d'une insurrection islamiste des Frères musulmans, proches des Saoudiens.

Après cette affaire, Rifaat est devenu l'homme

à abattre pour les Frères musulmans syriens et pour les communautés sunnites du Nord.

C'est son extrême vulnérabilité qui rend M. Frère si traitable. Rifaat a besoin d'Abdallâh pour qu'on dise : « Voyez, cet homme qui a commencé dans le sang finit dans la paix. » Avec l'aide d'Abdallâh, Rifaat aspire à devenir l'homme de la réconciliation entre les alaouites chiites et la majorité arabe sunnite au sein de l'Etat syrien réformé. Du coup, son frère Hafez a durci son opposition aux sunnites et à Abdallâh pour préserver les chances de son fils de lui succéder sur son trône branlant.

Bachar Assad est donc arrivé, tandis que son oncle Rifaat était violemment chassé de son fief familial et que le Premier ministre libanais, le sunnite Rafik Hariri, était licencié sans ménagement. Il a tenté une ouverture, puis, très vite, il s'est fermé entièrement. Les anciens de son père, comme le général Ali Douba, le chef des services secrets syriens, sont de retour et aujourd'hui le régime à Damas est le plus grand ennemi, non déclaré, du prince héritier Abdallâh.

Abdallâh ne s'est pas démonté. Il s'est montré sur les caméras d'Al-Jezirah, la télévision du Qatar, en compagnie de Rifaat Assad qu'il a fait asseoir à sa droite pour le banquet de l'Aïd el-Kebir, à la fin du ramadan 2001. Et maintenant il soutient au Liban la contestation des chrétiens maronites et des druzes alliés contre le pouvoir syrien. C'est une situation radicalement nouvelle qui est en train de naître, où Abdallâh qui au départ voulait être le parrain de la Syrie est en train d'y mener une guerre...

Avec ses autres amis du Nord, et en Irak, il a enregistré les mêmes déconvenues. Son grand-oncle, Rachid Ali, a pourtant été l'organisateur du premier complot nationaliste irakien contre les Britanniques en 1941, le complot dit du Carré d'or, soutenu par les services de renseignements de l'Allemagne nazie. Rachid Ali a été chassé d'Irak par les Anglais et s'est réfugié chez Ibn Saoud, où il a tristement fini sa vie, mais encore aujourd'hui en Irak on évoque la conspiration du Carré d'or comme l'acte de naissance du nationalisme irakien moderne.

Là aussi, Abdallâh avait ses idées : lever entièrement les sanctions contre l'Irak, s'entendre avec Bagdad. Mais, évidemment, avec les mêmes idées constructives que celles qu'il avait pour la Syrie, c'est-à-dire faire en sorte que les chiites, soit la majorité du peuple irakien, aient une meilleure place dans l'Etat.

Mais Saddam Hussein déteste les conseils. Pour lui, Abdallâh, ce sunnite, qui a une politique raisonnable, est l'ennemi. D'un autre côté, il y a également des gens raisonnables autour de Saddam Hussein. Tarik Aziz en est un. Il avait décidé, avec des émissaires d'Abdallâh, de tout faire pour une réintégration rapide de l'Irak au sein de la famille arabe. Au début de 2001, un sommet a eu lieu. Tarik Aziz avait négocié avec des émissaires saoudiens et koweïtiens la reconnaissance définitive de l'indépendance du Koweït. Mais voici que Saddam Hussein arrive, précise que... « le Koweït est une province de l'Irak et le restera à jamais ! ».

Le 11 septembre 2001, Abdallâh est donc en échec en Irak et en Syrie. L'Irak et la Syrie se sont beaucoup rapprochés, inquiets du rapprochement irano-saoudien qui pourrait s'effectuer dans leur dos. Mosha Assad et ses hommes travaillent maintenant contre le régime du prince héritier. C'est la raison pour laquelle Saddam Hussein a commencé à s'intéresser de plus en plus à Oussama ben Laden, l'ennemi juré d'Abdallâh. L'ambassadeur d'Irak en Turquie a reçu les hommes de Al-Qaïda. Les techniciens irakiens se sont joints aux officiers pakistanais pour aider les Talibans. Les hommes de Massoud en ont capturé quelques-uns... C'est pourquoi le fils le plus nauséabond de Saddam Hussein, Koussaï, semble particulièrement intéressé par Al-Qaïda. C'est pourquoi certains thèmes islamistes sunnites apparaissent depuis plusieurs années en Irak. La laïcité des années 1970 est un lointain souvenir.

Ainsi, Saddam Hussein a signé des décrets interdisant aux femmes de travailler dans certains secteurs. Et des confréries sunnites extrêmement réactionnaires – qui rappellent les Talibans – sont à l'œuvre dans les campagnes irakiennes. Mais tout ceci ne fait pas de l'Irak un pays clé pour Al-Qaïda, mais un associé qu a tout de même négocié à Prague des aides logistiques avec le réseau américain. Mohammed Atta, le chef des pilotes du 11 septembre, a fait deux fois le voyage depuis New York jusqu'à la République tchèque pour y rencontrer le chef local du renseignement irakien.

L'avenir de l'Arabie Saoudite

Au fond, tous les régimes issus du parti Baas sont en grand danger. Ils ne correspondent plus à la période historique que nous vivons.

Ces dictatures ont le sentiment qu'une insurrection générale arabe contre les Etats-Unis leur serait plus favorable qu'un rapprochement des Saoudiens et des Iraniens, qui serait à terme, plus précisément, le rapprochement de leurs ailes modérées respectives, bref d'Abdallâh et de Khatami contre les islamistes plus durs.

Depuis 1997, l'Iran vit en effet avec deux centres de pouvoir opposés, celui issu du suffrage universel, incarné par le président Khatami, et celui du guide de la révolution, Al-Khamenei, qui a pour lui l'ancien régime, les services secrets, la puissante arrière-garde des Gardiens de la Révolution.

Aujourd'hui, ce n'est pas un secret, le président Khatami cherche une réconciliation, même partielle, avec l'Occident. Les positions exprimées en Arabie Saoudite par Abdallâh lui conviennent parfaitement. Il s'agit d'affirmer une personnalité musulmane indépendante de l'Occident, mais sans en venir à une confrontation permanente, tel que l'ont gérée Hafez el-Assad, Saddam Hussein ou Khomeyni.

L'Iran a donc renoncé à inquiéter l'Arabie Saoudite. Khatami a eu les mains libres pour traiter avec Abdallâh, qui apparaissait comme moins hostile aux chiites de son pays. Puis les conservateurs iraniens ont compris que la politique étrangère modérée menée par leur président les menaçait eux-mêmes...

Les conservateurs sont d'autant plus inquiets que le Hezbollah libanais est aujourd'hui la seule faction armée présente sur le territoire libanais qui permette à la Syrie de maintenir son occupation. Or, en quelques mois, les choses ont évolué de la manière suivante : les services secrets iraniens, contrôlés par Khamenei, ont choisi d'aider la Syrie de Bachar Assad, le dernier Etat chiite arabe à s'opposer aux Etats-Unis, et le Hezbollah libanais. Khatami, au contraire, a choisi le camp du prince Abdallâh. Ces deux options n'étaient pas totalement incompatibles au départ. Chaque jour, elles le sont davantage.

Qui condamne le 11 septembre ? Le royaume saoudien, l'Iran de Khatami... et c'est tout. Et au contraire, qui se refuse à condamner Ben Laden ? Le Hezbollah libanais, qui entretient des rapports directs avec Al-Qaïda, le régime syrien, le régime irakien, et, discrètement, la mollahcratie résiduelle de l'Iran. Les deux camps sont parfaitement visibles. Preuve de ce réalignement : l'arraisonnement du *Karin A* en février 2002 par les Israéliens. Le bateau emmenait dans ses flancs un véritable arsenal de missiles destiné à l'Autorité palestinienne[1] et au Hezbollah libanais. Le *Karin A* avait été affrété par les services secrets iraniens. Depuis, les amis de Khatami sont parvenus à arracher une commission d'enquête qui se penche sur ces faits.

Pourtant, à l'origine, la diplomatie d'Abdallâh intéressait autant les conservateurs iraniens que les réformateurs... Abdallâh est beaucoup moins enthousiaste aujourd'hui sur l'Intifada qu'il ne l'était il y a un an, parce qu'il a fini par y voir un ferment de déstabilisation générale du système, et donc une menace sans précédent contre le pouvoir saoudien lui-même. De là, la publication par Abdallâh d'un nouveau plan de paix israélo-arabe.

Cet homme qui était un adversaire modéré des Américains, des Israéliens et de l'Occident, devient leur principal allié, car lui aussi lutte pour

1. Le chef de la marine palestinienne en formation se trouvait embarqué.

sa vie, face à Oussama ben Laden et ses amis qui ont rendu presque impossible la troisième voie qu'il cherchait à mettre en œuvre.

La force d'Oussama ben Laden est d'avoir pulvérisé « presque en vol » la stratégie initiale d'Abdallâh et de l'avoir obligé à présent à se serrer les coudes avec ses demi-frères menacés des mêmes fatwas. Le prince Turki a d'ailleurs été remercié, selon les termes retenus, par « un décret du roi Fahd pris en présence du prince Abdallâh ». La réconciliation est donc totale entre le parti pro-américain et le parti nationaliste arabe... Nécessité fait vertu pour quelque temps encore.

Or cette réconciliation a commencé... trois semaines avant les attentats ! A ce moment-là, les services secrets saoudiens en savaient suffisamment long sur la préparation d'une offensive majeure de Al-Qaïda, même s'il n'y a aucune raison de supposer qu'ils aient connu l'objectif final. Cela a en tout cas suffi au prince Al-Walid pour se défaire de ses actions américaines dès juillet 2001, comme s'en étonnait alors le *Financial Times*.

Le prince Turki a fait ses études avec Ben Laden. Il a envoyé Ben Laden et d'autres jeunes Saoudiens bien nés en Afghanistan. Il prétend maintenant avoir demandé aux Talibans d'expulser Ben Laden.

Quoi qu'il en soit, tous, en Arabie Saoudite, même ceux qui haïssaient Oussama ben Laden, étaient d'accord pour ne pas le livrer aux Américains. Les uns par lâcheté, les autres par admiration tacite, les troisièmes par tactique. Personne ne voulait qu'Oussama ben Laden tombât, sinon il serait déjà depuis longtemps tombé.

Aujourd'hui, Abdallâh et les Saoud savent qu'ils n'ont pas le choix : ou bien Ben Laden entraîne Al-Qaïda dans son propre suicide ; ou bien ce sont eux, les Saoud, qui sont morts, et leurs enfants avec eux. Une vraie vendetta s'est déclenchée. Logiquement, les Saoudiens ont refusé qu'on utilise leurs bases militaires pour les opérations d'Afghanistan, parce qu'ils savent que la population est favorable à Ben Laden[1]. Mais pour l'essentiel, ils coopèrent plus qu'ils n'ont jamais coopéré. Le prince héritier est peut-être même en train de concevoir une autre stratégie, moins agressive à l'égard des Etats-Unis et plus constructive : les Américains accepteraient de retirer leurs bases militaires, et le royaume, rénové, pourrait devenir le garant d'une armistice avec Israël et d'une politique d'ouverture économique d'une nouvelle communauté arabe. Les Américains ont d'ores et déjà donné leur accord pour un retrait de leurs bases à brève échéance.

1. Un sondage cité par le *New York Times* fait état de 90 % de jeunes sondés favorables à Ben Laden dans les universités saoudiennes.

Pour l'heure, Oussama ben Laden a réussi à bouleverser toute la cour saoudienne. Il bénéficie de complicités diverses, parce que les princes saoudiens ont peur que l'on découvre le degré de compromission qu'ils ont entretenu avec Al-Qaïda.

L'Egypte et Le Caire

L'Egypte n'est ni l'Arabie Saoudite ni le Pakistan. C'est un Etat depuis toujours. Et Le Caire est la capitale du monde arabe et du monde musulman, la plus grande ville du monde arabe, le cœur de sa culture, de son cinéma, de sa musique, de sa littérature. C'est aujourd'hui en Egypte qu'on peut bâtir le retour du califat depuis qu'Istanbul a été perdu par la laïcisation kémaliste. Ce n'est pas à Bagdad, à Damas, à Riyad, ni même à Téhéran, comme l'ont pensé les chiites persans. L'Egypte est toujours l'aboutissement de toutes les stratégies révolutionnaires au Moyen-Orient. On a en Egypte, au fond, le même rapport avec le djihad afghan que ceux qu'entretenaient la social-démocratie allemande et la révolution russe.

Les mouvements islamistes révolutionnaires se déploient avec un certain succès à l'est de Suez. Ils peuvent être violents et efficaces rapidement. Mais l'Egypte ne se prend pas ainsi. L'Egypte se prend par un coup d'Etat militaire et par une agitation sociale, une agitation populaire prolongée. Et l'Egypte est la mère de l'islam. On l'a vu, c'est là qu'est née, dès la fin des années 1920, la confrérie des Frères musulmans.

En apparence, les Frères musulmans ont une stratégie opposée à celle d'Oussama ben Laden. C'est ce qui a entraîné des erreurs d'appréciation sérieuses d'observateurs de qualité, comme Gilles Kepel, qui a écrit leur histoire pour le public français. Il a vu les Frères musulmans, étrillés sous Nasser, se couler dans la nouvelle réalité semi-libérale de l'Egypte de Sadate. Sadate, qui avait peur du communisme, les a laissés monter dans les universités, parce qu'il les considérait comme moins dangereux. A partir du moment où Sadate a rompu avec l'Arabie Saoudite en rentrant pour de bon dans la négociation avec Israël, les Frères musulmans se sont levés contre lui et ils ont fini par l'assassiner, avec de fortes complicités dans l'appareil d'Etat toujours nassérien. Ce mouvement terroriste issu des Frères musulmans fait aujourd'hui partie intégrante de Al-Qaïda. On peut considérer que Sadate est la première victime de l'avant-Qaïda.

Depuis lors, Al-Qaïda a essayé d'assassiner Moubarak à deux reprises, la dernière à Addis-Abeba en 1998, avec l'aide du régime soudanais, mais n'y est pas parvenu. Moubarak revenu au

Caire a mis une pression suffisante sur le général Omar Bechir pour qu'il rompe avec Ben Laden.

Mais il y a d'autres mouvements terroristes qui ne dépendaient en rien du Soudan. Le Gamaa Islamya, par exemple, a organisé les assassinats de touristes, notamment en 1998 à Louxor, et au musée du Caire. Son but était de ruiner le tourisme pour créer une situation insurrectionnelle. Il a été rejeté par la population égyptienne et a dû décréter une trêve. Aujourd'hui, son chef, Ayman Zawahiri, est le numéro deux de Al-Qaïda. S'il n'a pas trouvé refuge en Iran, il est déjà de retour clandestinement en Egypte.

La question fondamentale est donc : quels sont les liens de ces associations extrêmes avec les Frères musulmans ? Officiellement, ces derniers ont adopté une attitude entriste dans la société égyptienne. Ils sont proches d'un parti d'opposition, le parti socialiste. A une époque, ils étaient proches du vieux parti libéral, qui présente des candidats indépendants. Leur dessein : pénétrer la société par tous les pores. C'est cette stratégie qui a si bien réussi au FIS, en Algérie initialement.

Les Frères musulmans partent du désarroi des campagnards qui arrivent dans la ville, sans y trouver le moindre service public, et qui se retrouvent autour de la mosquée. L'organisation assure une sorte d'Etat-providence élémentaire avec l'aide de l'Arabie Saoudite, distribuent aux « jeunes méritants » des bourses pour des études.

Ils secourent les malheureux. Ils pratiquent des soins gratuits. Peu à peu, ils se substituent à un Etat défaillant et gagnent la confiance de la population. Au passage, leurs militants et leurs militantes en foulard mettent un réel enthousiasme à s'occuper de la population, avec un dévouement et un altruisme profonds.

Ils pénètrent aussi les sphères professionnelles : journalistes, avocats, professeurs...

Bref, ils encerclent l'Etat égyptien pour le forcer à des concessions que celui-ci, affaibli, fait tous les jours. Sait-on que l'appel du muezzin retentit cinq fois par jour dans les haut-parleurs de l'aéroport du Caire ? Que les chrétiennes portent le foulard pour ne pas être molestées ou inquiétées ? Que des juges cassent des unions de conjoints musulmans lorsque l'un d'entre eux, s'il est professeur d'université, a fait profession de foi d'athéisme ? Qu'ils censurent de plus en plus le cinéma et la télévision ?

La pression de l'islamisme sociétal est donc de plus en plus forte, le gouvernement préférant lâcher du lest dans certains domaines.

Bien entendu, cet islamisme sociétal est relativement inoffensif, en apparence, mais pas pour les femmes, ni pour les mal-pensants, ni pour les homosexuels que l'on traîne maintenant en procès par groupes de cent. Cet islamisme rejoint peu à peu les extrémistes armés. Le harcèlement purement moral que l'on voit au Caire devient autre chose dans les campagnes. Assiout et la moyenne Egypte étaient encore, dans les années 1950, une région de paysannerie copte. Il y avait une majorité copte, surtout dans la ville d'Assiout, objet d'une révérence particulière des chrétiens d'Egypte – la Sainte Famille est censée y avoir résidé.

Depuis la fin des années 1970, Assiout est de manière répétée le théâtre d'agressions permanentes contre les chrétiens qui ont été massacrés par dizaines par... les militants des Frères musulmans, les tueurs du Gamaa et les autres groupes extrémistes. La police répond par des battues, de temps en temps, et par des violences, mais sans grand résultat et parfois sans grande conviction.

La moyenne Egypte est interdite aux touristes. Les bateaux ne passent plus sur cette portion du Nil. Toute une région de l'Egypte connaît une terreur à éclipses.

Certes, les Frères musulmans, par prudence, ont condamné la violence, mais ils n'ont jamais rompu avec leurs ailes extrêmes. Depuis Khartoum, Oussama ben Laden espérait soulever ces groupes terroristes. Ce sont ses trois grands « investissements insurrectionnels » que j'ai évoqués : le Pakistan, l'Arabie Saoudite et l'Egypte.

Au fond, Al-Qaïda est un peu comme une organisation financière qui placerait de l'argent dans de jeunes entreprises... terroristes. A l'automne

2001, le GIA algérien et le groupe salafiste oranais issu du FIS ont rallié Al-Qaïda. Jusque-là, ils en étaient indépendants. Al-Qaïda a absorbé quelques groupes scissionnistes du mouvement islamiste turc. Evidemment, elle opère aux côtés du mouvement Abou Sayyaf aux Philippines, avec l'espoir de conquérir à terme les groupes durs de l'islam indonésien. Elle est présente en Tchétchénie, où elle a réussi à rallier l'aile dure du mouvement indépendantiste de Bassaïev. Ce que tous les amis des Tchétchènes cherchent à cacher de manière assez maladroite.. Donc, ce sont des investissements opportunistes. L'idée de Ben Laden, c'est d'élargir le front, tout en se basant sur l'Egypte, l'Arabie Saoudite et le Pakistan.

Ben Laden et l'empire américain

Le plus troublant dans cette affaire, c'est la proximité de ces trois pays avec les Etats-Unis. On peut s'interroger. Les Etats-Unis ont-ils fait à une époque le même raisonnement que Al-Qaïda aujourd'hui ? Ont-ils voulu mettre la main sur ces trois pays... avant d'y être supplantés par les extrémistes ?

Si l'on reprend l'histoire de la région, au lendemain de la Seconde Guerre mondiale, on s'aperçoit que l'Union soviétique n'a jamais fait le poids. Elle a été chassée d'Egypte. Elle n'a jamais mis la main sur l'Arabie Saoudite et n'a jamais réussi à approcher le Pakistan. Ce que l'Union soviétique n'a pas fait, Ben Laden y parvient.

L'alliance des Etats-Unis et de l'Arabie Saoudite était une alliance fondamentale, fondée sur le pétrole et sur la volonté de préserver un royaume bédouin que les Américains comparaient volontiers aux puritains du *Mayflower*. Sur le chemin de Yalta, Roosevelt s'est arrêté au Caire – où il a rencontré Ibn Saoud –, et l'a assuré de la protection des Etats-Unis. Celle-ci n'a jamais fait défaut au royaume.

Il faut bien comprendre que Ben Laden est né sujet de l'empire américain ! Son objectif est bien que l'empire américain s'éteigne.

Le Pakistan, pour sa part, était d'abord allié à la fraction musulmane de l'armée des Indes, restée fidèle à la couronne britannique. Puis il se vend littéralement à l'Occident et aux Etats-Unis, qui remplacent les Anglais impécunieux dans la région.

Les liens entre le Pakistan et l'Arabie Saoudite sont les plus étroits qui existent, à telle enseigne qu'on a débaptisé, dans les années 1970, la ville de Lyallpour, avec son vieux temple hindou, pour la transformer en Fayçalabad, en reconnaissance de l'aide apportée par le roi Fayçal...

Quant à l'Egypte, elle a toujours été la grande rivale de l'Arabie Saoudite. Les wahhabites n'ont pas oublié que le khédive Ibrahim, fils de Mehmet Ali, est allé, pour le compte des Ottomans, détruire le cœur de Riyad pierre par pierre, et abattre les mosquées des hérétiques wahhabites... Les Saoudiens ont toujours eu peur des Egyptiens. En même temps, depuis la mort de Sadate et depuis que le gel égyptien des relations avec Israël s'est véritablement confirmé, les Saoudiens sont revenus en Egypte, et l'Egypte fait aujourd'hui partie d'un ensemble géopolitique qui dépend beaucoup des capitaux saoudiens.

Rien d'étonnant à ce que Ben Laden ait investi en dur dans ces trois pays, comme les Américains l'avaient fait avant lui. Eux non plus n'ont lâché ni les 140 millions de Pakistanais, ni les 60 millions d'Egyptiens... ni les 50 milliards de barils de réserve de l'Arabie Saoudite. A côté, les 20 millions d'Irakiens, les 14 millions de Syriens ne pèsent pas le même poids.

Un scénario d'apocalypse

Oussama ben Laden pense un peu ceci : pour mettre à bas les Etats musulmans vermoulus, il faut une mise à feu. Il croyait l'avoir trouvée à partir de 1997, avec le régime afghan des Talibans. Or il constate que la diplomatie américaine cherche à diluer le danger islamiste pakistanais en encourageant une réconciliation indo-pakistanaise et en isolant ainsi l'Afghanistan des Talibans. Pour lui, le temps était compté.

En 1999, c'est-à-dire en plein apogée du processus de paix israélo-palestinien, Ben Laden a compris qu'il finirait par être expulsé de Kaboul sous la pression saoudienne officielle, comme il l'avait été de Khartoum, et que le meilleur moyen d'empêcher les Américains de resserrer l'étau autour de lui, c'était de créer un phénomène de souffle sur le monde américain. Car les Américains, sous l'administration Clinton, avaient décidé d'étouffer Ben Laden sans en parler, gentiment, doucement... Ben Laden, lui, veut la guerre ouverte, avec le piège constitué en Afghanistan et la possibilité de bondir vers le Pakistan...

Je pense que ce qui lui a donné l'alerte, ce sont les pressions faites sur le Pakistan pour qu'il renonce à l'usage opérationnel de sa bombe atomique, et la volonté du Premier ministre pakistanais, Nawaz Sharif, de s'entendre avec l'Inde. Pour la première fois, le dialogue avec les Premiers ministres indiens, Gujral puis Vaspayee, était allé assez loin. C'est alors que l'ISI a voulu se débarrasser de Sharif.

L'idée monstrueuse et innovatrice de Ben Laden était d'obliger les Etats-Unis à faire la guerre au Pakistan. Première tentative en 1999 : sans avertir le gouvernement, l'armée pakistanaise envahit une partie du Cachemire indien, avec l'intention de généraliser la guerre. Finalement, l'opération tourne court et la faction modérée de l'armée impose le général Musharraf, un modéré, comme chef de la junte. Ce n'est pas ce que voulait Ben Laden, qui entretenait d'étroits contacts avec des généraux beaucoup plus durs, comme Hamid Gül, l'ancien chef de l'ISI, qui a accusé le Mossad d'avoir organisé l'attentat du 11 septembre...

Le 11 septembre se prépare en fait depuis l'été 1999. Le financement n'a pas besoin d'être très important. Je suis persuadé que Ben Laden avait mis dans la confidence un certain nombre de financiers malaisiens et indonésiens.

N'oublions pas qu'à la fin de sa vie, le président Suharto était devenu très pratiquant. Il était en train de transmettre ses pouvoirs à son dauphin Habibie, chef d'une association d'intellectuels musulmans, proche des régimes du Moyen-Orient, qui avait petit à petit marginalisé les chrétiens de l'entourage de Suharto. En 1998, le FMI refuse l'extension des crédits à l'Indonésie. Les émeutes éclatent à Jakarta et les dirigeants de cette association sont balayés. Le Timor devient indépendant. Les intellectuels laïques et les musulmans modérés prennent le pouvoir en Indonésie. Catastrophe pour le courant islamiste d'Asie du Sud-Est... Le gendre de Suharto s'exile en Jordanie. Il est aujourd'hui en Arabie Saoudite. Le ministre des Affaires étrangères Ali Alatas, cousin de Ben Laden, démissionne. Certains n'ont-ils pas souhaiter se venger du capitalisme américain ?

Des membres de la famille royale saoudienne, sans doute peu connus, le prince Turki et des militaires pakistanais planifient ensemble l'offensive. Certains doivent ignorer que Al-Qaïda en est le véritable chef d'orchestre. La première partie de leur plan s'est assez bien déroulée. Celui-ci comportait des aspects divers, comme l'installation de maquis islamistes en Ouzbékistan, qui sont encore en activité aujourd'hui. Ou comme la réanimation des réseaux tchétchènes, qui est à l'origine de la contre-offensive russe de 1999. L'attentat spectaculaire de 1999 contre le gouvernement ouzbek à Tachkent est une véritable répétition générale avec des moyens limités de l'attentat du 11 septembre.

Ben Laden investit dans l'activisme cachemiri et ravive le conflit indo-pakistanais de manière à faire monter les éléments les plus durs dans l'armée. Puis Massoud est assassiné, fin août 2001.

D'autres attentats ont simplement été planifiés pour la suite, mais l'essentiel est déjà là : obliger les Etats-Unis à faire la guerre sur le terrain qu'a choisi Ben Laden, illusionné très gravement sur les capacités militaires de ses troupes afghanes. Les bombardements massifs et les opérations contre les Talibans devaient créer un choc tellement fort chez les musulmans qu'ils devaient favoriser un coup d'Etat au Pakistan... Certains aimeraient renverser Musharraf et établir un réseau dirigé par l'ISI sur l'ensemble du territoire pakistanais.

Si cette hypothèse s'était réalisée, l'effervescence du monde musulman aurait été à son maximum et Oussama ben Laden aurait pu gagner le Yémen, sa terre natale, afin d'enclencher la seconde phase de son plan. Car c'est là, non en Afghanistan, que se trouvent les forces principales de Ben Laden. Le Yémen est une fédération de tribus dans laquelle sunnites et chiites sont à peu près en nombre égal. Le pouvoir est entre les mains d'un colonel chiite, Ali Saleh, qui, par peur de Ben Laden, s'est rapproché des Etats-Unis ces derniers temps. Là encore, le pouvoir est double, et les services secrets yéménites sont encore pour une bonne moitié aux mains de Ben Laden.

Voilà un des investissements les plus importants de Al-Qaïda et les moins connus, car ce sont des instructeurs yéménites de Al-Qaïda qui ont formé les Frères musulmans soudanais quand Ben Laden était à Khartoum. Les services secrets yéménites contrôlent 35 000 à 50 000 combattants dans les régions nord du Yémen, tous sunnites et tous intégristes... Tous les Saoudiens qui étaient dans les avions-suicides provenaient des tribus de la province limitrophe de l'Assir, arrachée par Ibn Saoud au Yémen et étroitement liée aux sunnites de l'autre côté de la frontière.. C'est là que Ben

Laden voulait se rendre lorsque la situation entre l'Afghanistan et le Pakistan aurait atteint son point culminant, c'est toujours là qu'il entend terminer son combat s'il parvient à quitter bientôt la clandestinité où il a dû se réfugier après l'effondrement du régime taliban. Son but serait alors d'organiser la « marche sur l'Amérique », en espérant que des révoltes auraient lieu face à l'armée saoudienne et à la garde nationale d'Abdallâh, fomentées avec l'aide de l'ISI pakistanaise, ce qui lui permettrait de s'emparer de La Mecque et de Riyad.

Etant donné que les Américains ne déploient que des forces légères en Arabie Saoudite, ils auraient à intervenir, à l'aide d'alliés, sur les lieux saints. Comment ne pas envisager alors une mutinerie de l'armée égyptienne, l'aide de l'Irak et de la Syrie ? C'est un scénario apocalyptique, mais pas absurde.

Le pari de Ben Laden est certes un pari fou, fondé sur l'idée que les musulmans ne feront pas la guerre à d'autres musulmans. C'est bien ce que pensent Moubarak, Abdallâh et les autres chefs d'Etat, qui ont très peur de leur opinion. Qui peut dire si l'armée égyptienne marcherait pour sauver l'Arabie Saoudite ? Qui peut dire si l'armée saoudienne n'éclaterait pas en milices tribales, dont la plupart pourraient enfin régler leurs comptes avec l'arrogance des wahhabites du Nedjd ?

Pour Ben Laden, le jeu de dominos est prêt : à ses côtés, le docteur Zawahiri prépare une mutinerie de l'armée égyptienne. Puis son arrivée au Yémen met un terme au mandat des Saoud sur les lieux saints. La guerre sainte des Pakistanais contre l'Inde fait passer la dissuasion nucléaire aux mains de l'islam radical. Les Gardiens de la Révolution en Iran peuvent enfin liquider l'embryon de démocratie.

Imaginez l'enthousiasme débordant des musulmans de toute la terre en insurrection contre les Etats-Unis et Israël ! On objectera à juste titre que Saddam Hussein a fait le même calcul en envahissant le Koweït... Mais il s'est trompé sur la résolution des Saoudiens à défendre leur territoire. Aujourd'hui, Ben Laden se trompe sur d'autres paramètres : la solidité des forces islamistes, l'anti-intégrisme persistant de la majorité des Pakistanais, la personnalité de ses principaux adversaires, Musharraf et Abdallâh.

Et les Occidentaux ?

Ben Laden pense que les Européens sont du côté des Américains, mais qu'ils n'ont pas la volonté de le combattre jusqu'au bout. Peut-être la France fera-t-elle des efforts soutenus en Afrique du Nord, parce que c'est près de ses centres névralgiques. Mais l'Afrique du Nord n'intéresse pas tout de suite Ben Laden. Peut-être les Allemands donneront-ils une aide économique aux Américains, mais ils n'ont pas de troupes à envoyer en Arabie Saoudite.

Ben Laden sait que la prudence des Occidentaux est réelle. Il s'intéresse lui-même bien plus à La Mecque et aux lieux saints qu'à des zones pétrolières. Si les Américains établissaient un « périmètre pétrolier » autour du Koweït et de la côté, les Saoud et tous les hommes des Américains s'y réfugieraient. Il n'en a cure. Il pense que le monde arabe peut vivre sans le pétrole saoudien ou qu'il se dévalorisera de toute façon sous la pression du blocus. S'il est le maître de La Mecque, de la plaine pakistanaise et du Caire, il ne craint rien.

La peur de la bombe

Ben Laden pourrait aussi avoir sous-estimé l'Occident, comme Hitler et Hirohito, en leur temps. La guerre qu'il a déclenchée pourrait s'arrêter, selon lui, sur une victoire partielle, quand il s'agit, en réalité, d'une guerre totale qui ne s'arrêtera pas. En même temps, il pense disposer d'une carte très forte, la bombe atomique. S'il pouvait s'emparer de la bombe pakistanaise et la mettre au service d'une dissuasion élargie du monde musulman, alors l'Amérique ne risquerait pas des opérations allant jusqu'à l'utilisation de cette arme.

Oussama ben Laden est le véritable successeur des militaristes japonais, car il ne comprend pas la pensée stratégique occidentale, ni la démocratie qu'il ne connaît pas. Lui parie sur la faiblesse des Etats qu'il combat à des degrés divers, l'Egypte de Moubarak, la monarchie saoudienne, les régimes baassistes pourris de Syrie et d'Irak, l'Autorité palestinienne d'Arafat, le double pouvoir iranien à la dérive, le double pouvoir pakistanais militaire et subversif. Il se dit : « Ces gens-là n'ont ni notre courage, ni notre moralité, ni notre vision du monde, et avec l'aide d'Allah, nous allons infliger une défaite et des humiliations telles aux infidèles que les masses musulmanes se rallieront derrière nous. Ces derniers finiront par abandonner comme ils ont abandonné la Chine à Mao, comme ils ont abandonné la Russie aux bolcheviks. Peut-être devrons-nous faire des concessions. Mais nous aurons reconstitué l'unité des principales terres de l'islam. »

Bien entendu, il y a loin de la coupe aux lèvres. Mais au Pakistan, qui a fait trois expériences répétées de démocratie, la fatigue des élites est visible. La montée en puissance technologique de l'Inde voisine et l'asphyxie économique, notamment agricole, de la vallée de l'Indus, peuvent donner à des islamistes patriotes et exercés un sentiment de fin du monde autorisant tous les excès.

L'islam et le pouvoir

Le terme de théocratie a été inventé par Flavius Josèphe, grand historien juif du Ier siècle, pour définir très exactement la conception juive de l'Etat. L'Etat n'est ni une démocratie issue du peuple, ni une aristocratie, encore moins une monarchie hellénistique. C'est le pouvoir direct de Dieu, donc une théocratie, c'est-à-dire un Etat gouverné par la Torah. Il n'y a ici aucune différence entre la conception juive et la conception musulmane du rôle de la Loi. La Loi est révélée par Dieu, et un bon Etat est un Etat qui vit en harmonie entre Dieu et la Loi, en appliquant la *halakha*, son interprétation codifiée par la jurisprudence des Sages.

Il n'est pas vrai que l'islam soit plus rigide dans l'application de la *charia* que ne l'est le judaïsme dans celle de la *halakha*. La *charia* ne peut être mise en œuvre que sous le couvert d'une interprétation juridique permanente de ses dispositions par des experts, regroupés peu à peu en écoles distinctes, à la sévérité inégale. Cette interprétation a donné lieu à des discussions importantes et riches, au moins à l'époque classique. Certaines écoles, comme les malékites, dominants au Maghreb, ou les hanafites, dominants dans l'empire ottoman, sont assez libérales dans leur interprétation de la *charia*. Si aucune n'encourage la consommation de vin, il est possible de vivre en bon musulman et de maintenir une certaine modernité de mœurs dans bien des domaines.

Ce n'est donc rien de principiel qui oppose le judaïsme et l'islam, rien de principiel non plus dans l'opposition entre l'islam et le christianisme. Dès que le christianisme est devenu religion d'Etat, à partir de l'an 330, à Rome, il a voulu imprimer sa marque sur la société. Bien entendu, il l'a fait avec une puissance relative selon les époques. Mais cette ambition temporelle n'a jamais été absente du christianisme !

En revanche, une conception particulière demeure absente de l'islam et réunit encore face à lui juifs et chrétiens : le messianisme. Dans l'islam sunnite, il n'y a pas de messie. La parole de Dieu est immédiate. Elle a été révélée une fois pour toutes par le Prophète. Mahomet est le plus grand et le dernier des prophètes, il leur appose son « sceau » : il n'y en aura plus après lui.

C'est peut-être le début des ennuis pour l'islam, car la société musulmane des premiers temps a atteint, pour bien des fidèles, une espèce de perfection qui ne cessera plus d'être recherchée par la suite. Comme si la suite des temps ne conduisait pas à une construction de la parole de Dieu, à une élévation progressive des hommes vers l'absolu, mais au contraire, à une altération de cette parole, à une décadence sans cesse menaçante.

Cette verticalité dans la révélation me paraît beaucoup plus dangereuse pour les sociétés islamiques que la prétendue non-séparation du politique et du religieux, qui a eu lieu, malgré tout, dans les faits, en terre d'islam. Quand le sultan de Constantinople se proclame aussi empereur de Rome et successeur des empereurs byzantins, quand il maintient ses sujets chrétiens sous le droit romain, on ne peut pas dire qu'il soit opposé à cette séparation... Les grands sultans ottomans sont tous des adeptes de Machiavel.

Jésus dit : « Mon Royaume n'est pas de ce monde », alors que l'islam commande précisément et dès la première minute de faire en sorte que le Royaume soit de ce monde. Cette ambition n'est pas dénuée de noblesse, mais elle comporte l'adhésion religieuse à un idéal politique. Il n'en est pas moins vrai que la voix de l'islam a évolué à travers les siècles et qu'aujourd'hui, une partie très significative de l'islam se réclame d'un idéal religieux tolérant.

L'expérience historique prouve enfin, contre le dogme islamique, qu'on peut être musulman et vivre dans une société non musulmane. Ce fut toujours le cas en Chine et cela réussit à peu près en Russie avec les Tatars à partir du XVIe siècle. Mais l'islam n'a pas encore pris toute la mesure de ce fait. Aujourd'hui la nostalgie d'un monde musulman unifié politiquement et religieusement dans des frontières de guerre demeure très forte.

Le désir du rétablissement du califat joue plutôt sur les terres de l'islam originel, c'est-à-dire le monde arabe proprement dit, l'Egypte, l'Iran, quand les périphéries – Maghreb, Turquie, Asie centrale, Inde, Indonésie et Afrique – y sont réfractaires. Il n'empêche : la manipulation de ce désir de retour à un ordre antérieur et transcendant est une carte maîtresse que n'hésite pas à proclamer Ben Laden à la face du monde.

Ce surgissement d'archaïsme métaphysique ne pourra être terrassé que par l'émergence d'un réalisme politique puissant et potentiellement démocratique dans les principales régions du monde musulman.

4. ISRAËL

L'attentat du 11 septembre, nous venons de le voir, a été préparé en quelques années. Il est vraisemblable qu'il a été conçu dans le courant de l'année 1999, c'est-à-dire à l'apogée du processus de paix israélo-palestinien. L'euphorie règne non seulement en Occident et en Israël, mais chez les élites arabes qui s'attendent à une reconnaissance générale d'Israël. Le roi Fahd déclare alors, sur la sollicitation de Clinton, que si la paix est signée, il se rendra lui-même à Washington pour reconnaître Israël.

Peut-être est-ce paradoxalement ce sentiment qui motive pour partie Ben Laden. Dans les faits, ce n'est pas l'échec du processus de paix qui a entraîné la préparation de ces attentats, mais plutôt la crainte d'une Pax Americana généralisée qui ferait suite à un compromis historique israélo-palestinien. Par ailleurs, les opérations de Al-Qaïda n'ont jamais cessé depuis 1992, pendant les périodes du rapprochement israélo-palestinien.

En outre Oussama ben Laden n'entretient pas de rapport personnel et permanent avec le mouvement palestinien. Il n'aime pas les Palestiniens et ceux-ci le lui rendent bien. Oussama ben Laden ne les connaît pas beaucoup, c'est un homme de l'est de la péninsule arabique, dont les affinités véritables sont avec le monde indien, le monde indonésien, le Soudan, mais pas du tout avec cette partie un peu européenne du monde arabe constituée par la Palestine, le Liban, la Syrie, ce que nous appelions naguère le Levant, cet Orient si proche et que les Arabes appellent encore Cham, le pays de Damas.

Par ailleurs, la caractéristique du mouvement de libération de cette partie du monde arabe est le degré d'interpénétration des élites chrétiennes et musulmanes dans une culture encore un peu laïque et nationaliste, qui est à l'opposé de l'ambition califale de Ben Laden.

L'entourage d'Arafat comprend un nombre trop élevé de chrétiens aux yeux de Ben Laden. On ne peut pas avoir fait régner l'ordre des Talibans à Kaboul et apprécier cette situation.

Le Hamas, plus proche des idées de Al-Qaïda, est dans la main des services secrets saoudiens et des dirigeants les plus prudents de la confrérie des Frères musulmans de Gaza. Il ne veut pas d'un affrontement frontal ni avec le prince Abdallâh, ni avec Arafat. Ben Laden préfère le Jihad islamique, le groupe le plus extrême issu du Hamas, sur lequel il a quelques ambitions. Mais depuis le début, ce groupe a été manipulé par les services secrets syriens et iraniens qui l'alimentent via le Hezbollah libanais.

Ben Laden est intéressé avant tout par la théorie du suicide du Hezbollah qu'il a popularisée dans ses rangs. Mais les liens avec le Hezbollah sont plutôt des liens de sympathie, pour ainsi dire, que des liens opérationnels. Ils visent à établir le dialogue entre Al-Qaïda et les intégristes iraniens proches de Khamani et des Pasdarans.

Le Hezbollah, aujourd'hui encore, vise la prise du pouvoir par les chiites devenus majoritaires au Liban. C'est le parti qui, par l'intimidation physique exercée sur toute la société libanaise, permet au pouvoir syrien de se maintenir à Beyrouth, contre l'ensemble des forces politiques du pays, y compris chiites, plus modérés d'Amal. Pour l'instant, les services secrets syriens veillent attentivement à ce que les islamistes proches de Ben Laden n'approchent pas trop...

L'attentat manqué du World Trade Center de 1993 était un premier geste de démonstration de Al-Qaïda, peut-être avec un soutien logistique irakien ou soudanais. La *pax americana* était visée dans son ensemble davantage que le processus de paix israélo-palestinien en particulier. Il ne faut donc pas lier de façon trop étroite la résolution du conflit israélo-palestinien et l'offensive de Al-Qaïda, même si ces deux incendies peuvent à terme se conjoindre.

Le grand succès de la propagande palestinienne n'est-il pas d'avoir réussi à présenter la question palestinienne comme centrale pour l'avenir du monde arabe ? Or la Palestine, ce n'est tout de même que l'équivalent de deux départements français. Ce qui s'est passé en Irak à trois reprises : guerre d'usure colossale de sept ans avec l'Iran, invasion du Koweït, blocus et dislocation de l'Etat, ce sont là des événements bien plus considérables pour l'avenir de la Nation arabe, sans revenir sur la destruction du centre financier et culturel de Beyrouth par la Syrie, depuis vingt ans. Les variations du cours du pétrole et l'évolution de l'industrie pétrolière mondiale pèsent aussi davantage sur l'avenir de l'Arabie Saoudite et de tout le monde musulman. La naissance de la bombe atomique pakistanaise, avec peut-être des accords secrets avec l'Iran, représentait un événement de bien plus grande ampleur que les millimétriques progrès du processus d'Oslo, en 1998.

L'art d'Arafat, qui, après avoir été un vrai leader de la politique arabe, s'est maintenant tourné vers les médias occidentaux, c'est d'avoir maintenu sa capacité de propagande inentamée et d'avoir su disposer, dans la gauche européenne, et les journaux de relais très importants.

Mais tient-il encore son mouvement ? C'est une autre affaire. Les Arabes modérés sont convaincus, depuis le début des années 1990, qu'il faut une sorte de paix avec Israël, fondée sur un compromis territorial. Les Arabes extrémistes refusent cette paix et le compromis territorial, précisément parce qu'ils ne sont pas pressés de résoudre cet abcès de fixation... Ils ont d'autres urgences. Entre les deux, Arafat n'a jamais tranché.

On pourrait dire, au contraire de la thèse courante, que c'est le *risque de paix* qui a déclenché les attentats, et non l'absence de résolution pacifique d'un conflit israélo-palestinien proche de sa fin. Ces attentats seraient bien un des spasmes suicidaires caractéristiques de l'islam en crise, tel que le vivent les fondamentalistes. Mais même cette thèse ne résiste pas à l'examen.

Ce fut sans aucun doute l'un des ressorts de la crise de l'année 1996, qui suit l'assassinat de Yitzhak Rabin par un fanatique juif en novembre 1995. Pendant les premiers mois de 1996, Israël a connu plus de victimes par attentats que l'Espagne n'a eu de victimes de l'ETA depuis la mort de Franco. Ces mois d'une violence inouïe sont parvenus à interrompre une première fois le processus de paix. Le Jihad et le Hamas avaient alors été mobilisés par les services secrets syriens et iraniens pour faire échouer le processus de paix, de peur que la mort dramatique de Rabin ne conduise à un raz de marée en faveur des travaillistes et de la paix. Il fallait empêcher à tout prix cette paix d'avoir lieu... Ce fut fait en trois mois. Ces attentats ont entraîné Shimon Peres dans des gesticulations brutales et maladroites, notamment le bombardement de Cana au Liban. Autant dire que Benyamin Netanyahu a été élu, malgré lui, par Téhéran et Damas...

A cette époque, Arafat n'a pas prêté main-forte, comme il aurait dû, aux services de sécurité israéliens, mais a cherché à maintenir en toutes circonstances l'unité du peuple palestinien, en protégeant efficacement les auteurs des attentats.

Depuis 1996, l'eau a coulé sous les ponts. Netanyahu n'a pu interrompre le processus d'Oslo, les travaillistes sont revenus au pouvoir en 1999, appuyés par un centre-droit modéré. Le processus de paix continuait d'être un élément d'inquiétude pour le monde arabe... mais parmi bien d'autres. Lorsque Ben Laden considère l'équation générale, il est d'abord intéressé par le développement de la djihad au Pakistan, l'effondrement du pouvoir islamiste en Indonésie, ou par l'imminence d'une révolution opposant deux camps antagonistes en Iran.

Ben Laden et ses hommes raisonnent déjà sur un échiquier beaucoup plus vaste que le seul Proche-Orient arabe. Ce qui ne les empêche pas de considérer, dans leurs écrits les Juifs comme des métis de porcs et de singes. Le fait que Ben Laden dénie, à plusieurs reprises, toute humanité aux Juifs indique bien qu'il veut aboutir là où ont abouti les nazis. Mais sa haine des Juifs ne dévoile pas encore les vrais ressorts de sa stratégie.

Brève histoire de l'OLP

L'Intifada des Mosquées, comme on l'appelle, a été déclenchée à la fin du mois de septembre 2000. Il s'agit d'ores et déjà d'une date majeure : elle signifie la fin de la stratégie palestinienne, née en 1967, de la défaite des armées arabes face à Israël.

La naissance et le développement d'une implantation juive en terre d'islam – en Palestine – a vite suscité des oppositions plus ou moins radicales dans le monde arabe, dès la fin des années 1920. Le consensus contre Israël s'est cristallisé, au tout début des années 1950, autour de trois points. D'abord, une stratégie de harcèlement pour rendre impossible la vie quotidienne de cette entité sioniste. Ensuite, les activités de boycott économique qui visaient à obliger la communauté internationale à choisir entre la participation au développement du monde arabe et ses liens avec Israël. Et enfin, les activités militaires visant, dans des circonstances favorables, à remettre en cause l'existence même de l'Etat hébreu.

A cette époque, le mouvement palestinien n'existait presque pas, ne portait pas même de nom, on ne parlait que d'Arabes de Palestine. Et ceci pour des raisons profondes. Tout d'abord, les

Palestiniens – c'est-à-dire les habitants de la Palestine mandataire d'avant 1948 – avaient doublement failli aux yeux des régimes arabes dans leur lutte armée contre les Juifs, puisqu'ils s'étaient très peu battus en 1948 et avaient été auparavant le premier mouvement arabe à se ranger sous la bannière d'Hitler et de Mussolini dès 1936, ce qui a contribué au discrédit de leur cause après 1945, notamment à gauche, où nombre de leaders communistes tels que Dimitrov, Togliatti ou Gottwald étaient des enthousiastes du sionisme.

La vieille direction palestinienne passe donc au second plan après la guerre... On méprisait les Arabes qui étaient restés à l'intérieur des frontières israéliennes ; et les autres, à Gaza ou en Cisjordanie, étaient sous la domination de la Jordanie d'un côté, de l'Egypte de l'autre. C'est essentiellement pour déstabiliser le royaume jordanien que les services secrets égyptiens donnent naissance à l'OLP, en 1965, dirigée à ses débuts par un fonctionnaire égyptien, Ahmed Choukaïri.

Pour les Palestiniens, la figure tutélaire est Nasser... Certes, un certain nombre de Palestiniens, d'abord nassériens, veulent ensuite dépasser leur modèle sur sa gauche, à l'instar de Georges Habache, fondateur du FPLP. Généralement, c'est parce qu'ils considèrent que ce qui retarde l'affrontement décisif, ce sont les régimes conservateurs arabes tacitement alliés à Israël, comme la Jordanie voire l'Arabie Saoudite.

Dans le milieu beyrouthin, beaucoup de chrétiens palestiniens sont tentés par l'extrême gauche, mais souvent avec la conception d'une révolution générale arabe, pas d'une lutte de libération confiée à la seule Palestine. Cette conception rejoue à plein après 1971 et l'échec de l'insurrection en Jordanie.

C'est en 1967 que tout s'effondre et que naît le mouvement palestinien proprement dit. Yasser Arafat, qui s'illustra en Jordanie contre les Israéliens, annonce la naissance d'une nouvelle OLP. Le Fatah, « la patrie » en arabe, né comme un groupuscule dès 1959, prend ainsi le contrôle de l'OLP des Egyptiens, en alliance avec Habache et ses amis du mouvement nationaliste arabe, devenu le FPLP. Arafat s'entend avec Habache comme Lénine s'entendait avec Trotski, bien et très mal de temps en temps. Très vite, cette organisation palestinienne, émancipée de la tutelle égyptienne, prétend jouer un rôle indépendant sur la scène arabe. L'idée de Habache est de menacer l'équilibre interne de tous les Etats arabes jusqu'à ce qu'ils traitent « sérieusement » la question de la Palestine.

Et cette stratégie aboutit à l'affrontement de septembre 1970. A cet instant, Nasser est en train d'accepter une trêve sur le canal de Suez, dans l'espèce de drôle de guerre qui a succédé à la guerre des Six Jours. Les Palestiniens organisent alors des détournements d'avions sur la Jordanie, prélude à une insurrection générale contre le roi Hussein, soutenue par la Syrie. Les insurgés qui contrôlent le camp palestinien d'Amman appellent à la rescousse le régime syrien, dirigé par la gauche du parti Baas. Le projet palestinien est clair : créer un Etat révolutionnaire en Jordanie et organiser un processus insurrectionnel dans tout le monde arabe...

Tout cette affaire n'est pas du goût de l'Union soviétique ni de Nasser, qui souhaitent la stabilité de la région. Les Soviétiques arrêtent net l'offensive syrienne qui devait venir porter secours aux Palestiniens, avec la complicité du chef de l'armée de l'air, l'alaouite Hafez el-Assad. Les Israéliens menacent à leur tour d'entrer en Jordanie, et Nasser ferme le bureau de l'OLP au Caire... Finalement, l'armée du roi Hussein parvient à obtenir la capitulation d'Arafat en bombardant les camps palestiniens d'Amman. Il y aura 25 000 morts. Cette affaire, qui peut paraître lointaine, est à l'origine de la transformation de l'OLP.

Car paradoxalement, à partir de « Septembre noir », l'échec de l'insurrection d'Amman, les Palestiniens existent. Hussein parvient à les détourner sur le Liban, pays jusqu'alors miraculeusement équilibré entre chrétiens et musulmans, mais qui ne dispose ni d'une armée ni d'une autorité étatique suffisante pour les contrôler...

Dès lors, les Palestiniens vont unir leur destin à celui de la société libanaise en fusion. A partir de la conférence du Caire, au début des années 1970, Arafat intervient comme un quasi-chef d'Etat installé sur le sol libanais. En 1975, la guerre civile libanaise fait de lui un élément clef de la politique régionale. C'est cinq ans après son expulsion du Liban par l'armée israélienne et son départ pour la Tunisie, en 1982, que commence l'Intifada.

Au fil des années, les Etats arabes s'éloignent en effet du problème israélo-palestinien. En parallèle, le mouvement palestinien, d'abord quasi-Etat, puis parti libanais, devient, au milieu des années 1980, un mouvement de masse dans les territoires occupés où il bénéficie de la sympathie générale. Arafat subit plus qu'il ne prévoit ce déplacement du centre de gravité, dû à l'émergence d'une nouvelle génération de combattants palestiniens en Cisjordanie et à Gaza, nettement plus influencée par l'islamisme radical.

Dernière étape, accomplie essentiellement après 1992, le mouvement palestinien englobe une bonne part du million d'Arabes israéliens, qui avaient jusque-là voté soit pour des partis juifs, soit pour le parti communiste. La perspective d'une paix possible permet en effet le début de réunification de l'identité palestinienne, déchirée entre exil, occupation et appartenance à l'Etat d'Israël.

Le point culminant du processus de transformation palestinien est la reconnaissance d'un Etat palestinien dès 1992, sous la forme encore embryonnaire de l'Autorité palestinienne. Au départ, le territoire de cet Etat se limite certes à Jéricho, qui a la taille de la cité du Vatican. Progressivement il s'élargit, par des zones placées totalement ou partiellement sous l'autorité palestinienne. L'étape ultime aurait dû être la proclamation officielle d'un Etat palestinien sur un territoire homogène et viabilisé, au prix d'une reconnaissance définitive de l'Etat d'Israël.

Aujourd'hui, la majorité des Palestiniens vit fort mal, mais dans un quasi-Etat palestinien, dont les représentants à l'étranger ont le statut d'ambassadeur, parfois de tout premier plan. En France, les égards dus à Leila Shahid sont sans commune mesure avec ceux qu'on réserve à l'ambassadeur du Nicaragua, pour prendre un Etat de taille comparable et de PIB équivalent.

Pourtant, Yasser Arafat s'est engagé dans une autre voie : celle d'un rejet des conditions de paix qui lui étaient offertes implicitement depuis Oslo, explicitement à Camp David 2 en l'an 2000 – conditions qui impliquaient la renonciation définitive à la violence et la reconnaissance mutuelle de deux Etats séparés. Pourquoi ce rejet ?

Camp David 2

Les comptes rendus des négociations à Camp David 2 permettent certainement d'affirmer que la négociation été menée sans grande psychologie par Ehud Barak. Il n'y a pas de raisons d'imaginer que l'éphémère Premier ministre ait été plus habile là qu'il ne l'a été ailleurs, puisqu'il a réussi à se brouiller alors avec toute la classe politique israélienne. Pourtant, les propositions israéliennes étaient sans aucun doute les plus audacieuses et les plus complètes qui aient jamais été faites à l'Autorité palestinienne. Au regard des négociations techniques menées au préalable, rien de ce que Barak a sorti de sa manche n'était une surprise pour Arafat.

La surprise, bien au contraire, ce fut qu'Arafat mette en avant, avec une telle vigueur, le principe du retour des réfugiés. Cette question était restée dans l'ombre à Oslo, mais il était admis par les Israéliens que ce retour était essentiellement une question d'indemnisation, fondée sur la reconnaissance d'une spoliation, qu'Israël avait commencé à reconnaître sur le plan des principes. L'indemnisation, sans doute à la fois individuelle et collective, devait permettre aux Palestiniens de retourner dans le nouveau territoire qui leur serait alloué après le processus de paix... mais évidemment pas de l'autre côté de la frontière, en Israël, où ils bouleverseraient instantanément l'équilibre démographique.

Aucun Palestinien ne pouvait imaginer sérieusement qu'un gouvernement israélien donnerait satisfaction à une telle revendication. Depuis lors, le nouveau chef modéré des Palestiniens à Jérusalem, Sari Nusseibeh, a déclaré ouvertement que cette revendication devait être abandonnée pour aboutir à un Etat palestinien, non sans risque pour sa personne. Compte tenu des concessions du gouvernement Barak pour accepter la division de Jérusalem, le retrait de la plupart des implantations, et le renoncement à la frontière stratégique du Jourdain, c'était changer la donne in extremis et compliquer la tâche de la gauche confrontée à une campagne électorale immédiate.

La mise en avant du retour des réfugiés signifiait la mise en cause, non pas de la guerre de 1967 – dont on discute depuis 1992 – mais de la guerre de 1948, c'est-à-dire de la reconnaissance par les Nations unies d'un Etat d'Israël séparé d'un Etat palestinien, sur la base d'un plan de partage. Car c'est précisément le refus de ce plan qui a entraîné la première guerre israélo-arabe en 1948. La politique du retour des réfugiés, c'est l'élimination progressive d'Israël par la voie démographique. Yasser Arafat était clairement décidé depuis l'été 2000 à saborder le processus de paix de 1992 et à passer à autre chose. La véritable question, c'est de savoir pourquoi.

Un retour au processus révolutionnaire ?

Yasser Arafat est aujourd'hui un vieux monsieur fatigué qui cherche ses mots, dans la souffrance physique permanente. Mais cela ne signifie nullement qu'il ait perdu tous ses moyens. Depuis 1999, il a senti qu'il était en train de casser l'union du peuple palestinien dans ces négociations, hâtées par Clinton et Barak, et qu'il risquait à un moment donné, le débordement, dans un contexte général arabe hostile à cette « paix des braves ». Arafat a aussi pensé que le mouvement palestinien ne pouvait pas se placer dans le camp des gouvernements arabes modérés et pro-occidentaux... qui, à ses yeux, étaient menacés d'être balayés à terme, par une crise généralisée. Bref, dès lors que Camp David avait échoué une première fois en juillet 2000, tout le reste était terminé.

Après cet échec, Arafat a cherché une nouvelle alliance avec les Etats arabes, mais plus avec ceux restés favorables au processus de paix, comme l'Egypte ou la Jordanie. Si les Américains et les Israéliens – qui sont devenus des enfants gâtés et narcissiques – ignorent tout du monde arabe, Yasser Arafat, lui, le connaît bien.

Il a décidé, sans doute au printemps 2000, de prendre son temps, de repartir sur un processus révolutionnaire, de ne pas devenir le supplétif des Israéliens, des Américains et des Etats arabes modérés en signant un accord qui le dresserait contre une partie de la population palestinienne, déjà mécontente de la gestion fort corrompue de l'Autorité palestinienne.

Deux interventions décisives, l'une d'Arabie Saoudite et l'autre d'Egypte, le convainquent définitivement de basculer vers l'affrontement.

En Arabie Saoudite, le roi Fahd s'était déclaré favorable au processus de paix, tandis qu'Abdallâh, le prince héritier, ne voulait en aucun cas engager la responsabilité du monde arabe sur la question de Jérusalem et des lieux saints. C'est Abdallâh qui a rappelé à Arafat que la dynastie saoudienne était la gardienne des lieux saints, et qu'il déclencherait une fatwa contre lui s'il s'engageait trop loin sur le statut de Jérusalem. La discussion a été menaçante. Le message est passé.

Puis Abdallâh a fait savoir aux Egyptiens qu'ils devaient, eux aussi, faire pression, et Moubarak, à regret, a fait savoir à Arafat qu'il ne fallait pas continuer les négociations sur Jérusalem. Camp David était ajourné. En septembre, sur le terrain, tout avait changé définitivement.

Les difficultés égyptiennes

Quand l'Intifada des Mosquées a commencé, Hosni Moubarak a été pris à contre-pied, comme il l'avait été par l'invasion du Koweït par Saddam Hussein dix ans plus tôt. Sachant qu'il était considéré par le Département d'Etat américain et par Clinton comme l'un des saboteurs de Camp David, il a commencé à prendre peur. Ne risquait-il pas de perdre les deux milliards de dollars alloués chaque année par les Etats-Unis ?

C'est ainsi que son ministre des Affaires étrangères, Amir Moussa, qui avait multiplié jusqu'alors les déclarations anti-américaines et antisémites, a été expédié vers les sommets de la Ligue arabe. L'ancien ambassadeur à Washington, Ahmed Maher, a été choisi comme successeur pour essayer d'améliorer les relations avec les Américains.

Bien sûr, les Egyptiens auraient bien aimé que les choses s'arrangent. D'autant qu'ils restaient en contact avec l'aile modérée de l'Autorité palestinienne, qui a été surprise elle aussi par le déclenchement de l'Intifada, et qui a cherché à plusieurs reprises à l'arrêter. Abou Mazen, le numéro deux officiel de l'Autorité palestinienne, a essayé, dès la deuxième semaine, de transformer les affrontements armés en manifestations pacifiques. Il a pu constater que tout pouvoir lui échappait... De même, le chef des Palestiniens de Jérusalem, Fayçal Husseini, terrassé peu après par une crise cardiaque, pouvait écrire à mots couverts, dans un article d'une apparente orthodoxie, que jamais on n'était allé aussi loin dans la négociation israélo-palestinienne qu'à la veille de l'Intifada.

Mais les exécutions de prétendus collaborateurs – organisées par Arafat dans les territoires qu'il contrôle – ont eu pour effet de réduire peu à peu au silence cette aile modérée. Comme toujours, Arafat montrant des visages différents à ses interlocuteurs, les modérés palestiniens continuent à espérer en lui... tout comme la diplomatie européenne. Mais ils ont peu à peu compris que, tout en ménageant ces diplomates, Arafat jouait en réalité avec sa nouvelle base militante, le Tanzim de Marwan Barghouti.

Yasser Arafat, l'Irak et la Syrie

Il faut tout d'abord savoir que les liens entre Yasser Arafat et l'Irak sont très forts depuis la fin des années 1970. Saddam Hussein représente un nationalisme sunnite proche de celui d'Arafat. Leur identité doctrinale s'est cimentée avec la perception d'un ennemi commun : la Syrie alaouite du clan Assad.

Depuis toujours, Arafat dispose, à titre personnel, d'un des grands palais que Saddam Hussein a fait construire dans les environs de Bagdad. Arafat s'est solidarisé, sans états d'âme, avec Saddam Hussein pendant la guerre du Koweït. Il a accepté alors que les services irakiens éliminent Abou Ayad (Salah Khalaf), son principal lieutenant, qui souhaitait au contraire une médiation palestinienne aux côtés de l'Egypte pour éviter une guerre interarabe. Il triomphe de la confusion actuelle.

Il faut savoir que Saddam Hussein utilise l'argent de la contrebande pétrolière pour payer une partie de l'Intifada à Arafat... Depuis le début, l'Irak a poussé Arafat au sabotage du processus de paix, pour alléger son isolement dans le monde arabe. Il triomphe de la confusion actuelle.

Au demeurant, Arafat, connaissant bien les rapports de force arabes, a choisi de jouer la stratégie saoudienne du prince Abdallâh. Celle-ci se fonde sur trois éléments : une offensive pétrolière au sein d'une alliance de l'OPEP des Vénézuéliens, très liés à la Syrie, des Iraniens et des Saoudiens. Il faut savoir qu'Ali Rodriguez, le secrétaire général vénézuélien de l'OPEP, est d'origine syrienne, que le prince Abdallâh se considère comme syrien et que les Iraniens sont les grands amis de la Syrie... La renaissance de l'OPEP combative est un triomphe passif de la diplomatie syrienne.

Deuxième élément, la réintégration pleine et entière de l'Irak dans la famille arabe, pour laquelle Arafat s'est toujours battu.

Dernier élément, la réouverture d'une plaie ouverte entre Israël et le monde arabe, de manière à rendre précaire la position américaine dans le golfe Persique – l'Amérique apparaissant dès lors comme le soutien d'Israël, ennemi juré de la Nation arabe.

Arafat a souscrit finalement à ces positions, avec un réel soulagement. Il sent que le monde arabe va vers un rejet croissant de l'Occident. Il ne veut pas se retrouver dans le camp qui sera celui des « collaborateurs »... Mais depuis lors, le prince Abdallâh a été mis en échec, non pas par l'Occident, mais par quatre adversaires stratégiques imprévus.

Premier adversaire stratégique : la Russie. La Russie a besoin d'assurer son redressement économique, et veut tarir les caisses saoudiennes qui subventionnent à plein l'insurrection tchétchène... Elle a donc une stratégie d'exportation pétrolière forte. Son but est simple et converge avec les intérêts énergétiques à long terme des Etats-Unis : casser l'OPEP. Poutine est le premier à avoir attaqué de front la stratégie d'Abdallâh.

Deuxième adversaire : Saddam Hussein, qui n'a pas accepté le rôle subalterne qui lui était dévolu dans ce scénario. Ce dernier craint avant tout l'Iran et la majorité chiite irakienne qui se tourne de plus en plus vers Téhéran. Il a donc fortifié Bachar Assad et le régime syrien, qui est en grande difficulté ; et il a refusé de renoncer solennellement au Koweït, cassant ainsi la logique de réconciliation de la famille arabe... Si l'Irak a fini par faire les concessions nécessaires au Koweït, au sommet de Beyrouth en mars 2002, c'est en échange d'une solidarité totale des Etats arabes, nouveau triomphe de sa diplomatie.

Le troisième échec d'Abdallâh, c'est qu'Arafat a tout fait, pendant les trois premiers mois de l'Intifada, pour briser la gauche israélienne et les éléments rationalistes israéliens, bien vus de l'Occident, de manière à pouvoir présenter son adversaire hébreu comme le diable dans la propagande à destination des opinions occidentales... Ainsi, depuis le mois de septembre 2000, Arafat s'est mis en campagne pour faire élire Sharon et pour consolider le front du refus israélien. Il y est en effet parvenu jusqu'à un certain point, bien que Sharon ait eu l'intelligence et le bon sens de dominer sa singulière victoire, à l'opposé de Netanyahu.

C'est contre cette stratégie qu'Ehud Barak – bon joueur d'échecs – a multiplié à ce moment-là les propositions israéliennes pour montrer qu'il n'y avait aucune volonté palestinienne de négocier quoi que ce soit de sérieux. Malheureusement, ce point est aujourd'hui obscurci par la fumée des explosions.

Le point culminant de ce refus, toujours avant les élections israéliennes, a été – j'en ai été le témoin oculaire – l'humiliation réservée par Yasser Arafat à Shimon Peres à Davos, le 21 janvier 2001.

Arafat fait d'abord mine d'oublier son discours, laissant à Peres l'occasion de proférer quelques platitudes. Soudain, Arafat retrouve son texte, comme dans une scène de Molière, et il commence à lire une longue imprécation en arabe. Tout le monde se précipite sur les écouteurs. Arafat affirme que son peuple a faim, que son peuple souffre, que le problème n'est pas la paix, que le problème est de sauver le peuple palestinien martyr. Peres blêmit en découvrant la traduction. Le principal négociateur palestinien, Saïd Erekat, aussi. Le tout devant les télévisions israéliennes, qui voient leur ministre humilié une ultime fois par Yasser Arafat.

Dans une seconde intervention, en anglais, Arafat redit qu'il n'est pas question aujourd'hui de faire la paix. A vingt-quatre heures des élections israéliennes et à l'intention, cette fois, de CNN. Arafat vient d'enfoncer le dernier clou du cercueil travailliste et des Israéliens pacifistes qu'il déteste bien davantage que les autres. Désormais, la voie est libre pour l'intensification de l'Intifada.

Aucun gouvernement israélien ne pouvait plus négocier une fois atteint le stade de l'affrontement, car cela voulait dire qu'il négociait sous la pression, par peur du monde arabe...

Juillet 2000 est la véritable fin du processus de paix. Barak fait alors une série de propositions à Arafat, propositions qui sont précisées et élargies depuis septembre jusqu'à l'ultime réunion de Tabah organisée par les Egyptiens fin 2000. Mais il était trop tard, bien entendu, pour que ces propositions soient activées. Elles représentaient, si l'on veut, le dessous des cartes de juillet. Barak propose en particulier le partage de Jérusalem à Arafat, le 20 juillet 2000, à Camp David. Ce dernier refuse. Barak demeure prostré dans son bungalow trente-six heures. Il vient de comprendre. Mais, constatant qu'Arafat avait décidé d'interrompre la négociation, les Israéliens ont alors eux-mêmes retourné leurs cartes pour montrer leur bonne foi aux Etats-Unis et à l'Europe. Une fois que l'Intifada était déclenchée, c'était fini pour un certain temps.

En juillet 2000, Arafat a écarté plusieurs possibilités de compromis. L'une, que lui a faite Clinton, était d'acter ce qui était déjà l'objet d'un consensus et de remettre à plus tard ce qui était difficile à dénouer. Arafat aurait pu ainsi s'installer dans un territoire homogène sur lequel proclamer l'Etat palestinien ; et le statut de Jérusalem aurait fait l'objet de négociations ultérieures. C'était parfaitement envisageable. Aux Israéliens aurait alors incombé la tâche de démanteler 55 % de leurs implantations à Gaza et en Cisjordanie.

Le paradoxe de cette situation, c'est que le camp arabe en lutte contre l'Occident, malgré sa violence, malgré ses excès, malgré sa xénophobie, reste un camp réformiste, dans la lignée du nassérisme. Ce camp, qu'Arafat rallie avec l'Intifada des Mosquées, ne veut finalement ni la destruction totale d'Israël ni la rupture définitive avec l'Occident, mais l'amélioration du rapport de forces pour le monde arabe. Ce qui demeure un objectif rationnel.

Et ce camp-là qu'on pourrait appeler le « semi-fascisme arabe » de Saddam Hussein, de Bachar Assad, et, dans un premier temps, du prince Abdallâh, a été balayé par les authentiques nazis, par Oussama ben Laden et les siens, ce qui prouve bien à quel point Ben Laden, lui, se moque de Yasser Arafat, de l'Intifada des Mosquées, et de cette idée nationaliste arabe, d'amélioration progressive du rapport de forces.

Reste la question syro-israélienne, la restitution du Golan à Damas. N'oublions pas que les Américains sont des missionnaires dans l'âme et qu'ils aiment les processus juridiquement complets. Si l'on règle le problème israélo-palestinien, on doit faire la paix avec tous les Etats...

A l'époque de Clinton, le Département d'Etat

n'était pas même hostile à trouver, dans la foulée, une porte de sortie à l'Irak. En même temps, la question syrienne est demeurée toujours secondaire.

L'attitude du gouvernement d'Ariel Sharon constitue le quatrième échec de la stratégie du prince Abdallâh. Car Sharon a fait le contraire de ce qu'on attendait de lui. Il a construit un gouvernement de coalition nationale avec Shimon Peres. Il a refroidi les enthousiasmes de toute la droite israélienne en précisant qu'il n'occuperait jamais les zones A et B, déjà abandonnées aux Palestiniens. C'était une façon, à terme, de reconnaître un Etat palestinien. Il a simplement donné un ton plus ferme et plus musclé à une politique de défense qui est aussi celle des travaillistes.

On a cru nommer l'homme de Sabra et Chatila, et on est tombé sur un militaire honnête, courageux et relativement impuissant à endiguer les violences. Si l'on considère qu'un des objectifs principaux de l'Intifada était de faire éclater toute solidarité israélienne, il apparaît bien que la modération intérieure de Peres et de Sharon ensemble a aussi mis en échec la stratégie d'Arafat, au moins jusqu'à l'opération de représailles massives d'avril 2002. Mais même là, l'ampleur des attentats-suicides en Israël avait créé un consensus pour une action militaire importante.

Rappel : la naissance d'Israël

Parvenus à ce point de l'analyse, il devient nécessaire de rappeler brièvement quelques données de fond sur Israël. Le retour des Juifs sur leur ancienne terre a commencé sous la forme d'un mandat britannique de la Société des Nations en 1918. A partir de la période 1931-1933, la Grande-Bretagne rompt le contrat qu'elle avait passé avec le mouvement sioniste pour tout un ensemble de raisons : la découverte du pétrole en Arabie Saoudite qui oblige à des égards supplémentaires en direction des régimes arabes ; le jeu de la Ligue palestinienne et de ses appendices avec l'Italie fasciste et l'Allemagne nazie ; l'engagement des musulmans de l'Inde pour la cause arabe, alors que ces musulmans sont les meilleurs soutiens sur place de l'empire britannique face au Parti du Congrès de Gandhi. Pour toutes ces raisons – sans oublier l'antisémitisme d'une partie de l'élite britannique, engagée dans la politique de l'*apeasement* face à l'Allemagne nazie –, la communauté juive de Palestine est progressivement abandonnée à son triste sort, tout comme est abandonnée au même moment la population juive d'Europe, prise au piège du nazisme montant.

A ce moment-là, se développe l'idée tout à fait nouvelle que le peuple juif et le mouvement sioniste ne peuvent, par voie de conséquence, compter que sur eux-mêmes. Jusqu'alors, les sionistes politiques, disciples de Theodor Herzl, pensaient qu'en insérant la question juive dans la politique internationale, ils parviendraient à faire accepter l'idée d'une patrie juive en Palestine par les puissances du début du siècle, essentiellement l'Angleterre et l'Allemagne du Kaiser, qui mettait la pression sur un empire ottoman en pleine reconstruction et parfois en sympathie avec le sionisme.

Les années 1930 amènent le sionisme à une posture beaucoup plus radicale. L'« auto-émancipation », proclamée par Pinsker, à l'origine du mouvement sioniste, dans la Russie des années 1880, devient un mot d'ordre concret pendant la Seconde Guerre mondiale. Après 1945, les Juifs de Palestine n'hésitent pas à s'en prendre à l'armée britannique victorieuse, investie pourtant d'un prestige considérable, pour permettre aux rescapés des camps de concentration d'immigrer en Palestine, alors que l'Angleterre ferme de plus en plus hermétiquement la vanne de l'immigration depuis 1933.

Ces combats débouchent sur le plan de partage de 1947 et sur la fondation de l'Etat d'Israël qui ne dispose que de deux alliés en 1948 : les Etats-Unis et l'Union soviétique... Deux alliés réticents. Aux Etats-Unis, on sait aujourd'hui que Truman a imposé ce soutien au Département d'Etat, dirigé par Marshall et Acheson, qui y étaient violemment opposés. En Union soviétique où, de la même manière, Beria et le KGB se sont battus pour Israël contre les opinions violemment antisémites de Jdanov, longtemps soutenu par Staline lui-même.

Dès le début des années 1950, la situation change. Les Etats-Unis continuent de marquer une vraie distance à l'égard d'Israël, qui s'affirme notamment en 1956, quand Eisenhower force les Israéliens à évacuer le Sinaï. En Union soviétique, dès 1951 avec le procès de Prague, puis le « complot » des médecins, complot monté de toutes pièces avec de terribles pulsions d'antisémitisme, les relations diplomatiques avec Israël s'interrompent pendant quatre ans.

A cette époque, Israël n'a qu'un allié véritable : la France. N'oublions jamais que la bombe atomique française est une bombe franco-israélienne, issue des compétences des deux pays. Comme Israël, la France, dans l'incompréhension générale, est par ailleurs aux prises avec le nationalisme arabe dans tout le Maghreb. Le point culminant de cette association difficile sera l'entrée de Shimon Peres comme conseiller officieux à Matignon, dans le gouvernement Guy Mollet de 1956.

Mais cette période de symbiose franco-israélienne ne va avoir qu'un temps. Le général de Gaulle, ancien chef du deuxième bureau au Liban dans les années 1930, Maurice Couve de Murville, ancien ambassadeur de France en Egypte, très sensible à la perte d'influence de la France dans le monde arabe francophone et francophile, s'efforcent de rétablir peu à peu l'équilibre. En même temps, le vieux gaullisme a entretenu avec le mouvement sioniste des rapports d'intimité et d'amitié qui se manifestent sans relâche chez Catroux, Soustelle, Malraux, et Chaban-Delmas, contre les prudences nouvelles du Général.

De 1962, la fin de la guerre d'Algérie, jusqu'à 1966, l'émancipation française du savoir-faire atomique israélien, Israël vit les derniers beaux jours de la grande amitié avec Paris. Les frontières de l'Etat ne sont ni sûres ni reconnues, mais sont simples. La population arabe israélienne est encore faible en nombre. Elle accepte l'Etat d'Israël parce qu'elle est rejetée par le reste du monde arabe qui la considère comme souillée par une vie quotidienne fondée sur le compromis. Les liens militaires avec la France sont garantis par le complexe nucléaire. Et les liens affectifs et politiques avec les Etats-Unis sont réels, même s'ils ne débouchent pas sur une véritable alliance – l'Amérique consacrant plus d'efforts à préserver l'Arabie Saoudite en soutenant directement sa guerre couverte au Yémen contre Nasser qu'à défendre Israël, que n'aime guère Lyndon Johnson.

En 1967, pendant la guerre des Six Jours,

contrairement à la légende, les tensions américano-israéliennes parviennent à leur point maximum car Lyndon Johnson fournit à Nasser les écoutes électroniques de l'armée israélienne dans le but de l'apaiser... C'est la raison pour laquelle les Israéliens, dès le début de cette guerre, ont détruit un grand navire-espion américain au large de leurs côtes, entraînant la mort de plusieurs dizaines de marins américains...

L'Amérique aux côtés d'Israël, depuis toujours et en toutes circonstances, c'est une légende. Ce qui va valoriser Israël auprès de l'opinion américaine après 1967, c'est le sentiment universellement partagé à Washington que le monde arabe bascule dans une alliance stratégique définitive avec l'Union soviétique proclamée, en 1969, à Khartoum, la capitale soudanaise, par un Nasser vaincu. A ce moment-là, l'Amérique est en train de perdre la guerre du Vietnam, et elle songe à bouleverser progressivement sa position, en organisant une véritable stratégie défensive dans le tiers-monde. Israël sait, grâce notamment à Moshe Dayan et Abbe Eban, s'insérer dans cette nouvelle stratégie américaine. C'est ainsi Richard Nixon le véritable héraut de l'alliance américano-israélienne. Nixon est aussi le sauveur d'Israël, car c'est lui et personne d'autre, pas même Henry Kissinger, paralysé par l'ampleur de la crise et ses propres origines, qui ordonne le plus grand pont aérien jamais organisé par l'armée américaine, et qui permet à l'armée israélienne, pendant la guerre du Kippour, de se réapprovisionner et de repartir à l'assaut dans le Sinaï et sur le Golan.

Cette grande alliance israélo-américaine commencée avec Nixon est parachevée en 1982, lorsque Reagan assiste, médusé et de plus en plus critique, à l'offensive d'Ariel Sharon au Liban.

Les relations israélo-américaines

Depuis lors, les Etats-Unis se sont efforcés, avec un succès inégal, de se dégager des contraintes de l'alliance israélienne et de pratiquer une politique plus équilibrée à l'égard du monde arabe, dont le nationalisme sert aussi, notamment en Irak, à endiguer le flot agressif de l'islamisme iranien. C'est George Bush et James Baker qui ont fait tenir la conférence de Madrid avec une Union soviétique déjà moribonde pour obliger les Israéliens à des négociations globales avec leurs voisins. A partir de la réunion de Madrid, en octobre 1991, les Israéliens mettent les bouchées doubles pour créer eux-mêmes un processus de paix qu'ils pourraient contrôler avec une OLP en dépôt de bilan après la défaite de Saddam Hussein, qui n'avait guère d'autre choix que d'explorer les voies d'une coexistence avec Israël qui lui étaient offertes.

Aux Etats-Unis, on parle d'Israël avec plus de respect et de sympathie qu'en France. Mais on trouverait au Département d'Etat des personnalités qui sont beaucoup moins éloignées du Quai d'Orsay ou du Foreign Office qu'on ne l'imagine. Il n'y a pas de véritable symbiose israélo-américaine, moins encore dans les services de renseignement, traditionnellement pro-arabes. Seul le Pentagone, très engagé dans des programmes communs avec l'industrie de défense israélienne, valorise cette alliance, non sans critiquer les trop bonnes relations actuelles d'Israël avec les anciennes puissances communistes, Russie et Chine.

En revanche, si les relations d'Etat à Etat restent complexes, la symbiose des sociétés américaine et israélienne est en train de se réaliser. C'est l'inverse des Palestiniens qui se dégagent peu à peu de l'emprise du monde arabe pour devenir, sinon une nation, au moins une entité propre. Les Israéliens, eux, depuis la seconde moitié des années 1970, ont perdu de leur identité spécifique pour s'américaniser. Pour des raisons évidentes : le peuple juif, malgré son souci de stabilité en Israël, continue d'avoir la fascination du mouvement, et accepte volontiers un mariage ponctuel. Actuellement, près de 500 000 Américains ont un passeport israélien. Les ressortissants israéliens sont particulièrement nombreux en Californie, dans la

Silicon Valley, et à New York... autour de Wall Street. Beaucoup travaillent dans la presse et l'édition, comme le regretté Daniel Pearl égorgé au Pakistan par Al-Qaïda.

Quant aux Juifs américains, ils sont beaucoup plus nombreux qu'on ne l'imagine, à vivre dans une symbiose avec Israël. L'anglais est devenu la langue d'enseignement de certaines disciplines à l'université hébraïque, comme l'allemand l'était à son origine. Et on voit des Juifs religieux modérés américains, qui ont en général bien réussi dans la finance ou dans l'ingénierie, partir créer des start-up dans le grand Jérusalem ou à Tel Aviv.

En 2000, Israël a connu une croissance de 4 %, tout comme les Etats-Unis, grâce au secteur de la haute technologie. Israël est devenu un pays de high tech où la vieille économie traîne un peu la patte. Grâce au développement très rapide de l'informatique et à l'application de toutes les technologies militaires à la vie civile, des start up liées aux Etats-Unis ont vu le jour, et représentent aujourd'hui l'essentiel de l'accélération de l'économie. Des Israéliens ont fait fortune, et un style de vie californien est apparu autour de Tel Aviv, qui s'accompagne d'ailleurs d'inquiétude religieuse new age...

M. Wang, le patron d'Acer, la grande entreprise taiwanaise, a visité Israël juste avant l'éclatement de l'Intifada des Mosquées, en juin 2000, et y a réalisé des investissements très importants. On lui a demandé s'il était intéressé par les marchés du Moyen-Orient. Il a répondu par la négative : seules les technologies israéliennes l'intéressent.

Israël devient de plus en plus un pays du premier monde. Son PIB par habitant, 16 310 dollars contre 24 000 en France, se rapproche de celui de l'Espagne. Cela malgré l'effondrement du tourisme et l'effacement des activités agricoles traditionnelles. Cette évolution vers la haute technologie a commencé avec Reagan, lorsqu'un certain nombre de projets liés à la guerre de l'espace ont été sous-traités par des entreprises et des laboratoires israéliens.

Par ailleurs, les échanges économiques entre Israël – qui est quasiment en zone dollar – et le monde américain sont en pleine croissance. Par sa société beaucoup plus que par son économie et sa diplomatie, Israël est devenu un pan du domaine américain. Même la vie politique israélienne se réorganise selon des lignes américaines. Le Likoud a une « majorité morale », et manipule les symboles religieux, comme le parti républicain de Ronald Reagan... Le parti travailliste est devenu le parti démocrate. D'ailleurs les amitiés israélo-américaines vont dans ce sens (Gingrich/Netanyahu, Clinton/Barak, Bush/Sharon) alors que les partis portent encore des noms de l'époque britannique : le parti travailliste, en Israël, s'est voulu le Labour en Palestine et Begin lui-même se voyait parfois en Tory sioniste.

Les origines de cette proximité

Cette proximité n'est-elle qu'un hasard historique ou repose-t-elle, comme le soulève l'historienne américaine Barbara Tuchman, sur des données fondamentales ? Remontons aux origines. L'historien israélien Jonathan Frankel a montré qu'au début du XXe siècle, le mouvement sioniste évoluait dans un triangle entre la Russie, les Etats-Unis et la Palestine. C'est le trajet de Golda Meir, née en Ukraine, puis professeur dans une école juive à Milwaukee, avant de devenir une mère fondatrice d'Israël.

Aujourd'hui, le triangle Tel Aviv-Moscou-New York est à nouveau extrêmement actif, car la plupart des Juifs russes regardent vers les Etats-Unis, et notamment vers leur nouvelle capitale, Brighton Beach, le quartier russe de New York. Ils émigrent en Israël dans un premier temps, et souvent repartent vers les Etats-Unis.

Ce mouvement est parfois celui des mafias, puissantes en Russie, puissantes en Israël comme à New York... C'est la pensée profonde des antisémites de tout bord, qui ont trouvé là de quoi tramer des romans à la manière des frères Tharaud d'autrefois, avec leurs Juifs plus interlopes qu'internationalistes.

Mais les Juifs qui se déplacent entre les Etats-Unis, Israël et la Russie sont surtout de braves gens qui ont envie de voir le monde et de rattraper les années perdues dans la défunte Union soviétique. Ce qui est intéressant, c'est qu'Israël devient aujourd'hui, sans vraiment le comprendre, l'accoucheur de l'alliance russo-américaine.

Accouchement douloureux, bien entendu, puisque les inventeurs politiques du lien Jérusalem-Moscou ne sont autres que certains membres du Likoud, plutôt des nationalistes intransigeants. Qu'a fait Yitzhak Shamir, alors Premier ministre, au début des années 1990, lorsqu'il a commencé à être pressé par l'administration Bush ? Il a engagé des rapports secrets mais intenses avec le KGB en fin de course... Shamir est bien le seul chef d'Etat du monde démocratique à avoir déploré la chute du mur de Berlin puis de l'Union soviétique ! Il comptait beaucoup sur l'Union soviétique. Et l'Union soviétique comptait aussi sur lui...

Tout indique aujourd'hui que Shamir a été un sympathisant actif de l'Union soviétique, à une période de sa vie. Selon ses dires, Shamir est devenu communiste en rencontrant un Vietnamien en France, après son évasion d'une prison anglaise en Erythrée, lequel l'a convaincu de la justesse de sa cause. De surcroît, le secrétaire général du parti communiste d'Israël, Shmuël Mikkounis a été chargé par Moscou de proposer à Shamir la tête de la liste communiste aux premières élections du pays, en 1948. Shamir revenait de Prague où il avait dirigé l'expédition de matériel militaire tchèque vers la Haganah. Très déprimé, il a refusé et a préféré ouvrir une salle de cinéma, qu'il a exploitée pendant deux ans, jusqu'à ce qu'il soit recruté par le Mossad.

Il est vraisemblable que Shamir ait encouragé, lorsqu'il était Premier ministre, un rapprochement israélo-soviétique, ce qui a permis la liberté totale d'immigration aux Juifs de l'Union soviétique dans les dernières années de Gorbatchev. Il est possible aussi, comme l'en accusent certains auteurs proches de la CIA, que Shamir ait transmis à Moscou un certain nombre de documents que l'espion israélien Jonathan Pollard photocopiait au ministère de la Défense américain.

Ces liens israélo-russes sont importants aujourd'hui avec la guerre en Tchétchénie. A la différence des services secrets américains, manipulés par les Saoudiens et les Britanniques, le Mossad a tout de suite coopéré avec les Russes contre les islamistes tchétchènes. Poutine a fait, pour cette raison, l'éloge de Sharon, qui plaide depuis plusieurs années pour le renforcement de la coopération avec Moscou. Le Président russe a déclaré que la sécurité d'Israël lui allait droit au cœur à cause du grand nombre d'habitants originaires d'Union soviétique. Il a aussi évoqué la solidarité dans la lutte contre le terrorisme islamique. C'est là un langage que l'on n'entend guère en Europe de l'Ouest.

On peut très bien avoir, en parallèle, un fort lien israélo-américain et un lien israélo-russe – fondé sur la peur de l'islam révolutionnaire et intégriste. Bien sûr, on trouve aujourd'hui en Russie un lobby anti-israélien très fort, qui s'appuie sur l'alliance de la Russie et de l'Iran. Là encore, cette proximité n'est pas incompatible avec un rapprochement avec Israël, pour peu que le gouvernement de Téhéran connaisse des changements politiques.

L'Europe et Israël

Il n'y a pas d'option européenne pour Israël. Dès les premières heures de l'Intifada, le numéro deux de la Commission européenne, l'ancien gouverneur de Hong Kong, Chris Patten, a demandé des sanctions contre Israël. Tout indique que cette vision des choses est largement partagée dans les milieux bruxellois où Prodi avait déjà tenté quelques mois auparavant pour complaire aux pétroliers italiens de l'ENI d'introduire Kadhafi. On peut au moins espérer que cette politique foncièrement anti-israélienne aboutisse à renforcer les modérés du monde arabe. Ce n'est malheureusement pas tout à fait sûr : les modérés du monde arabe sont tous en difficulté. Les positions européennes ne tiennent compte ni de l'enjeu réformiste, ni de l'enjeu révolutionnaire. Le premier exige de tenir un langage clair au monde arabe et point trop éloigné des positions de Washington. Le second exige qu'on ne flatte nulle part le recours à la violence et le rejet de l'Occident.

La France devrait avoir pour objectif essentiel sa sécurité interne et externe et donc de maintenir les forces laïques et modérées dans tout le Maghreb. Ces forces se trouvent être hostiles à la logique de l'Intifada, qui ne fait pas du tout leur affaire : ni celle des Algériens, ni celle du roi du Maroc, ni celle de la Tunisie. La France est donc contrainte à une prudence beaucoup plus grande qu'il n'y paraît. L'Allemagne, qui ne déborde évidemment pas de sympathie pour Israël, a décidé d'adopter un profil bas qui convient particulièrement au ministre des Affaires étrangères, Joschka Fischer, qui doit faire oublier une jeunesse plutôt militante et parfois compromettante. Tout cela ne fait donc pas une politique européenne. Encore moins une médiation européenne dont personne ne voudrait en Israël.

Pour autant, le processus de paix et la normalité dans laquelle les Palestiniens ont vécu pendant dix ans n'ont pas été oubliés, et les propositions faites par les Israéliens à Tabah, même si elles sont aujourd'hui politiquement inapplicables, ne sont pas pour autant désuètes. En réalité, nous avons sur le papier les termes d'un compromis acceptable pour les deux parties. Et si la dynamique à moyen terme n'est pas celle de la réconciliation, manifestement impossible, elle peut bien être celle d'une paix froide et même amère, toujours meilleure que la plus noble des guerres.

Pour que cette paix ait une chance de prendre, il faut que la région tout entière retrouve une assise. C'est la pacification de la région qui permettra aux Palestiniens d'apprécier les propositions israéliennes qui leur ont été faites. Si des trêves sont envisageables, il faudra, hélas, sans doute aller jusqu'au bout de ce conflit pour revenir à un processus de paix équitable. Cela n'exclut pas des mesures de bon sens pour éviter que le sang ne coule de plus en plus. Nous en sommes encore bien loin.

Pour résumer, et pour contempler l'histoire comme le voulait Hegel, comme un processus sans sujet, on peut dire que la dynamique de l'affrontement née de la crise générale des sociétés arabes sous l'impact de l'islamisme a provoqué une américanisation d'Israël, doublée d'une option russe et d'une réarabisation du mouvement palestinien, qui conçoit à nouveau son avenir dans le cadre d'une Nation arabe en redressement.

Israël peut faire des concessions substantielles

sur sa sécurité, en acceptant un Etat palestinien territorialement homogène mais au prix d'une sanctuarisation de son territoire comme s'il devenait une partie intégrante du territoire américain.

Mais à l'inverse, toute la logique actuelle, mise à feu par Oussama ben Laden, tend à voir une Amérique de plus en plus confrontée à l'ensemble des Etats arabes, même ses anciens alliés égyptien et saoudien, et solidaire d'Israël dont elle cherche seulement à modifier, de temps à autre, les réactions de défense. Combinée avec l'imminence d'une campagne irakienne, il s'agit bien de la grande guerre rêvée par Al-Qaïda. De nombreux incidents, en Egypte comme en Iran, en Syrie comme au Yémen, devraient toutefois infléchir ce cours inexorable. Malgré tout, la montée aux extrêmes se poursuivra encore un certain temps. Ce sera à la politique de préparer peu à peu le retour à une guerre froide, acceptable pour les deux parties en confrontation.

5. LES GRANDES PLAQUES TECTONIQUES DU MONDE ARABE

Naissance de la « grande région »

Pour la première fois dans l'histoire, la mondialisation fait émerger la réalité de « grandes régions ». La première mondialisation, celle du XIXe siècle, était encore à géométrie plane. Elle touchait quelques points géographiques reliés par des routes commerciales. Dans ce mouvement linéaire, les empires coloniaux dominés par leurs métropoles, des ensembles disjoints contrôlaient une mondialisation partielle.

A l'époque, le transport maritime était infiniment plus efficace que le transport terrestre. Istanbul était à 48 heures de train de Paris grâce au célèbre Orient-Express, mais il fallait plus de trois semaines pour atteindre Téhéran : le chemin le plus court pour se rendre en Iran, c'était d'emprunter le canal de Suez... Il n'y avait donc pas de grande région moyen-orientale qui pût fonctionner comme unité.

Le Moyen-Orient était une vue de l'esprit, une

prophétie de l'avenir ou un regret élégiaque d'un passé glorieux. A présent, avec la mondialisation, les régions s'organisent grâce à l'avion, au téléphone portable et à Internet. La première grande région à s'être organisée en tant que telle, c'est l'Europe occidentale, sous le poids de la menace soviétique, dès la fin de la Seconde Guerre mondiale. Aujourd'hui, elle est un peu un modèle, dans la mesure où on voit naître, à l'identique, des zones de convergence économique avec des transferts de souveraineté interétatiques en Amérique du Sud, avec le Mercosur, et peut-être demain en Afrique, à partir de la communauté d'Afrique méridionale. Bref, après la Cité-Etat et l'Etat-Nation, nous voici dans la troisième étape de la réunion de l'humanité : les grands ensembles régionaux. Ceux-ci laissent à la périphérie de petites Cités-Etats et de petits Etats-Nations, les restes de l'ancienne société. Singapour est un exemple du premier cas, la Suisse du second.

L'organisation par ensembles progresse : l'Union européenne ; l'Asie qui s'organise autour du grand marché politiquement unifié qu'est la Chine, et dont s'excluront, sans doute longtemps, les archipels, le Japon, les Philippines, l'Indonésie. Et dans cette Asie insulaire, un début d'organisation complémentaire va sans doute se mettre en place, comme celui qui règne entre les Etats-Unis, le Canada et le Mexique.

La Russie en convalescence formera peu à peu un espace eurasien, à partir de la réconciliation avec l'Ukraine, déjà bien entamée. Quant à l'Amérique du Sud, elle cherche, autour du Brésil et de l'Argentine, à faire une sorte d'unité évolutive de l'Union européenne. L'Inde a proposé une coopération à l'Asie du Sud, qui se heurte à ce jour au veto pakistanais, mais sans doute pas éternellement.

Tous les pays du monde ont la volonté de se rapprocher, sauf en un seul lieu de la terre : le Moyen-Orient. Si on prend le Moyen-Orient au sens large du terme, c'est-à-dire en y incluant toute l'Afrique du Nord, la vallée du Nil jusqu'à Khartoum, et qu'on y ajoute la Turquie, l'Iran, les républiques d'Asie centrale et aussi le Pakistan, on constate d'emblée que cet ensemble ne présente aujourd'hui aucune structure cohérente, à l'exception d'une Ligue arabe, à peine capable de dépasser le stade folklorique.

Y a-t-il une grande région d'islam ?

Au fond, la zone recouverte traditionnellement par l'islam engendre depuis des décennies des projets trop grandioses... Un bon exemple : la conférence islamique. Compte tenu du caractère dit « universel » de l'islam, la conférence islamique est ouverte à tous les Etats musulmans... L'Albanie et la Bosnie y ont adhéré, par exemple, l'Indonésie et la Malaisie en font partie, mais aussi des Etats africains où les musulmans ne sont pas une majorité, comme le Nigeria. Cette conférence islamique, dont la Turquie est également membre, n'a aucune unité politique, ni idéologique. Elle rassemble simplement les pays qui, d'une manière ou d'une autre, se rattachent à la foi musulmane. De temps en temps, cette conférence condamne Israël, c'est un rituel. Condamnation sans effets. Ainsi, la Turquie conserve des liens stratégiques et militaires avec Israël. Pour le reste, aucune coopération économique, aucune solidarité véritable...

Autre problème, les tentatives hégémoniques au sein de cette zone, qui ont toutes échoué. En 1960, les Syriens n'ont pas supporté plus de deux ans le proconsul égyptien, le maréchal Amer qui donnait des ordres comme s'il était en pays conquis. Et la République arabe unie est vite devenue un souvenir. Même les Yéménites républicains ont préféré se débarrasser de l'encombrante armée égyptienne, que Nasser a rapatriée en 1967. Les partis Baas syrien et irakien, issus d'une même histoire et d'une même ambition, n'ont jamais réussi à créer une coopération. L'union du Maghreb arabe s'est épuisée en deux ou trois sommets. Sans parler des alliances matrimoniales courtelinesques de Kadhafi. Il s'est rapproché successivement du

Maroc, de la Tunisie, du Tchad, du Soudan, de l'Egypte bien sûr, et de la Syrie... Don Juan de la politique, Khadafi continue de proposer le mariage à divers Etats africains, ce qui n'empêche pas la population libyenne de vouloir lyncher régulièrement tout ce qui a peau noire dans son pays...

Dans cette zone, il n'y a aucune unité tarifaire, aucun accord pour les transferts de population. Les ouvriers égyptiens qui sont allés travailler en Libye et en Arabie Saoudite, ou même en Irak pendant la guerre avec l'Iran – remplaçant ainsi les soldats irakiens au front –, n'ont jamais reçu de passeport. Des immigrés plus anciens se sont toutefois assimilés comme paysans dans la Djezirah irakienne. De la même façon, les immigrés égyptiens les plus récents ont été expulsés en quelques jours, sous des prétextes divers, par Saddam Hussein lorsqu'il eut décidé d'envahir le Koweït. Les Palestiniens, même réfugiés depuis très longtemps en Syrie, en Jordanie ou au Liban, sont sans aucun passeport autre que celui de l'UNRWA, l'organisme créé par les Nations unies en 1949 pour prendre en charge les réfugiés.

Certes, l'OLP a défendu cette politique parce qu'elle voulait que les Palestiniens disposent un jour d'un passeport palestinien. Mais ce refus d'assimilation aggrave considérablement le problème des réfugiés. Seul Nasser a eu la générosité d'ouvrir gratuitement les universités égyptiennes aux Palestiniens, ce qui les a fait jalouser des jeunes Egyptiens. Mais on n'a jamais vu de mesures de solidarité arabe vraiment conséquentes et simples, comme, par exemple, la liberté de circulation des personnes et des biens. Elle se réalise quand même dans les faits tous les jours, dans les Etats rentiers du pétrole notamment.

La région est profondément compartimentée, et même souvent en situation tribale. Par exemple, les Iraniens ne font rien pour intégrer les nombreux réfugiés afghans qui se pressent à leurs frontières orientales. Ils craignent même une dynamique qui fait aujourd'hui de Machad une agglomération à majorité sunnite alors qu'elle est un des sanctuaires les plus importants du chiisme iranien.

Paradoxalement, les Kurdes ne s'assimilent qu'en Turquie, où il y a une politique quasi jacobine de la langue et de l'appartenance à l'Etat unitaire. Yacher Kemal, l'un des plus grands écrivains turcs vivants, est kurde. Et la totalité des Kurdes d'Istanbul parlent convenablement le turc, ainsi que la plupart des Kurdes de Turquie, alors que l'identité kurde n'a pas reculé en Irak et en Iran, où le Kurde est toujours considéré comme un non-Arabe ou un non-Persan, c'est-à-dire, dans les faits, comme un citoyen de seconde zone.

Nous n'assistons pas, dans cette vaste région, à l'émergence d'un modèle de supra-citoyenneté régionale, comme l'Union soviétique a essayé de le créer maladroitement avec le COMECON et le

Pacte de Varsovie après 1950, comme l'Union européenne s'efforce d'y parvenir à sa manière. Ne sont pourtant des Etats-Nations, au sens moderne du terme, que l'Egypte, l'Iran, la Turquie. Les autres sont des morceaux de nations, récemment étatisés.

D'autre part, le Moyen-Orient est une zone basse de l'économie mondiale depuis les années 1990. Bien sûr, la croissance est positive dans plusieurs pays. Bien sûr, depuis 1999, la brève remontée du cours du pétrole a permis à l'Arabie Saoudite de repartir. La Turquie poursuit en cahotant parfois une prodigieuse marche en avant. Autres exceptions à cette stagnation économique : le Yémen, qui a bénéficié d'une manne pétrolière nouvelle, et la Tunisie qui a investi dans les petites et moyennes entreprises, le tourisme et l'éducation et qui exporte avec succès vers l'Union européenne.

Certains pays ont enregistré des croissances faibles, mais pas négatives : le Pakistan, l'Egypte, le Maroc. Et puis il y a les catastrophes : l'Algérie, frappée par la guerre civile, n'arrive pas à s'extirper de l'effondrement du système soviétique, malgré sa richesse en hydrocarbures ; l'Iran a organisé un système de contingentement des importations bien plus pénalisant pour son économie privée que les mesures de boycott mises en œuvre par les Américains.

Et puis il y a les Etats-garnisons en situation d'échec : l'Irak, soumis à des sanctions qui n'ont tout de même pas le plein effet que l'on dénonce, et la Syrie qui ne s'en tire pas mieux. Cette dernière entraîne dans son naufrage le Liban, autrefois considéré comme le Hong Kong du Moyen-Orient et aujourd'hui en cessation de paiement.

Ce marasme économique contraste dangereusement avec la croissance démographique qui se ralentit certes, mais reste encore forte pour deux générations. Seul l'Iran a le courage de prendre des mesures de restriction des naissances. Notons qu'avec 10 % de chômeurs, la Palestine est loin d'être la plus mal lotie, grâce notamment à l'importance de l'emploi à l'intérieur de la frontière israélienne. Mais le chômage atteint 40 % de la population en Algérie.

Certains sondages au Maroc ont montré que près de 80 % des jeunes étaient candidats à l'émigration. Ce désarroi et cette colère ont fourni les bataillons islamistes. Ces pays ne sont pas les plus pauvres de la terre en raison de l'importance des ressources, notamment des hydrocarbures. Ils se situent dans la moyenne plutôt inférieure, en dessous de l'Amérique latine, mais très loin de la pauvreté agricole en Inde, bien loin de la pauvreté de l'Afrique profonde ou de la Chine intérieure. C'est vrai aussi que certaines ressources financières ont créé une classe de riches enviés qui se disposent en cercles concentriques autour du golfe Persique. Le résultat, c'est la montée de mouvements politiques fondamentalistes qui ont remplacé le communisme et le socialisme nassérien discrédités, et qui prônent une nouvelle répartition des richesses et du pouvoir. Ce fondamentalisme demande aussi, mais d'une manière souvent obscure, un abaissement des frontières et la constitution de grands ensembles.

Al-Qaïda sera vaincue, mais le Moyen-Orient ne ressemblera plus jamais à cet instantané antérieur au 11 septembre. Car la lutte contre Ben Laden, c'est d'abord la lutte pied à pied, dans chaque pays, dans chaque ville, pour arracher la population à sa misère, au désespoir, à la violence. De même que les Américains ont conçu le plan Marshall face à la menace soviétique, nous devons envisager une série de petits plans Marshall au Moyen-Orient, qui seront autant de boucliers régionaux contre l'islamisme. Certains mouvements réformistes – ni américains, ni même pro-américains, ni pro-socialistes – vont aussi prendre les choses en main pour se prémunir contre la catastrophe actuellement programmée. La volonté de réforme du prince Abdallâh en Arabie Saoudite en est le premier signe avant-coureur.

La guerre et les armes

Il ne faut pas oublier la guerre : le Moyen-Orient est une des régions du monde où les guerres sont les plus nombreuses. Les années 1990 ont été marquées par le blocus de l'Irak, la guerre civile algérienne, une tentative de sécession au Yémen, des tensions entre le Liban et la Syrie, l'insurrection du PKK en Turquie, la guerre de l'Azerbaïdjan et de l'Arménie, les guerres incessantes de l'Afghanistan, la guerre « couverte » que mène le Pakistan face à l'Inde au Cachemire... Et, pour finir, l'Intifada des Mosquées et l'insurrection tchétchène, si l'on veut bien rattacher la Tchétchénie à cet ensemble dont elle se rapproche de plus en plus.

Le Moyen-Orient est aussi une région de prolifération nucléaire où l'on dépense le plus pour les armements. Il y a la bombe atomique israélienne depuis les années 1960 ; la bombe atomique pakistanaise déclarée ; et sans aucun doute, la bombe atomique iranienne, probablement conçue avec l'aide embarrassée des Pakistanais. A certaines époques, ce programme pakistanais s'est fermé à l'influence iranienne, ce qui explique l'insistance avec laquelle l'Iran joue aujourd'hui la carte russe pour accéder à de nouvelles technologies plus performantes. Enfin, des programmes nucléaires latents existent en Algérie et en Egypte.

Les forces armées sont au pouvoir dans la région, en Algérie, par personnes interposées. C'est un général des services spéciaux, Ben Ali, qui dirige la Tunisie. Kadhafi porte le grade de colonel. Moubarak est un général d'aviation. Bachar Assad, qui n'a jamais tiré un coup de feu, est le produit de l'armée syrienne contrôlée par les Alaouites. Pareil pour le prince héritier Abdallâh qui commande la garde nationale aux bases tribales ; le Liban lui-même a un président militaire : l'éphémère commandant de la petite marine du pays, l'amiral Lahou. Il n'y a guère que l'Iran, avec les mollahs, et l'Irak de Saddam Hussein qui puissent être considérés comme des régimes civils. Ce ne sont d'ailleurs pas les meilleurs.

Quant à la Turquie et à Israël, ce sont les deux seules démocraties de la région, mais l'une et l'autre font une place à part à leurs forces armées. L'armée turque a toujours son mot à dire sur la légitimité laïque des partis qui se présentent devant le suffrage universel et sur les grandes décisions de politique extérieure et de stratégie. En Israël, on préfère encore bien souvent, dans les partis, des militaires parvenus au sommet de leur hiérarchie à des civils.

Quelles conclusions tirer de cet état des lieux ? Tout d'abord, dans ce vaste espace agité de tempêtes, le réflexe des puissances extérieures va être en premier lieu de renforcer toutes les zones frontalières, de manière que les troubles annoncés ne débordent pas trop vite vers les autres régions voisines.

Au nord-ouest, la Turquie. Au sud-ouest, le Maghreb. A l'est, le Pakistan. Au nord, les anciennes républiques soviétiques. Au sud, le Soudan et le Yémen. Ces régions sont très différentes et leurs problèmes sont chaque fois complexes et spécifiques.

La Turquie et le pétrole

La Turquie se retrouve au milieu du gué dans presque tous les domaines. Elle a réduit son inflation de moitié. Elle a réduit les abus de ses forces armées, de sa police, de ses gardiens de prison dans des proportions équivalentes. Elle a réduit l'influence de l'armée sur le pouvoir législatif. Elle est partiellement laïque. Les partis qui veulent vraiment la démocratie en Turquie – c'est-à-dire les deux partis de gauche, et les deux partis de la droite classique – représentent 50 % des électeurs. Les 50 % restants votent pour des partis populistes autoritaires qui sont l'un le parti islamiste, qui change de nom au fur et à mesure de ses interdictions par le tribunal constitutionnel, mais qui est toujours bien là et que personne n'a l'intention de réprimer sérieusement ; et l'autre, le Parti ex-fasciste d'action nationale, qui évolue vers la démocratie un peu comme l'Alliance nationale italienne, tout en demeurant inquiétant, à entendre le discours de sa base.

Ce pays, toujours sur la corde raide entre l'Europe et l'Orient, est candidat à l'Union européenne. Il va falloir agir très vite pour que les forces populistes en Turquie soient marginalisées, et que les forces démocratiques l'emportent clairement. Les forces populistes et islamistes ne souhaitent ni l'intégration à l'Europe, ni une attitude trop engagée de la Turquie aux côtés d'Israël et des Etats-Unis...

Aujourd'hui, les Turcs soutiennent majoritairement les Etats-Unis et souhaitent la défaite d'Al-Qaïda. Mais l'opinion turque n'est pas pour autant favorable à l'OTAN. L'entrée en lice d'une Amérique décidée à châtier Saddam Hussein ne peut en aucun cas satisfaire une Turquie qui bénéficie de la contrebande pétrolière de son voisin du Sud, mais qui surtout se félicite de voir se développer, en étroite dépendance de son aide logistique, une minorité kurde irakienne quasi-indépendante. Le chef des Kurdes, Massoud Barzani, a aidé l'armée turque contre le PKK et il laisse même les services secrets turcs armer la minorité turkmène d'Irak sur son territoire. Aller plus loin paraît bien trop risqué à tous les militaires qui sont attachés à ce que survive un Irak dirigé par sa minorité sunnite tant que l'Iran demeurera l'adversaire stratégique de la Turquie, notamment en mer Caspienne. Voilà pourquoi, pour la première fois depuis longtemps, la Turquie n'est plus qu'à demi alliée des Etats-Unis.

Certes, la Turquie fournit aux Américains les bases pour encercler l'Irak. Certes, la Turquie est le premier pays qui se permet de se confronter à l'Iran. Elle est aussi le principal allié militaire d'Israël dans la région. Bref, laisser la Turquie à découvert, c'est perdre la première partie de la guerre. Les Etats-Unis en prennent peu à peu douloureusement conscience.

La Turquie a, par ailleurs, de grands problèmes intérieurs, seulement à moitié résolus, dont l'insurrection kurde. Elle a été vaincue notamment depuis l'arrestation d'Ocalan, son chef. Dans ses confessions abjectes est apparu le désir de ce triste sire de sauver sa peau, en dénonçant sa femme comme son principal lieutenant, pendant que ses partisans s'immolaient ici ou là par le feu. Les Kurdes sont profondément déçus par ce faux héros, tout d'abord bourreau du peuple kurde, assassinant tous les opposants à sa politique, créant la terreur de la terre brûlée dans l'est du pays. Mais ils ne se sont pas ralliés pour autant à un Etat unitaire qui leur refuserait durablement toute identité culturelle et linguistique.

A côté de ce problème intérieur, la Turquie est

parvenue à projeter son influence économique et politique vers les Balkans, une influence très importante pour l'Albanie et même pour la Bosnie. Mais elle projette surtout son ombre portée vers le Caucase, où la politique turque soutient fermement l'indépendance de l'Azerbaïdjan, pays turcophone qui dispose maintenant d'un surplus pétrolier relativement important – on parle d'une réserve de 70 milliards de tonnes – et d'une production hors OPEP qui fait de la Turquie, si on lui ajoute l'Azerbaïdjan, l'équivalent de l'Irak sur le marché pétrolier mondial...

Bien sûr, les conditions d'exploitation en mer Caspienne sont difficiles. L'écoulement de ce pétrole à travers un oléoduc qui traverse la Géorgie, alliée de l'Azerbaïdjan et des Etats-Unis, jusqu'à la mer Méditerranée, à Ceylan n'a rien d'évident. Les compagnies pétrolières américaines se sont fait tirer l'oreille parce que ces investissements lourds, à la fin des années 1990, dans une période de bas prix du pétrole, ont un sens purement politique. Mais ce sont ces investissements politiques qui visent à contourner l'Iran, stabiliser le marché pétrolier et lutter contre l'OPEP. Ils permettent peu à peu de changer le rapport de forces et de désenclaver un Caucase pauvre qui se tourne avec une sincère avidité vers la Turquie. Et aujourd'hui les compagnies pétrolières n'ont pas le choix. Elles marchent au canon, comme le leur demande le Département d'Etat.

Nous arrivons aujourd'hui à maturité de ce projet pétrolier, tandis que l'Azerbaïdjan reste menacé de tous côtés. Son indépendance est précaire. Sur son flanc ouest, il est encore menacé par une armée arménienne, dont la cause est légitime mais qui s'est gangstérisée, gangrenée par les forces spéciales russes. Il est menacé beaucoup plus sérieusement sur son flanc sud et sur son flanc nord par une double pression, parfois concertée, de la Russie et de l'Iran.

Les Iraniens considèrent la Caspienne comme un lac intérieur. Pour eux, toutes les ressources qui en sont issues doivent être mises en commun et partagées au sein d'un organisme mixte. Ce fut aussi la position initiale de la Russie de Primakov, qui favorisait, par anti-américanisme, le rapprochement avec l'Iran. Les Iraniens ont essayé de marquer leurs positions en envoyant des canonnières tirer sur des plates-formes pétrolières azerbaïdjanaises de British Petroleum en mer Caspienne, pendant le printemps 2001. Mais quelques semaines plus tard, la Russie abandonnait discrètement le point de vue iranien pour se rapprocher de l'Azerbaïdjan. La logique de convergence russo-turque pouvait alors se remettre en marche.

Dans l'état actuel des choses, il faudrait renforcer sans relâche les liens entre l'Azerbaïdjan et la Turquie, de manière à ce que les deux Etats s'engagent dans une communauté de plus en plus solide, de manière à ce que les ressources de l'Azerbaïdjan soient garanties par la puissance turque, et la puissance turque garantie par le pétrole de l'Azerbaïdjan...

A bien des égards, l'Azerbaïdjan est un peu considéré par les Turcs comme une sorte de province socialiste de la Turquie, de RDA turque. Une confédération politique ou une union économique pourrait concrétiser l'alliance turco-azerbaïdjanaise. Pour cela, il faut que l'Arménie soit apaisée et rassurée. Il faut lui laisser le territoire peuplé d'Arméniens du Karabakh, conquis de haute lutte. Mais, en échange, l'Arménie doit cesser de jouer le seigneur de la guerre pro-russe du Caucase, toujours au service des impérialistes russes, notamment en Géorgie. Il faut surtout que les Russes changent de politique dans le Caucase, une question qui semble à l'ordre du jour dans l'entourage même de Vladimir Poutine. Le premier groupe pétrolier russe, Lukoil, est dirigé par un Azéri de Russie, Vaguit Alekperov, ce qui arrondit quelques angles. Ne dit-on pas qu'Haïdar Aliev, le président azerbaïdjanais souhaiterait avoir Alekperov pour successeur ?

Le premier objectif stratégique des Etats-Unis, dans cette guerre du Moyen-Orient, pourrait être une réconciliation russo-turque. Les Turcs, tout en étant les rivaux des Russes dans le Caucase et dans les Balkans, ont en effet adopté peu à peu des positions modérées dans ces deux régions. Les Turcs ont conquis des parts de marché considérables en Russie, dans les entreprises de construction notamment. Ils ont plus de contrats à Moscou qu'aucun autre pays occidental. Ils sont fortement impliqués dans l'économie ukrainienne. Et le nombre de Russes qui viennent commercer à Istanbul augmente d'année en année. Le rapprochement entre la Russie et la Turquie est non seulement logique, mais nécessaire : il faut espérer que Washington le comprenne vraiment.

L'Azerbaïdjan est un pays extraordinaire, très largement sous-estimé. C'est le seul pays musulman qui comprend plus de 75 % d'urbains. C'est le seul pays musulman où les ouvriers représentent le premier groupe social, un pays qui possède encore le même nombre de médecins par habitant que la France. C'est enfin un pays constitué par la révolution industrielle soviétique. Bakou a eu un tramway électrique avant Moscou et un opéra magnifique.

De fait, l'Azerbaïdjan est le grand pays ouvrier et industriel du monde musulman. C'est aujourd'hui un pays pauvre, puisque l'industrie a périclité, bien que l'Union soviétique y ait formé une véritable intelligentsia, nombreuse et capable. A Bakou, on trouve des entreprises d'informatique, des fabriques de systèmes automatisés de production pétrolière qui fournissaient autrefois toute l'Union soviétique, bref, un niveau de haute technologie auquel la Turquie n'est pas parvenue jusqu'ici. Aider l'Azerbaïdjan, c'est investir dans l'équilibre de la région.

Aider l'Azerbaïdjan doit être la contrepartie à l'aide fournie à la Russie pour reprendre pied en Tchétchénie, à condition bien sûr que les Russes ne commettent pas de nouveaux crimes de guerre sur une large échelle. La Russie d'aujourd'hui ne consacre à sa défense que 10 % de ce qu'était le budget soviétique autrefois. Les militaires sont affamés. Ceux qui restent dans l'armée le font par dévouement, par une espèce d'idéal mêlé de ressentiment brutal envers la nouvelle société russe. Mais les conscrits ne rejoignent pas leurs unités. Pour mener la campagne de Tchétchénie, on a donc vidé les prisons et les asiles psychiatriques. C'est avec des bandes de reîtres indisciplinés que la pauvre armée russe, en guenilles et sans perspective d'avenir, a été chargée de rétablir un ordre difficile face à un peuple guerrier et très courageux. Par ailleurs, jusqu'en août 2001, ce peuple a reçu d'Arabie Saoudite, par le prince Turki, tout ce qu'il faut pour solder des bandes de mercenaires.

En tout cas, la guerre de Tchétchénie a été une très sale guerre, cafouilleuse, triste, morne, menée par des gens parfois admirables de courage physique mais trop souvent atroces. Pour autant, si le pouvoir russe avait cédé, il est évident qu'une dictature militaire y régnerait aujourd'hui, à la place de Vladimir Poutine. La Russie n'a pas encore le luxe qu'avait la France de 1962 de se payer une défaite militaire humiliante dans l'état à peine convalescent où elle se trouve.

Faire l'économie d'une victoire russe au moins symbolique en Tchétchénie est une vue de l'esprit. Il faut que cette victoire soit la moins douloureuse possible, le mieux serait qu'elle intervienne sous la forme d'un compromis quelconque, avec l'aide plus ou moins modérée du gouvernement tchétchène derrière le colonel Maskhadov. Rien aujourd'hui n'autorise cet optimisme, mais il est vrai que l'aide américaine, substantielle en matière de renseignement et en matière d'argent, permettra d'aller plus vite peut-être et de faire moins mal.

La contrepartie de cette aide devrait logiquement être le rapprochement russo-turc. Ce rapprochement est déjà souhaité par les élites des deux pays et en particulier par le président azéri, Haïdar Aliev, qui fut l'un des principaux responsables du KGB et l'un des membres du Bureau politique soviétique.

L'Azerbaïdjan peut devenir un pont entre la Russie et la Turquie. Les Etats-Unis et Israël ont tout intérêt à convaincre leur nouvel allié russe que la stabilisation du Caucase passe par là. Le reste suivra, à commencer par un compromis avec la Géorgie, favorable à Moscou, et un accord avec l'Arménie.

Evidemment, une telle évolution semble devoir passer par une défaite régionale à la fois diplomatique et politique de l'Iran. La défaite ne sera pourtant pas nécessairement économique car, dans le compromis à venir, il est évident qu'il y aura de l'argent pour les Russes et il y en aura aussi pour les Iraniens... La fin des sanctions contre l'Iran ou leur atténuation serait fort utile à la grande manœuvre russo-turque afin de ne pas fermer la porte à un Iran plus modéré où le président Khatami pourrait réaffirmer une politique de compromis. Ainsi, ce bord-là du monde musulman pourrait être stabilisé pour de bon.

Le Maghreb

Le Maghreb est l'autre zone, au sud-ouest du monde moyen-oriental, qui a une appétence occidentale forte. Hassan II avait lancé la candidature du Maroc dans l'Union européenne, une candidature prématurée, sans doute. Mais les liens économiques, culturels entre le Maghreb et l'Europe sont très forts, presque aussi forts que ceux de la Turquie et de l'Europe.

Notons d'emblée une caractéristique exceptionnelle du Maghreb : la francophonie. Non seulement le français n'a pas reculé depuis l'indépendance de l'Algérie, mais tout indique qu'il a progressé : comme langue quotidienne, d'abord, mais aussi comme seule langue du dialogue politique. La presse algérienne en langue française est davantage lue que la presse en langue arabe.

Certes, la situation est un peu moins nette au Maroc et en Tunisie, où l'arabité est plus forte, mais le Maghreb est globalement tourné vers l'Europe.

Le Maghreb, tout musulman et berbère qu'il soit, est européen d'esprit, même si, comme en Turquie, il y existe un parti anti-européen, qui est passé à l'acte en Algérie, dans une guerre civile terrible. Il attend, au Maroc, l'arme au pied, investissant les universités, la société civile, jouant sur les années de sécheresse consécutives que le Maroc a subies, sur l'urbanisation rapide et incontrôlée des métropoles. La bonne santé de l'économie tunisienne le paralyse tout autant que la répression sans faiblesse de l'islamisme que mène Ben Ali.

Il y a au Maroc une élite remarquable. En Algérie aussi. Dans les deux cas, cette élite ne dispose pas du pouvoir. Mais elle voit souvent le pouvoir, si corrompu et autoritaire qu'il soit, comme le rempart à l'éruption des islamistes les plus intolérants. Même en Tunisie, il a fallu que Ben Ali aille très loin pour que quelques intellectuels se risquent à le critiquer et encore, avec modération...

Dans tout le Maghreb règne la crainte de ce qui vient de se produire dans le monde arabe. On est en train de clouer des planches, comme à la veille d'un cyclone, en attendant des réactions populaires négatives. Celles-ci seront-elles aussi fortes que prévu ? La guerre civile algérienne a montré qu'il existe, dans ces sociétés, des forces populaires résistant solidement à l'islamisme, avec un courage, une motivation, des idées sans commune mesure avec ce que l'on connaît au Machrek. La principale cause de cette résistance populaire est à chercher du côté du bilinguisme et de l'extraversion.

Il n'y a pas aujourd'hui – ni au Maroc, ni en Algérie, ni en Tunisie – de majorité islamiste. Sans doute, Gilles Képel a-t-il en partie raison, mais sur le seul plan régional : l'islamisme maghrébin est bien en recul. Mais pas ailleurs, ni de manière homogène.

C'est pourquoi la lutte s'annonce difficile. Il devrait être hors de question de laisser perdurer cette plaie ouverte qu'est la rivalité algéro-marocaine. La façon dont l'Algérie et le Maroc jouent l'un avec l'autre ; dont l'Algérie continue à entretenir une petite armée de subversion avec le Polisario, sur le flanc du Maroc ; dont ce même Maroc se venge en laissant les tueurs du GIA ou du groupe salafiste se faire soigner à l'intérieur de ses frontières ; dont le roi Hassan II s'est félicité de l'affaiblissement de l'armée algérienne sous les coups des islamistes ; dont la sécurité militaire algérienne envoie des hommes au Maroc commettre des attentats pseudo-islamistes dont jusque-là le Maroc avait été préservé... Tout cela est un jeu absurde. Car ce sont les mêmes forces laïques et de développement, dont le renforcement est le seul garant à long terme du triomphe des libertés politiques, qui sont victimes de ces tactiques à courte vue dont savent jouer les islamistes.

Maintenir hermétiquement fermées les deux frontières – même entre les villes « jumelles », Oujda et Tlemcen – empêche tout simplement la naissance d'un grand marché maghrébin. Le jour où le Maroc et l'Algérie se réconcilieront, tout le reste suivra : c'est une perspective qui doit être offerte aux jeunes. Ceux-ci se sentent pris au piège dans des réalités nationales trop étroites. Alors que l'unité maghrébine est concrète et pourrait donner des résultats, en permettant par exemple aux entrepreneurs et aux agriculteurs marocains de conquérir des parts de marché en Algérie, ou même d'y mettre en valeur des terres ; ou en offrant aux produits énergétiques algériens et à l'industrie lourde algérienne des débouchés au Maroc. Ce serait là un progrès immense susceptible d'enrayer le vent islamiste qui soufflera bientôt depuis l'Egypte.

Le rôle que les Etats-Unis et Israël doivent jouer pour aider la Turquie, c'est à l'Union européenne et à la France de le jouer pour aider le Maghreb. La France joue une partie serrée au Maghreb. Il s'agit à la fois de sauver les régimes en place et de les faire évoluer de manière significative. L'Algérie et le Maroc sont déjà dans une situation de pré-démocratie sans exemple dans le monde arabe.

L'Algérie n'est pas une démocratie mais déjà un pays tout à fait pluraliste. Certes, les résultats des élections sont « revus » par la sécurité militaire... Mais on trouve au Parlement algérien des représentants de toutes les tendances du pays, même des trotskistes, les deux partis berbéristes, des islamistes modérés de différentes nuances, deux partis issus du FLN. Cela fait quand même une véritable représentation nationale.

Au Maroc, il y a une sorte de cohabitation entre le roi, le parti socialiste, un parti berbériste latent, et divers groupes de pression. Le pluralisme est là. Pas encore la démocratie.

Offrir à ces deux pays la perspective économique et géopolitique du grand Maghreb, c'est leur donner les moyens d'aller vers la démocratie, tout en maintenant une autorité forte. C'est sortir du marasme actuel.

On peut voir, dans les méfaits du GIA et du groupe salafiste, l'extrême violence à laquelle l'islamisme peut parvenir. Chaque fois que j'ai eu à traiter, à la radio ou à la télévision, de ces émules locaux de Ben Laden, nombre d'auditeurs algériens, souvent des femmes, appellent pour dire : « Vous découvrez les méfaits des islamistes avec l'affaire du World Trade Center, mais nous en subissons nous, dans notre chair, les atteintes depuis des années en Algérie. Nous avons connu la barbarie des islamistes algériens et la falsification de leurs amis qui, au nom d'un tiers-mondisme de mauvais aloi ou pour couvrir les exactions de l'islam, nous racontent que l'essentiel des crimes commis en Algérie l'a été par la sécurité militaire... » Cette analyse est parfaitement fondée.

Entendons-nous bien. Quand un pays déborde d'organisations meurtrières, tout est possible, même des manipulations. Il y a eu des crimes privés qui ont été commis pour des terres, et qu'on a mis sur le compte des islamistes. Il y a eu des rivalités entre villages. Il y a eu enfin, c'est incontestable, des agents de la sécurité militaire qui ont été infiltrés à l'intérieur des mouvements islamistes, et qui ont renseigné l'armée.

Pour autant, ne soyons pas dupes : un homme infiltré dans un tel réseau peut, au péril de sa vie, informer sa hiérarchie. Mais il n'est pas à l'origine des massacres, des tortures et des crimes qui s'y commettent et dont on connaît en général les auteurs, des gens du village même ou des environs.

A mon sens, 90 % des crimes attribués aux islamistes, en Algérie, sont de vrais crimes islamistes.

Des règlements de comptes ont eu lieu, quand la police et la gendarmerie ont refusé d'aider les anciens de l'AIS contre ceux du GIA, les laissant s'entre-tuer : c'est le cas du massacre de Ben Talla. Mais parler de complot, comme le font une majorité de journalistes français qui suivent ces affaires, c'est de la désinformation et de la bêtise. La même qui s'attaque quotidiennement à Israël.

A cause de Ben Laden, nous comprenons enfin la virulence inouïe de ces mouvements qui sont dirigés contre les populations locales. C'est la raison pour laquelle l'armée algérienne est capable aujourd'hui, si elle parvient à s'entendre avec les élites civiles, de préserver l'Etat et le peuple algérien d'épreuves supplémentaires.

L'affrontement algérien, un peu comme la guerre d'Espagne, a été une entrée en matière du grand conflit que nous connaissons à présent.

Les républiques d'Asie centrale

Le troisième ensemble qu'il faut consolider, c'est la frontière nord-est, les républiques d'Asie centrale. Cette région est en complète désorganisation économique depuis l'implosion de l'Union soviétique et les Etats y sont informes.

S'il y a un pays d'avenir en Asie centrale, c'est

l'Ouzbékistan. 23 millions d'habitants, autant que la Roumanie ; une monoculture cotonnière, dont l'Ouzbékistan essaye de sortir ; un embryon d'Etat centralisé, hérité de l'Union soviétique, dirigé d'une main de fer par un ancien stalinien, Islam Karim, des liens avec la Turquie, mais surtout avec les Etats-Unis, et un peu avec la Chine.

Face à l'Ouzbékistan, ce sont les trois autres Etats de la région qui se sentent menacés – sans doute à juste titre : la Turkménie à l'ouest, le Tadjikistan au sud et la Kirghizie à l'est.

Les Turkmènes vivent dans deux oasis séparées par un grand désert, le désert rouge. L'essentiel de la population turkmène vit le long de la frontière iranienne d'un côté, le long de la frontière ouzbek de l'autre. Evidemment, les Ouzbeks voudraient annexer une partie de la Turkménie. Et les Iraniens ne seraient pas mécontents de la disparition de cet Etat... Car la Turkménie, assise sur une réserve de gaz naturel considérable, est très faible ; une population réduite, seulement 5 millions d'habitants ; un chef d'Etat qui se fait appeler Turkmen Bachi, le « père des Turkmènes », et qui joue une politique de conciliation, y compris avec les Talibans. Plus d'un million et demi de Tchétchènes qui prolongent l'Etat actuel, de l'autre côté de la frontière iranienne.

La Turkménie n'a donc pas un grand avenir. N'oublions pas les Turcs, qui aimeraient, par l'Azerbaïdjan, créer un gazoduc sous la mer Caspienne qui rende les Turkmènes plus proches de la Turquie et moins dépendants de l'Iran.

De son côté, le Tadjikistan est fragile. Ce fut d'abord une république autonome de l'Ouzbékistan, puis Staline en fit une république indépendante, de manière à créer une rivalité permanente entre Ouzbeks et Tadjiks, qui vivent depuis toujours dans une espèce de symbiose. Un bon tiers de la population du Tadjikistan est toujours composé d'Ouzbeks. Un bon tiers des habitants de l'Ouzbékistan est encore constitué de Tadjiks... Le président actuel de l'Ouzbékistan, Islam Karim, est un Tadjik, dont la langue maternelle est le persan, comme elle le demeure pour tous les habitants de Samarcande, la deuxième ville de l'Ouzbékistan et sa capitale culturelle. Samarcande n'est d'ailleurs pas très loin de la frontière du Tadjikistan, mais jamais les Ouzbeks ne voudront perdre Samarcande...

Quant au Tadjikistan, où l'on parle persan, il est devenu de fait un protectorat russe. C'est l'armée russe qui assure sa sécurité. Le président du Tadjikistan est un ismaélien, disciple de l'Agha Khan qui appartient aux régions montagneuses.

L'avenir de ce Tadjikistan est discutable. C'est un pays extrêmement pauvre. Il n'est pas impossible que l'effondrement des Talibans en Afghanistan ouvre la voie à une fédération entre le nord de l'Afghanistan et le Tadjikistan : Massoud, le

« lion du Panshir », avait déjà, de facto, exercé l'autorité sur l'opposition tadjik dite « islamo-démocrate » et négocié directement avec Moscou, l'actuel gouvernement de compromis, « communiste-islamiste ».

Les conflits territoriaux dans cette partie du monde sont d'une complexité inouïe. Et les frontières actuelles ne sont pas durables. La seule solution serait une fédération, ce qui élargirait les possibilités d'influence de Moscou – ce dont personne ne veut. Dans l'état actuel des choses, les Russes exigent encore un droit à la reprise en main de toute la région. Il n'est pas déraisonnable d'imaginer qu'ils y parviendront parce que, malgré la culture turco-persane vivace de l'ensemble, la culture russe reste prédominante – comme la culture française au Maghreb. Encore faut-il que le pouvoir russe respecte les populations et leurs aspirations à l'indépendance. C'est pourquoi, dans l'ensemble, les peuples du Turkestan voient d'un bon œil l'arrivée des Américains et des Européens en Afghanistan, comme contrepoids, au moins quelques années.

Au Kazakhstan, les Russes se sont assez bien comportés. Il leur était loisible de créer de vastes mouvements séparatistes, d'encourager les mouvements cosaques qui se sont déjà constitués le long de la frontière sibérienne. Ils ne l'ont pas fait.

Or, le Kazakhstan, enclavé dans les terres, est constitué d'une majorité de non-Kazakhs russophones, qui n'accepteront jamais de vraie séparation de la Russie. Les Kirghizes, plus au sud, sont très liés aux Kazakhs : les deux présidents, Nazir Baïev et Akaïev, despotes éclairés, viennent de marier leurs enfants, dans une véritable union dynastique.

Peut-être l'avenir est-il dans une révision modérée des frontières, avec un Ouzbékistan indépendant, exerçant un protectorat « russo-turc » bienveillant sur les régions tadjiks du nord de l'Afghanistan, en accord avec un Iran démocratisé. Le seigneur de la guerre ouzbek, Rachid Dostum, est pour l'heure le bras armé du pouvoir de Tachkent auprès du gouvernement d'Hamid Karzaï, à Kaboul.

Pour l'heure, l'Ouzbékistan est très pauvre. Ben Laden y a donc lourdement investi, installant des maquis à la frontière hyper-sensible entre l'Ouzbékistan, le Tadjikistan et la Kirghizie pour préparer un nouvel Etat taliban, dans la vallée cotonnière de Ferghana.

Face à ces maquis, une forte coopération des armées chinoise, russe et ouzbek, et à présent des Américains eux-mêmes, s'est instaurée.

Il faut s'attendre aussi à une reprise en main russe de la Turkménie, car elle constitue un vasistas pour la résistance tchétchène, à travers lequel elle communiquait avec les Talibans. Les émissaires tchétchènes coordonnent souvent leurs actions avec les besoins stratégiques de Ben Laden en Afghanistan : il en est ainsi de leur offensive surprise au Daghestan qui faisait suite aux revers des Talibans dans le Panshir au printemps 1999.

La Chine, pour de complexes raisons historiques et géographiques, a décidé de miser sur la stabilité de l'Ouzbékistan et d'être, aux côtés de la Russie, un rempart contre l'islamisme. Les Chinois appuient donc l'offensive américaine en Afghanistan avec fermeté et discrétion. Ce n'est que le début de l'entrée de la Chine dans la lutte contre l'islamisme, la suite se situant manifestement en Asie du Sud-Est.

Pour autant, deux ambiguïtés fondamentales demeurent dans la politique chinoise. La première touche aux liens que la Chine maintient avec le Pakistan, notamment avec son programme nucléaire. La Chine continue à expédier au Pakistan des lanceurs sous une étiquette nord-coréenne qui ne trompe personne. En fait, la Chine continue à vouloir un Pakistan fort face à l'Inde. Pour l'instant, Musharraf lui convient. Mais l'armée chinoise ne tolérera pas l'effondrement du Pakistan si les choses devaient mal tourner et que les Américains, pour l'instant en accord avec Pékin, se replient sur un soutien massif à l'Inde. Certes, des voix s'élèvent, parmi les xénophobes chinois, pour dire que l'Amérique a bien mérité ce qui lui arrive. Mais le président chinois Jiang Zemin et son successeur désigné Hu Jintao considèrent, eux, que c'est le moment de donner des satisfactions de pure forme aux Américains pour avoir les mains plus libres en Asie. Ils ne perdent pas de vue l'alliance russe qui est importante, pour acquérir à bas prix la technologie militaire avancée dont la Chine a besoin. Tout ceci milite en faveur d'une acceptation tacite par les Chinois de la nouvelle alliance anti-terroriste russo-américaine, dont elle ne s'éloignera guère.

Mais la seconde ambiguïté tient à l'activité chinoise en Irak (installation d'un réseau de fibres optiques en faveur de Saddam Hussein) et en Iran (coopération en matière de missiles). Là Pékin devra tôt ou tard prendre une option. Et cela sera moins facile qu'il ne semble.

Nous avons tour à tour étudié les trois frontières du Moyen-Orient : la Turquie, appuyée sur les Etats-Unis, Israël, l'Union européenne, et demain sur la Russie ; le Maghreb, appuyé sur l'Union européenne et particulièrement sur la France, avec l'aide des Etats-Unis ; l'Asie centrale, appuyée essentiellement sur la Russie et secondairement sur la Chine et les Etats-Unis. Ces pressions conjuguées devraient avoir un effet stabilisant.

Sur les deux autres frontières, nous nous trouvons devant des béances évidentes : c'est l'ensemble sud, avec le Soudan et le Yémen, et l'ensemble est, constitué de l'Afghanistan et de la vallée de l'Indus, le Pakistan.

Le Soudan et le Yémen

Le Soudan est un pays africain qui se transforme progressivement, le long du Nil, en une pré-Egypte. Les Soudanais de l'Antiquité lisaient les hiéroglyphes égyptiens, et c'est peut-être à partir d'eux qu'a essaimé l'idée de royauté sacrée qu'on retrouve dans toute l'Afrique. Ils ont été un carrefour de cultures et de diffusion de savoirs égyptiens, plus tard du christianisme copte puis de l'islam.

Islamisés, les Soudanais du Nord aspirent à jouer le même rôle, aujourd'hui même si l'Afrique rejette le modèle d'islamisation arabe qu'ils prétendent lui offrir – modèle qui s'est accompagné, pendant tout le XVIIIe et le XIXe siècle, d'un esclavagisme féroce.

Nous avons au nord un pouvoir arabisé, qui descend jusqu'à Khartoum, et qui s'appuie sur les tribus de Somalis de l'Est, les Béjas arabisés, mais pas tout à fait arabes, et sur des Nigérians partis pour La Mecque, les Fellatas, restés pour cultiver les plaines fertiles.

Il est évident que Nasser a fait une erreur en ne procédant pas au partage du Soudan. Les nationalistes soudanais les plus liés à l'Egypte voulaient dominer la totalité de cet Etat soudanien qui plonge jusqu'au Congo-Zaïre, au sud de l'équateur, ne se contentant pas de ce qu'ils auraient pu prendre tout de suite. Ils n'ont finalement rien stabilisé.

Par ailleurs, il existe un dégradé de noir et donc d'intensément africain dans le Soudan. Tout le Sud est animiste et chrétien et rejette profondément le Nord. L'administration coloniale britannique avait eu le projet de le rattacher à l'Afrique orientale. Car la vraie capitale culturelle du Sud demeure Nairobi, d'où provenaient les pasteurs et les Pères blancs irlandais, d'où viennent aujourd'hui les armes, l'aide alimentaire et médicale, et où les attentats de Ben Laden contre les ambassades américaines (Kenya, Tanzanie) sont venus manifester l'ombre portée de la djihad soudanaise. Entre les deux régions, il y a un tissu intermédiaire : des Africains islamisés, en voie d'arabisation.

Dans cette confusion, le Soudan va être de nouveau soumis à des convulsions. Mais comme pour l'Algérie, au Soudan le pire est peut-être derrière nous. Ce pays a connu une phase aiguë de dégradation, quand les Frères musulmans soudanais, alliés aux Frères musulmans égyptiens, ont pris le pouvoir à Khartoum. Leur chef, Hassan Tourabi, a multiplié les crimes depuis la fin des années 1980, en menant un djihad dans le Sud avec des tribus nomades, qui ont massacré les populations africaines dans des conditions abominables. La résistance africaine, menée par un officier formé aux Etats-Unis, autrefois communiste, John Garang, s'est longtemps appuyée sur l'Ethiopie. Elle vit aujourd'hui des subsides américains et a réussi à dégrader ses relations avec toutes les autres tribus du Sud... Ce n'est pas un succès.

Il faudrait réunir toutes les forces de la région pour obtenir un compromis. Aujourd'hui, les Frères musulmans sont sur la défensive comme jamais. Et le régime militaire du général Omar Béchir est en bons termes avec les Etats-Unis. Il l'a déjà été avec la France, il y a quelques années. Sans aucun doute, de nombreux partisans de Ben Laden sont présents dans cette zone, mais on peut y espérer une accalmie.

Sans doute y aura-t-il une réorganisation de l'assise territoriale de la région, au lendemain de cette période de conflits, dans laquelle l'Egypte et l'Ethiopie auront leur mot à dire.

Pour l'heure, ce n'est pas au Soudan qu'on s'attend aux bouleversements les plus graves, mais au Yémen, qui demeure une poudrière. Le Yémen actuel résulte de la fusion du Yémen du Nord, toujours indépendant, et du Yémen du Sud, colonisé par les Britanniques. Ceux-ci restèrent à Aden jusqu'en 1968.

Les deux régions ont certes des affinités historiques. Aden est incontestablement une ville yéménite. Ce qui distingue les Yéménites de tous les autres habitants de la péninsule, c'est leur vieille civilisation sédentaire, hostile aux Bédouins et tournée vers l'alliance avec ces autres sédentaires que sont les Syriens et les Irakiens. A la frontière nord, les Yéménites tournent depuis toujours le dos à l'Arabie Saoudite voisine et prédatrice.

L'imam chiite qui gouvernait le Yémen à la fin des années 1950 l'avait bien compris, qui avait voulu adhérer à la République arabe unie de Nasser pour obtenir l'appui de la gauche nationaliste contre les Saoudiens. Mais un coup d'Etat organisé par des officiers libres nassériens locaux a proclamé la république. Le Yémen connaît alors une période de dix ans de guerre civile et de confusion. Dans les années 1970, on arrive à un compromis historique qui, comme en Afghanistan, fait de ce pays une confédération de tribus, de vallées et de confessions, puisque les chiites zeïdites constituent la moitié de la population. Les sunnites ont fini, pendant la guerre civile, par se tourner vers l'Arabie Saoudite, pour compenser l'ascendant des chiites.

Ben Laden a profité de toutes ces luttes pour faire du Yémen sa base principale secrète. A telle enseigne que les Américains ont pris contact, dès 1997, avec le régime du colonel Saleh, pourtant disciple d'Assad et ami de l'Iran, qui a fait mine d'accepter une petite aide militaire et a ouvert la rade d'Aden aux bateaux américains. C'est dans ce contexte qu'Oussama ben Laden a monté, à la fin de l'an 2000, l'attaque contre le destroyer *Cole* qui s'est produite au moment où commençait l'Intifada des Mosquées. Les dix-sept morts du destroyer américain pèsent lourd dans la situation yéménite actuelle. Car le Yémen est d'ores et déjà le sanctuaire de Al-Qaïda. Une bonne moitié des Yéménites se rapproche aujourd'hui des partisans absolus de Ben Laden, d'autant plus qu'ils détestent les Bédouins saoudiens, et qu'ils estiment que ceux-ci ont usurpé le contrôle de La Mecque.

Le Yémen est aussi très proche de la Somalie, où Ben Laden a voulu créer, ces dernières années, un mouvement islamiste capable de réunifier ce pays, qui est le seul à avoir véritablement implosé à la fin de la guerre froide. Voilà donc une frontière éminemment fragile. Les Américains n'y ont aucune base. Les Britanniques sont présents, en revanche à Oman, chez le sultan Qabous, ami des Hachémites et de la Jordanie. Il ne règne donc pas un vide stratégique complet, mais dans cette région d'accès difficile, une guérilla peut se développer pendant des années, faute de réussir une avancée foudroyante vers La Mecque et le centre de l'Arabie Saoudite, plan original des chefs de Al-Qaïda.

Cette région constituée du Yémen et de la Somalie est bien le « ventre mou » de l'Arabie Saoudite, beaucoup plus que le Soudan n'est le ventre mou de l'Egypte. Certes, des infiltrations soudanaises vers le sud de l'Egypte ont toujours existé, mais le Yémen est une région centrale du drame arabe et friable, depuis toujours.

Et le Pakistan ?

Le Pakistan peut-il survivre ? Le Pakistan doit-il survivre ? Après tout, puisque nous avons vu que les Palestiniens remettaient en cause le partage de 1948, pourquoi ne pourrait-on pas s'interroger aussi sur les conditions dans lesquelles le Pakistan est venu à la lumière, en 1947 ?

Les musulmans de l'Inde ont-ils voulu la séparation ? En apparence, oui. En réalité, non. La partition de l'empire britannique des Indes est le fruit d'une déception plus que d'une volonté continue.

Dans les années 1930, ce que reproche Mohammed Ali Jinnah, le chef des musulmans, à Nehru et surtout à Gandhi, c'est d'utiliser le suffrage universel, qui a été accordé par les Britanniques dans les premières élections provinciales de 1936-1937, pour écraser la communauté musulmane sous le nombre hindou. Evidemment, Gandhi, saint laïc mais aussi avocat retors et rusé, n'a pas hésité à manœuvrer au nom de principes apparemment excellents, *one man one vote*, pour fragiliser les musulmans, mais aussi les parias du docteur Ambedkar. Les élections provinciales de 1936 sont le commencement de la majorité absolue pour le Parti du Congrès, sauf là où les musulmans étaient majoritaires, au Bengale oriental, et au Pendjab. Ces majorités congressistes, appuyées sur un populisme proche de l'hindouisme, laissaient très peu de place aux musulmans.

Le calcul de Gandhi était qu'en étouffant l'expression des musulmans, ceux-ci seraient obligés de revenir au Congrès pour y avoir une représentation adéquate et par là, se rallier à un parti laïc. Mais ce raisonnement bizarrement jacobin a fait boomerang. Non seulement les musulmans ne se sont pas rendus, mais ils ont fait tant et plus qu'ils se sont transformés en mouvement national séparatiste, alors que leur idée de départ n'était que d'obtenir une meilleure représentation dans l'Inde à venir. Ils ne remettaient pas encore en cause la légitimité d'une indépendance de l'Inde dans sa totalité.

Là-dessus, Gandhi commet une seconde erreur

stratégique, celle d'engager une campagne de désobéissance civile contre les Britanniques en 1942, lorsque les Japonais arrivent aux portes de l'Inde. Certes, Gandhi voulait ainsi tenir en respect les éléments nationalistes pro-japonais de son rival Subhas Chandra Bhose. Il voulait prendre en main l'agitation anti-britannique pour qu'elle ne le déborde pas. Nehru était d'un autre avis, plus constructif à l'égard de Churchill, mais il a été obligé de suivre Gandhi.

La campagne « Quit India » a été tuée dans l'œuf par la police britannique en l'espace de dix jours. Elle n'a rencontré aucun écho durable dans la population indienne. Le sabotage de la défense nationale n'a pas eu lieu. Les Japonais ont été repoussés en Birmanie. Et Gandhi s'est retrouvé en résidence surveillée jusqu'en 1945. Comme si Gandhi ne s'était pas pardonné d'avoir été un agent recruteur de troupes indiennes pour la Couronne pendant la guerre de 1914, et avait voulu se rattraper en 1942, par un geste fallacieux et fondamentalement immoral.

Les musulmans, eux, sont restés parfaitement fidèles à la Couronne britannique pendant la guerre, montrant souvent un courage exceptionnel, sur le front ou dans les camps de prisonniers japonais. C'est cette fidélité-là qui a été récompensée par la création du Pakistan. D'une certaine façon, l'Angleterre militaire avait choisi l'islam en punition de la trahison des élites hindoues pendant la guerre. Ce qui explique l'engagement du Pakistan dans l'alliance occidentale et le « non-alignement » pro-soviétique de l'Inde, par la suite.

Les élites musulmanes du Pakistan, qui ont créé le pays en 1947-1948, n'étaient pas composées de fanatiques. Nombre des fondateurs de l'Etat appartenaient à des cultes minoritaires tels que Jinnah, chiite ismaélien, et Zulfikaa Ali Bhutto, chiite duodécimain. Abdûs Salam, le prix Nobel de physique pakistanais, et beaucoup de hauts fonctionnaires des débuts du Pakistan étaient des musulmans dissidents. Aujourd'hui, le régime militaire a réussi à les faire passer pour des non-musulmans.

Tous ces gens font aujourd'hui partie d'une minorité laïque inquiète, qui a eu, par le passé, une position importante dans le Pakistan moderne. De même, les chrétiens qui vivaient au Pendjab ont préféré le Pakistan à l'Inde. Et il y a eu des officiers chrétiens dans l'armée pakistanaise, de moins en moins, il est vrai.

Le Pakistan est une Inde musulmane qui se défend. Peut-être un lecteur français se souviendra-t-il de la revendication des protestants, pendant les guerres de religion en faveur des places de sûreté. Ils demandaient des forteresses, comme La Rochelle, Nîmes, Montauban, pour pouvoir résister en cas de guerre civile, regrouper leurs troupes et territorialiser leur présence sur le sol français. Ces places de sûreté ont été démantelées par Richelieu, mais elles ont existé pendant plusieurs dizaines d'années, tournées vers la plus grande d'entre elles, la ville libre de Genève. Mohammed Ali Jinnah ne demandait rien d'autre. Son idée n'était pas de créer un Etat intermédiaire entre l'Inde et le Moyen-Orient, mais de disposer de plusieurs territoires clairement musulmans en Inde, de manière à peser sur l'évolution de l'Asie du Sud, après la fin de l'hégémonie du Congrès. La création d'un Etat musulman en plusieurs territoires permettait d'envisager une confédération avec l'Union indienne, pour mettre au pas le Parti du congrès. Ce jour n'est pas venu.

Ainsi naît un Pakistan en trois morceaux comprenant le Pakistan actuel, le Bangladesh, qui reste Pakistan oriental pendant vingt ans, et les régions du Sud, autour de Hyderabad, qui se soumettent au pouvoir indien laïc après quelques semaines de guérilla, en 1948. Il n'est donc resté que deux entités territoriales : le Pakistan et le Bangladesh, qui n'ont jamais réussi à former un véritable Etat, le Bangladesh se rapprochant des traditions démocratiques du Bengale indien. Le Pakistan occidental était toujours plus autoritaire et surtout plus assujetti au prestige de l'armée.

Comme l'armée était formée à 80 % de Pendjabis, elle a pris le contrôle du pays à la fin des années 1950. L'opposition parlementaire bengalaise est devenue sécession. Rappelons que l'insurrection du Bangladesh, puis la partition d'avec le Pakistan occidental en 1971, a été possible grâce à l'intervention de l'armée indienne.

Pendant un temps, Bhutto, le second leader démocratique du pays, va faire de ce nouveau Pakistan un Etat tourné vers le Moyen-Orient, allié du shah d'Iran. Mais la réalité profonde du Pakistan reste la même. Le Pakistan, c'est un morceau de l'Inde. Au fur et à mesure qu'on avance dans les années 1970, la cohésion de ce Pakistan seconde manière est de moins en moins évidente. Bhutto était un homme intelligent mais orgueilleux, soupçonné par les militaires – à juste titre ! – d'avoir hésité au moment de la partition de l'Inde. Il était de surcroît chiite, attaché à la laïcité et trop tourné vers l'Iran aux yeux d'une armée sunnite en sympathie avec l'Arabie Saoudite. Il est donc renversé par l'armée. C'est là que commence l'histoire pakistanaise moderne, c'est-à-dire, pour faire simple, la djihad afghane et la participation des Pakistanais à cette djihad.

Le Pakistan est un mélange détonant. Au nord, nous avons la plus grande partie de l'ancienne province autrefois unie du Pendjab avec Lahore, grande ville indienne, autrefois à majorité hindoue et sikh, aujourd'hui capitale culturelle du Pakistan tout entier. Les Pendjabis sont des musulmans très convaincus, majoritairement sunnites. Ils dominent le Pakistan depuis la sécession du Bangladesh. Mais ces Pendjabis, tout en étant des musulmans convaincus, restent des Indiens passionnels, tournés culturellement vers Dehli et sa Grande Mosquée. Ils se sont ainsi réconciliés avec les sikhs, secte indienne fondée au XVIIe siècle, qui a été le fer de lance de l'Etat indien moderne. Or les sikhs ont commis les plus grands massacres de musulmans dans le Pendjab oriental indien en 1947. Cette réconciliation géopolitique serait-elle une nouvelle ruse de l'histoire pour favoriser la cautérisation des plaies de la partition ?

Le Cachemire est devenu un crève-cœur pour l'Asie du Sud. C'est le cœur de la civilisation indienne. Presque toutes les personnalités importantes de l'Inde moderne, depuis Nehru jusqu'à Salman Rushdie, en proviennent. Le Cachemire, qui est certainement un des plus beaux pays de la planète, a longtemps été la terre d'élection du bouddhisme indien, d'où sont partis les évangélisateurs du Tibet et de la Chine. Il a été traversé, à la fin du XIIIe siècle, par des courants d'« évangélisation » musulmans, au moment où le bouddhisme s'effaçait dans toute l'Inde devant un hindouisme modernisé, né lui aussi au Cachemire. Les Cachemiris ont donc adopté l'islam, mais un islam différent de celui pratiqué ailleurs en Inde, un islam bien à eux qui comporte de nombreux éléments particuliers, provenant de la mystique soufie. Les Cachemiris n'aimaient donc pas l'idée du Pakistan, tous musulmans qu'ils soient, et surtout ils méprisaient cordialement leurs voisins de la montagne, les Pathans, tenus pour des barbares.

En 1947, le cheikh Abdullâh, chef du mouvement local, la Conférence nationale, passe un accord avec Nehru. Depuis lors, le Cachemire est le seul Etat musulman de l'Inde.

Malheureusement, Nehru ne respecte pas cet accord et commence à administrer le Cachemire comme un Etat de l'Inde à part entière, justifiant les pires craintes sur le comportement des hindous à l'égard des musulmans. Peu à peu, les chefs cachemiris, longtemps placés en résidence surveillée, sont passés d'un ralliement prudent à l'Inde à un autonomisme marqué, puis, avec l'arrivée de la nouvelle génération, à une situation insurrectionnelle dans les années 1980. Il se passe au Cachemire exactement ce qui s'est passé en Irlande du Nord : très vite, les éléments violents prennent le dessus sur les modérés pourtant majoritaires, avec l'aide intéressée du Pakistan.

Très vite, parallèlement à la guerre en Afghanistan contre l'Union soviétique, l'ISI, les services secrets pakistanais, a en effet mené une guerre subversive au Cachemire. Quand les soldats russes quittent l'Afghanistan, l'ISI reporte toutes ses forces sur le Cachemire, avec les encouragements des politiciens pendjabis qui voient ainsi avancer leur politique anti-indienne...

Les Indiens se battent sur le principe de l'unité territoriale, tout en comprenant peu à peu qu'ils auraient dû respecter le pacte initial signé avec la Conférence nationale. La population du Cachemire, elle, souffre abominablement, après des années de guérilla. L'Inde a « retourné » un certain nombre de combattants musulmans, devenus de véritables gangsters qui rançonnent la population avec l'aide de l'administration indienne. Le Pakistan a introduit des volontaires pathans dans la région. D'une extrême brutalité, ils détruisent les mosquées mal-pensantes et assassinent les hindous. Les nationalistes cachemiris, aujourd'hui regroupés dans la coalition Hürryet, commencent à rompre avec le Pakistan et pourraient bien, à leur tour, se contenter d'un véritable compromis historique, avec Delhi.

Evidemment, Oussama ben Laden a recruté pour Al-Qaïda un grand nombre de combattants musulmans cachemiris désespérés.

Les Pathans, c'est-à-dire l'ethnie fondamentale de l'Afghanistan, sont séparés, depuis le XIXe siècle, entre une partie restée afghane, qui domine l'Afghanistan, et une partie issue de l'Inde britannique, qui a pris peu à peu le contrôle au sein de l'armée pakistanaise, dans des conditions alarmantes. Curieusement, les Pathans, au début des années 1950, étaient laïques, parfois communisants, mais très rarement islamistes. Leur basculement est un phénomène récent – et il faut l'espérer, provisoire – une conséquence accélérée de la guérilla afghane, de la djihad cachemirie, et de l'influence des services secrets pakistanais et d'un certain nombre de mouvements religieux pakistanais. Aujourd'hui, les Pathans et les Baloutches, qui sont les deux groupes humains de langue iranienne des frontières ouest du Pakistan, sont en train d'étendre leur rôle dans la société pakistanaise, alors que les provinces traditionnelles et majoritaires du Pakistan semblent en perte de vitesse. Sans perdre de vue l'effondrement de la capitale économique du pays, Karachi, prise dans un terrible conflit sectaire. Les chiites représentent 15 % de la population du Pakistan, mais 35 % de Karachi. Et les chiites ont été soupçonnés, non sans raison, d'entretenir des relations coupables avec l'Inde et l'Iran. Karachi est ainsi devenue une sorte de Beyrouth local.

Ne nous voilons pas la face : c'est tout le Pakistan qui peut demain connaître le feu et le sang. L'ordre n'est pas assuré, la fonction publique de type britannique a été abolie dans les années 1960 par l'armée, qui ne voulait pas de rivale et, malgré le succès incontestable de la langue ourdoue dans tout le Pakistan, l'identité nationale du pays est menacée.

N'oublions pas le Baloutchistan, qui est une plaque tournante de la drogue. Ni Peshawar, capitale de la province pathane du nord-ouest, qui est en voie de « talibanisation » accélérée, bien que les anciens communisants du Parti national Awani y aient, eux aussi, une implantation suffisante pour organiser, en 1997, des obsèques solennelles et massives à l'ancien président communiste afghan, Najibullah Ahmed Saï.

L'explosion du Pakistan représenterait une catastrophe d'échelle mondiale. Il s'agit d'un pays nucléarisé, mais surtout parce que aucun des 150 millions de musulmans de l'Inde ne pourrait contempler avec indifférence la disparition du Pakistan. Pareillement, aucun Bangladais, quels que soient les mauvais souvenirs qu'il a des exactions de l'armée pakistanaise en 1971, ne pourrait accepter la disparition du Pakistan, le seul véritable contrepoids à la superpuissance régionale indienne, encore centralisée et de plus en plus hindouiste.

Quatre propositions pour sauver le Pakistan

Le vide politique de la région Pakistan/Afghanistan pourrait aussi être comblé par l'Iran, la Russie et l'Inde, mais dans des conditions qui feraient passer l'éclatement de la Yougoslavie pour une simple entrée en matière. Une Inde qui étendrait son contrôle sur le Cachemire pakistanais serait, par exemple, une Inde dangereuse. Personne n'envisage une telle solution, bien que certains généraux indiens, dans les dernières années, aient conçu des offensives militaires de grande ampleur, cherchant par tous les moyens la défaite totale du Pakistan.

En premier lieu, il est clair que l'Inde ne pourra se réconcilier avec les musulmans de culture totalement indienne du Pakistan et du Bangladesh que lorsqu'elle aura renoncé vraiment à replacer ces régions musulmanes sous son autorité, aussi déguisée soit-elle. Déjà, l'effacement progressif du Parti du Congrès et l'apparition de coalitions en alternance parlementaire en Inde, laissent place à un pays décentralisé, girondin – qui est la seule Inde acceptable à terme pour ses voisins, compte tenu de sa taille et de son influence.

Il faudrait donc que l'Inde reconnaisse, une fois pour toutes, la légitimité du Pakistan. C'est le premier pas, indispensable, pour stabiliser la région. L'Inde ne conteste pas ses frontières géographiques avec le Pakistan, sauf en des points de contentieux limités. Pour autant, l'Inde essaye de gêner tant qu'elle peut le Pakistan. Et le Pakistan s'acoquine avec tous les adversaires de l'Inde. Peut-être la décision du général Musharraf d'accepter le retour à l'alliance américaine est-elle le début d'une spirale vertueuse, où les duellistes cesseraient de considérer leurs relations comme un jeu à somme nulle ?

Il existe au Pendjab et à Karachi des mouvements intégristes d'une violence et d'une radicalité rares dans le monde musulman. Ce sont également des lieux où la culture soufie, profondément indienne, produit des chefs-d'œuvre musicaux et où la tradition du *Mahabharata* survit dans la culture populaire. En même temps, on trouve au Pakistan les meilleurs journaux du monde indien, des femmes politiques d'une qualité exceptionnelle, une véritable ouverture du pays sur l'Angleterre et les Etats-Unis, grâce à une importante diaspora. L'armée est le résumé de toutes les contradictions de ce pays : intégristes et occidentalistes s'y équilibrent.

Il faut à tout prix associer cette armée au pouvoir civil pakistanais, car tant que les militaires n'auront pas une place stable et indiscutée dans le système, leurs positions seront à géométrie variable. Benazir Bhutto, pour tenir en réserve l'armée, avait émancipé les services secrets, l'ISI, de l'état-major, jouant certains musulmans extrêmes contre les musulmans modérés. C'est elle la vraie marraine des Talibans. Laïque, sourdement pro-indienne, chiite et de mère iranienne, Benazir Bhutto voulait donner des gages à l'intégrisme. Le général pathan Nasrullah Babar, son ministre de l'Intérieur, lui présente alors les Talibans afghans comme le moyen indolore de se dédouaner.

La suite de l'histoire est bien connue. L'armée devrait probablement avoir le même statut qu'en

Turquie : être le contrepoids constitutionnel qui garantit la démocratie, et la laisse vivre normalement, en dehors des périodes de crise.

Troisièmement, le Pakistan doit accepter l'indépendance du Cachemire. Voilà une démarche qui peut sembler absurde, puisque le Cachemire est essentiellement sous la domination de l'Inde, et qu'on peut penser que c'est à cette dernière, en premier lieu, de l'accepter. Mais tant que le Pakistan se déclarera désireux d'annexer purement et simplement le Cachemire, l'Inde ne pourra pas s'en détacher si peu que ce soit. Ce n'est que par la volonté du Pakistan de renoncer au Cachemire que pourra émerger une solution cachemirie autonomiste ou indépendantiste. Et face à un mouvement qui sera profondément cachemiri – et non un pion du Pakistan – l'attitude de l'Inde peut être beaucoup plus mesurée, à l'instar des compromis territoriaux intervenus sur la frontière birmane dans l'ancien Assam avec des mouvements de guerillas. A terme, on peut faire de ce Cachemire en voie d'indépendance une région fédérale co-administrée par l'ensemble de l'Asie du Sud.

Quatrièmement, il faudrait faire en sorte que le Pakistan nouveau, l'Inde, le Bangladesh, le Sri Lanka et le Népal forment une confédération économique dans laquelle l'Inde n'écrase pas ses partenaires, ce qui ne peut aller qu'avec une décentralisation indienne. Il pourrait ainsi y avoir le retour d'une composante musulmane forte dans la civilisation indienne, composante dégagée des menaces du Moyen-Orient musulman et du soutien saoudien. Voilà pour les Américains, les Russes et peut-être les Européens guidés par la Grande-Bretagne, un vrai plan Marshall à lancer et à soutenir, sur plusieurs années.

L'hypothèse du cercle vicieux

Envisageons maintenant la pire des situations... L'armée pakistanaise pourrait renverser le pouvoir de son chef actuel et établir une loi martiale, interdisant aux Américains de poursuivre toute opération à partir du territoire pakistanais. L'Amérique ne tolérerait pas un tel putsch. La société civile pakistanaise non plus. Et l'Inde serait révulsée de la montée en puissance d'un adversaire retors et agressif.

Les Etats-Unis nous assurent qu'on a frôlé une telle situation à deux reprises. Au début des années 1990, par deux fois, les deux pays ont déployé des systèmes nucléaires de part et d'autre de la frontière. Le patron de la CIA de l'époque, Henry Gates, était allé montrer des photos satellites aux Pakistanais comme aux Indiens, pour essayer de calmer le jeu.

Si l'on évite, dans l'immédiat, la guerre nucléaire, reste alors la guerre civile qui pourrait se développer à la suite d'un coup d'Etat militaire ou d'un affrontement des forces laïques et démocratiques avec les intégristes. Ces derniers ne sont pas majoritaires au Pakistan, mais ils sont très violents, comme on a pu le voir à Karachi. Une telle guerre civile pourrait déborder sur la frontière indienne. N'oublions pas que l'attentat le plus sanglant des années 1990, dans cette région, a été commis à Bombay par des mafieux musulmans, payés par les services secrets pakistanais. 900 morts en quelques heures, au centre de la métropole financière de l'Asie du Sud, en février 1993.

C'est le paradoxe : l'Inde n'a aucun moyen d'assimiler les populations de cette région à son système économique et politique sans la bonne volonté d'un Etat pakistanais assez solide pour garantir l'indépendance future des pays dans l'Asie du Sud.

Cinq grands Etats du monde musulman... cinq Etats minoritaires

Supposons à présent la stabilité à peu près maintenue sur les cinq frontières (Turquie/Asie centrale, Maghreb, Soudan et Yémen, Indus) du pentagone islamique. Si tel est le cas, nous assisterons au face à face des cinq grands Etats du cœur de l'islam classique.

Ces grands Etats musulmans sont l'Iran, l'Egypte, l'Arabie Saoudite, l'Irak et la Syrie. Tous traversaient, avant le 11 septembre, des crises, relativement indépendantes les unes des autres. A présent, ces cinq crises n'en font plus qu'une. Vers quelle solution ou quelle catastrophe ? En Iran, le pouvoir des islamistes est récent – à peine un quart de siècle. La révolution de Khomeyni a renversé le pouvoir du shah en 1979.

Les baassistes panarabes et socialistes autoritaires ont pris le pouvoir en Irak en 1958. Ils étaient déjà fortement associés au pouvoir en Syrie vers 1954-1955.

Quant au régime égyptien actuel, il ne peut pas être considéré comme en rupture véritable avec celui de Nasser. Ce sont les mêmes hommes et le même parti unique qui administrent le pays, avec des lignes politiques alternées depuis le coup d'Etat des officiers libres de 1952.

Pour l'Arabie Saoudite, admettons qu'elle émerge, sous sa forme actuelle, après la mort d'Ibn Saoud, dans la seconde moitié des années 1950.

Autrement dit, presque tous ces régimes sont en place à la fin des années 1950. Seul le régime iranien, plus récent, est plus évolutif. On a connu, dans ces pays, une grande stabilité économique, qui n'a pas entraîné de transformations sociales importantes. La faible croissance et la stagnation sont tout à fait comparables à celles qui régnaient avant 1989 dans l'ancien empire soviétique, dont les directions politiques de ces pays s'inspiraient, même et parfois surtout, dans l'Iran islamiste. Rien de comparable à ce qui s'est produit en Asie pendant ces mêmes quarante ans, ni même en Amérique latine. D'où la sclérose des formules politiques qui renvoient toutes à un passé aboli et l'importance de l'abcès israélo-palestinien qui justifie tous les immobilismes, autour d'une guerre aussi imminente que longtemps impossible.

La Syrie, cruelle mais faible

Si on laisse l'Egypte à part, on constatera que ces régimes sont tous des régimes dirigés par des minorités. En Syrie, la secte alaouite a pris le contrôle du parti Baas, après 1970 : ce sont des crypto-chrétiens à tendance chiite, aujourd'hui alliés de l'Iran. Les alaouites ne comptent que sur eux-mêmes, et se méfient de tout ce qui n'est pas alaouite, même si leur cœur est plus libanais que syrien, plus chrétien que libanais. Un exemple : le seul village alaouite du Golan qui était partagé entre le Liban et le Golan autrefois syrien a demandé à rester israélien, parce que les alaouites avaient peur du Hezbollah, pourtant aujourd'hui dans la main de leurs coreligionnaires au pouvoir à Damas...

Au fur et à mesure des années, les alaouites ont conquis des postes importants dans l'armée syrienne, et ils ont fini par prendre son contrôle. Ils contrôlent donc, avec elle, le parti Baas et tout le pays. Cela dit, cette situation ne peut pas durer : les alaouites, concentrés sur la côte méditerranéenne, constituent 12 % de la population. Bachar Assad est un jeune homme inexpérimenté, parfois violent, parfois désireux de bien faire, mais hésitant. Il ne sait pas s'il doit présider à une perestroïka ou, au contraire, tenir le pays par la terreur, comme son père. Il a choisi une voie intermédiaire qui déçoit les uns sans rassurer les autres. On sent bien que la Syrie est au bord de l'explosion. Un échec au Liban serait décisif. Un oncle d'Assad, Rifaat, allié aux Saoudiens, pourrait très bien organiser un putsch, soit en consolidant le régime alaouite, soit en proposant à la majorité sunnite de partager le pouvoir.

Hafez el-Assad, lui, était prudent. Il estimait que le pouvoir alaouite ne pouvait réussir en Syrie que si les alaouites exprimaient l'intérêt national syrien avec davantage de force et d'intelligence que tous les autres, c'est-à-dire l'intransigeance à l'égard d'Israël et le refus principal de l'indépendance libanaise, qu'aucun parti syrien n'a jamais acceptée. Comme, par ailleurs, les alaouites se sentent plus proches des chrétiens libanais que des sunnites syriens, Assad espérait aussi, en assimilant peu à peu le Liban, y trouver des soutiens chez toutes les communautés, chrétiens, chiites et même druzes, pour faire contrepoids à l'islam sunnite syrien. Cet objectif à long terme, qui était visionnaire mais insuffisant, compte tenu de la faiblesse de l'économie syrienne, n'a pas tenu. Le Liban rejette toujours les Syriens comme des barbares. Le front des partis anti-syriens s'est étendu aujourd'hui à une alliance qu'on n'avait pas connue depuis des siècles, celle du patriarcat maronite et des druzes, cette autre dissidence non musulmane bien qu'issue de l'islam, qui entretient avec les chrétiens des rapports très tendus. Les deux groupes se considèrent à juste titre comme les cofondateurs de l'Etat libanais.

Voilà les composantes du pouvoir syrien, un pouvoir faible, malgré les apparences, bien que cruel au Liban. Le pouvoir alaouite ne résisterait pas à un choc militaire important. La qualité de son armée s'est dégradée au fil des ans, avec l'interruption des liens avec l'Union soviétique.

L'Irak

Autre Etat tenu par un pouvoir minoritaire, l'Irak. Dans les années qui ont précédé la révolution de 1958, la monarchie hachémite du roi Fayçal, grand réformateur éclairé et laïc, avait rapproché les élites sunnites minoritaires du Nord des chiites majoritaires du Sud. Les deux groupes d'ailleurs ne se sont jamais entremêlés. On les trouve superposés en deux zones géographiques homogènes, Bagdad se situant providentiellement à la jointure de ces deux provinces, le Sud et le Nord, qui recoupent l'ancien pays de Sumer et l'ancien pays d'Akkad depuis la plus haute Antiquité.

Il y avait pourtant, dans les années 1950, un sentiment d'appartenance irakien authentique, partagé par les musulmans chiites et sunnites, mais aussi par les chrétiens. L'Irak était aussi alors le pays de l'avenir du monde arabe. Il disposait de l'eau, de vastes ressources agricoles, d'élites techniques formées dans l'esprit britannique, et de quantité de pétrole à la fois au sud, à côté du Koweït, et au nord, vers le Kurdistan. L'Irak avait tout pour devenir une grande puissance.

Malheureusement, le parti Baas, par sa politique, a constamment réduit les atouts de cette puissance. L'argent du pétrole a été gaspillé dans une armée pléthorique. Les grands travaux ont tourné court. Puis Saddam Hussein, qui, à la fin des années 1970, a pris le contrôle du parti Baas, a voulu mettre ces ressources au service d'une politique de force qui s'est révélée désastreuse, avec la guerre contre l'Iran que Khomeyni a voulu prolonger très longtemps, de manière à saigner à blanc l'Irak et à marginaliser les oppositions iraniennes à la République islamique. Puis ce fut l'invasion du Koweït de 1990 et la Berezina qui s'en est suivie.

Pendant toute cette époque, Saddam Hussein a été incapable de réprimer ou de contenir la sécession des Kurdes de langue iranienne du nord de l'Irak qui n'ont aucune raison, depuis 1920, de se sentir irakiens. Ces Kurdes faisaient en effet partie de l'empire ottoman avant 1918. Ils ont été rattachés à l'Irak par les Britanniques pour des raisons strictement pétrolières et ont conservé des liens étroits avec leurs frères de Turquie, puis, pendant la Seconde Guerre mondiale, avec ceux d'Iran, équipés et formés par l'Union soviétique.

Saddam Hussein est arrivé à la même conclusion puisque seul le Kurdistan pétrolier fait l'objet d'une colonisation de peuplement en vue d'une arabisation, quand le reste de la province est laissé aux tribus. L'armée irakienne sait qu'elle ne peut pas s'y aventurer. Après la capitulation de 1991, les Américains se sont hâtés de constituer un Kurdistan autonome tenu par le chef kurde protégé aujourd'hui par les Turcs, Massoud Barzani.

Malgré toutes les erreurs commises par la CIA et la négligence de l'administration Clinton, Saddam Hussein n'est jamais revenu vraiment dans la région kurde, qu'il ne contrôle toujours pas. Mieux, dans la répression impitoyable qui a suivi une tentative d'insurrection chiite au lendemain de la défaite au Koweït, Saddam Hussein s'est livré à de telles exactions contre les « Arabes des marais », les chiites du Sud les plus traditionnels, qu'il a véritablement fait basculer l'opinion chiite d'une identité arabe qui s'était affaiblie, mais demeurait encore prédominante, vers une identité chiite renouvelée, tournée vers Téhéran, mais plus occidentaliste.

Certes, les principaux ayatollahs irakiens soutiennent, avec l'opposition irakienne, l'établissement d'une démocratie en Irak. Beaucoup sont nostalgiques du temps de Fayçal et de la dynastie hachémite. Cette nostalgie n'est pas absente chez les Irakiens sunnites, même s'ils admirent le courage de Saddam Hussein, car ils ont en horreur ses méthodes et surtout celles de ses fils, Uddaï et Koussaï.

Rien n'indique que le régime irakien dispose d'un grand avenir. De nombreux membres de sa famille complotent contre Saddam Hussein, à commencer par son demi-frère Bassam Takriti, ancien ambassadeur d'Irak à Genève et qui a rejoint l'opposition avec des soutiens dans l'armée. Un certain nombre de généraux que Saddam faisait surveiller ont toujours songé à se révolter contre lui. L'ancien chef du renseignement militaire l'avait quitté en 1990, après lui avoir déclaré que la guerre ne pouvait pas être gagnée au Koweït. Il vit en exil à Damas, avec plusieurs de ses collègues. Il y a là un vivier de personnalités dont aucune n'a été capable de renverser Saddam. Mais on sent bien que la stabilité du régime n'est plus garantie, surtout dans une transition entre le père et le fils, Koussaï, le plus cruel, son frère aîné Udaï étant handicapé à vie depuis un attentat chiite subi il y a quelques années à Bagdad même.

L'Arabie Saoudite

L'Arabie Saoudite n'est pas si différente des dictatures baassistes syrienne et irakienne. La conquête du Hedjaz et des lieux saints par les Bédouins wahabites du Nedjd a été la grande surprise du début des années 1920. La seconde surprise, plus grande encore, a été que le Nedjd recelait assez de pétrole pour approvisionner la terre entière et diffuser un effet de richesse considérable sur toute la région. L'Arabie Saoudite est une puissance en partie fondée sur le vide. Le nombre d'habitants est un secret d'Etat, comme la répartition de la population ou encore la proportion de Bédouins, c'est-à-dire des habitants originels de cette terre, sur l'ensemble de la population. A combien se chiffre-t-elle ? 40 % ? 50 % ? Ou plutôt 20 % ?

Il n'est pas de ville en Arabie Saoudite sans ses immigrés... qui y sont majoritaires ! Au bas de l'échelle, ce sont les employés de maison soudanais et philippins, dont on déchire souvent les cartes d'identité quand ils arrivent et qu'on transforme ainsi en esclaves. A l'échelon supérieur, ce sont les employés de bureau et les techniciens ou les médecins, les ingénieurs, qui sont pakistanais, palestiniens, irakiens, syriens. Ce sont ensuite les grands commerçants – généralement d'origine libanaise, égyptienne ou yéménite comme les Ben Laden – qui sont venus s'installer auprès des grandes familles, ou sont entrés dans ces familles par le mariage.

La civilisation bédouine demeure l'organisatrice politique du régime, mais elle est minoritaire, notamment dans les régions les plus riches, et dans les trois grandes villes désormais millionnaires : Djedda, Riyad, la capitale, et Dharan sur la côte du golfe Persique. La même situation règne au Koweït, où les Palestiniens ont représenté, avant l'invasion de 1990 qu'ils ont maladroitement soutenue, le groupe de population le plus important.

Les wahhabites du Nedjd représentent sans doute moins de 15 % de la population de l'Arabie

Saoudite... Nous ne sommes pas loin de la situation des alaouites en Syrie et des sunnites en Irak. Les minoritaires ne peuvent transcender leur situation que par l'exaltation. En Irak, c'est l'exaltation de l'Etat unitaire et conquérant. En Syrie, l'exaltation de l'armée, rempart contre le sionisme et gage du protectorat sur le Liban. En Arabie Saoudite, ce sont les oulémas de la secte wahhabite, qui exaltent un islamisme intégral destiné à s'imposer peu à peu au reste du monde musulman.

L'Egypte

A la fin des années 1980, à des chrétiens coptes qui venaient se plaindre auprès de lui de massacres organisés par les Frères musulmans, Moubarak avait répondu : « Vous, les chrétiens, vous êtes inquiets. Mais nous, les musulmans libéraux, nous avons plus à craindre d'un régime islamiste car si pour vous il y aurait encore le statut de *dhimma* – un statut juridique reconnu dans l'islam –, pour nous, il n'y a pas de statut. »

Il n'avait pas tort, même si sa politique envers les chrétiens est, depuis son avènement, marquée par l'ambiguïté et l'hypocrisie. Au Caire et à Alexandrie, il existe une importante population musulmane sunnite éduquée à l'occidentale. Cette population égyptienne laïque qui comprend des classes moyennes étatisées, des commerçants et des industriels, a des relais dans toute la société cairote. C'est elle qui a fait le succès du cinéma égyptien, d'un certain mode de vie ouvert et séduisant pour tout le reste du monde arabe. Etant minoritaire, elle fait bloc avec les autres minorités, coptes, syro-libanaises chrétiennes.

Cette société cosmopolite égyptienne est le dernier reste de la société précédente qui comptait notamment des Grecs, des Italiens, des Juifs et des Européens de toutes nationalités, qui ont fait l'Egypte moderne. Elle est aujourd'hui la cible des Frères musulmans, qui prétendent représenter la majorité profonde de l'Egypte.

Moubarak s'appuie sur cette minorité éclairée qui n'ose pas se défendre comme telle. Mais il est obligé, pour endiguer la colère et le désarroi des masses égyptiennes, d'adopter un langage qui n'est pas tout à fait le sien, notamment celui du nationalisme intégral qu'il cherche à opposer à l'islamisme, et qui l'a conduit à autoriser, dans la presse officieuse, un antisémitisme virulent, plusieurs années avant le déclenchement de la seconde Intifada. Cela a miné peu à peu le soutien égyptien au processus d'Oslo, auquel le Raï a notoirement préféré le rapprochement avec la Libye de Kadhafi. En fin de compte, c'est tout de même une minorité politico-religieuse, l'Egypte extravertie, qui gouverne une majorité, l'Egypte introvertie.

L'Iran

Avec l'Iran, dernier grand Etat du cœur islamique, la réalité est tout autre. L'Iran est un Etat dont le fondement n'est pas ethnique mais religieux. C'est en effet la dynastie turque des séfévides, pratiquant le chiisme duodécimain – le chiisme qui croit à la résurrection du douzième imam –, qui s'est emparée du plateau iranien, à la fin du XVIe siècle, pour en faire l'Etat de tous les chiites.

Au départ, l'Etat qu'on va appeler l'Iran au XXe siècle, était encore le vieil empire de Perse, et comprenait trois composantes, persane, turque, en Azerbaïdjan, et arabe, dans le sud de l'Irak. C'est la conquête ottomane qui fait perdre à la Perse les provinces arabes avec les lieux saints du chiisme, Nâdjaf et Kârbala, qui sont ensuite restés dans l'empire ottoman et dans l'Irak moderne, mais toujours tournés vers Téhéran.

Il n'y avait alors aucune distinction entre les trois groupes qui ont fondé ensemble l'Etat chiite. A l'inverse, les Persans de l'est du pays, c'est-à-dire les Tadjiks restés sunnites, ont préféré faire sécession au XVIIIe siècle, sécession à l'origine de l'Afghanistan moderne.

Donc, l'Iran n'est pas le pays d'une langue, le

persan, bien que le persan soit une langue culturelle universelle, autrefois comprise et écrite d'Istanbul à Calcutta, mais le pays d'une religion, le chiisme des douze imams. Avec le temps, cette situation a évolué : l'Iran est devenu de plus en plus marqué par les conceptions de l'ethnie majoritaire, l'ethnie persane, héritière de la culture la plus prestigieuse, la culture persane classique.

Cette évolution ne s'est pas faite simplement. Les religieux les plus fervents ne l'ont jamais acceptée et sont restés très attachés aux liens spirituels avec les grandes écoles du sud de l'Irak ainsi qu'à l'apprentissage de l'arabe. Les turcophones iraniens n'ont jamais accepté, eux non plus, cette « persisation » de l'identité iranienne. Ainsi, les Azéris, qui sont un élément vital de l'Iran moderne, à qui ni le régime islamique, ni ses prédécesseurs n'ont fait de place suffisante, oscillent entre l'affirmation politique dans la société iranienne, souvent à gauche, et la revendication séparatiste fomentée depuis 1994 par les Azéris soviétiques soutenus par Moscou.

Toute fragilisation un peu forte de l'Iran ferait renaître une revendication azéri et, liée à elle, une revendication kurde, puisque le mollah Barzani, à l'époque héros de l'Union soviétique, a proclamé la première tentative d'un Etat kurde indépendant, en 1946, en étroite coordination avec les communistes d'Azerbaïdjan « soviétiques » et « iraniens ».

Les Arabes du sud du pays sont sunnites et tournés traditionnellement vers l'Irak. La terreur les a empêchés de bouger pendant toute la guerre Iran-Irak. Mais ils relèvent la tête, comme ils l'ont fait à la chute du shah. Le nord du pays et le Nord-Est comprennent des minorités turkmènes. Surtout, il y a plus de deux millions et demi d'Afghans sunnites réfugiés actuellement en l'Iran. Enfin, les Baloutches, à l'extrémité sud-est du pays, regardent vers le Baloutchistan pakistanais, quasiment autonome.

L'ensemble de ces minorités ethniques représentent, à elles seules, 48 % de la population iranienne.

Il y a deux expressions que les tenants du régime aiment employer, la première qui est « nous autres », le cercle intérieur, et la seconde, moins convaincante d'ailleurs, « les autres », qualifiés volontiers d'étranges, *biganeh* en persan. Les *biganeh* sont ceux qui s'habillent à l'occidentale chez eux, lorsque les Gardiens de la Révolution ne leur font pas de visites domiciliaires. Ce sont tous ceux qui continuent de ne pas se réclamer de la République islamique, et qui soutiennent Khatami, en souhaitant qu'il aille de plus en plus loin, jusqu'à la laïcité pleine et entière.

Il est clair que ces *biganeh* constituent d'ores et déjà une grande majorité et que le régime islamique ne parviendrait pas à les contenir sans ses Pasdarans, c'est-à-dire ses foules de chômeurs payés pour faire régner la terreur et l'ordre dans les villes, et sans ses mollahs, qui constituent un réseau d'espionnage permanent de la population.

La minorité active du régime iranien d'aujourd'hui a sans doute disposé d'une majorité politique à la fin des années 1970, qui a atteint son apogée au plus fort de la guerre contre l'Irak quand elle a réussi à s'identifier à une cause nationale, la défense de l'intégrité du territoire iranien.

Mais la jeunesse, qui n'a connu que le régime islamiste et qui en a éprouvé la brutalité, veut changer les choses. La population souhaite en fait un changement beaucoup plus conséquent que celui que Khatami offre, car ce dernier, à l'instar de Gorbatchev, son modèle véritable, cherche à sauver le régime islamique tout en faisant droit aux aspirations de la population, dans une position toujours ambivalente.

Malheureusement, les forces de répression du régime demeurent puissantes. Le principal conseiller de sécurité de Khatami, Hadjarian qui avait dénoncé les assassinats d'intellectuels libéraux par la police politique, a échappé de justesse à un attentat. Et les principaux collaborateurs et amis de Khatami purgent régulièrement des peines de prison pour les articles de journaux courageux qu'ils ont fait paraître.

Bref, le camp semi-démocratique semblait marquer le pas. La répression s'accentuait et aucune révolution politique n'était en vue. Jusqu'au 11 septembre. Là, la donne change.

Première hypothèse : le cercle vicieux. Dans un climat d'exaltation, les forces islamistes anti-occidentales relèvent la tête. Imaginons que, par la menace, par une levée de scandales ou par l'intimidation, Khatami soit obligé d'abandonner un certain nombre de ses pouvoirs. Il ouvre le gouvernement à des islamistes, et finit par tomber. Le risque est que l'Iran se présente comme le garant d'une politique anti-américaine dans le monde musulman, en dénonçant les capitulationnistes en tout genre, notamment son fragile nouvel allié saoudien, et en appelant bien sûr à la libération de Jérusalem. C'est ce que les mollahs les plus durs ont tenté après la chute de Kaboul en novembre 2001, en ouvrant les frontières aux fuyards de Al-Qaïda, dont, semble-t-il, le numéro deux égyptien Ayman Zawahiri, et en relançant, à travers leurs liens avec le Hezbollah libanais, l'aide militaire à l'Intifada palestinienne par l'envoi du *Karin A*. Dans le même temps, la répression intérieure contre les députés et les journaux réformateurs s'aggravait tout au long du mois de décembre 2001.

Seconde hypothèse : de la même manière, l'Irak relève la tête, engage la réconciliation avec l'Iran. C'est parfaitement envisageable, malgré les flots de sang qui ont coulé de part et d'autre. Surtout si l'Irak de Saddam Hussein accentue son alliance avec la Syrie. Devant les premières difficultés américaines, le régime syrien pourrait se rapprocher de l'Irak – rapprochement qui est aussi voulu par le Hezbollah. Nous pourrions avoir ainsi un axe Téhéran-Bagdad-Damas contre les Américains, ce qui accentuerait la pression sur l'Arabie Saoudite et intensifierait son soutien à une Intifada indéfinie.

Allons plus loin dans le pessimisme. L'armée égyptienne, appuyée de l'extérieur par les Frères musulmans, se révolterait contre Moubarak. Déjà, l'assassinat de Sadate, en 1981, bien qu'effectué par un groupe extrémiste antérieur à Al-Qaïda Taqfir wa Hejrah et en partie récupéré par celle-ci, semble avoir bénéficié de complicités nassériennes qui ont ensuite monnayé leur appui à Hosni Moubarak, en échange d'une politique de retour au sein de la « famille arabe ». Un tel schéma, nous l'avons vu, suivi d'une cooptation au pouvoir des Frères musulmans, n'aurait rien d'impossible.

Heureusement, on peut aussi envisager un cercle vertueux. Il est tout à fait possible que le lâchage de l'Iran par la Russie, auquel les Américains et les Israéliens travaillent, laisse Téhéran sans grande perspective d'alliance à long terme. Si, dans ces conditions, les Américains commencent à lever une partie des sanctions, on peut imaginer une reprise prudente, puis de plus en plus déterminée de Khatami – qui dispose après tout de la légitimité du suffrage universel, de l'appui de la population, du contrôle de Téhéran, et certainement de la loyauté d'une partie des forces armées. Le reste est affaire de savoir-faire et de politique.

Il y a un étonnant paradoxe chez Saddam Hussein. A l'exception d'Arafat, qui fut toujours son allié depuis le déclenchement de la guerre civile au Liban, il ne compte aucun ami véritable dans le monde arabe : son rapprochement avec Bachar Assad n'est que de circonstance. L'aversion qu'il inspire aux Bédouins de l'Arabie péninsulaire demeure profonde. Les chiites iraniens comme arabes ne lui pardonneront pas facilement les massacres de 1991 dans le Sud, et les Turcs ne peuvent pas voir d'un bon œil une puissance irakienne résurgente qui s'attaquerait au réduit kurde de Barzani.

Malgré cela, personne au Moyen-Orient, pas même Israël qui se sait menacée d'une attaque bactériologique, ne voit de gaieté de cœur une campagne américaine, annoncée de longue date, et qui évoque, dans ses ambitions excessives comme dans son indifférence au contexte régional, l'expédition franco-britannique à Suez, en 1956. En particulier, si un échec politique en Irak devait entraîner la chute du régime Moubarak en Egypte, des émeutes pro-Ben Laden dans tous les pays du Golfe, l'Arabie Saoudite en tête, un regain de violence en Israël et une insurrection populaire sunnite au Yémen, quelle serait la victoire ? Et combien de temps des opposants irakiens, installés par les baïonnettes américaines, pourraient-ils se maintenir à Bagdad ?

Ce sont là de très sérieuses objections, généralement de source européenne. Les Américains répondent que le succès des partisans du laisser-faire équivaudrait à laisser Saddam Hussein se réarmer en matière bactériologique et bientôt nucléaire, en pariant sur le succès d'une dissuasion extérieure qui fut impuissante à lui faire observer l'armistice, signée en 1991, laquelle impliquait notamment le démantèlement de ses importants arsenaux de destruction massive. Et tout le monde sait que Saddam Hussein a déjà fait un large usage de ses armes chimiques contre les Kurdes autant que contre les Iraniens. D'ici quelques mois, le réalignement progressif de plusieurs Etats arabes contre les Etats-Unis peut très bien mettre fin à l'isolement relatif de l'Irak, et contraindre, de toutes les manières, les Etats-Unis à revoir leurs opérations contre l'Irak, dans ce contexte alors plus vaste de dissuasion d'un bloc arabe anti-américain. Le triomphe éventuel de Khatami et de ses partisans réformateurs en Iran aurait de grandes répercussions au sud de l'Irak et faciliterait alors l'action américaine. A court terme, l'Amérique peut toujours envisager une campagne aérienne, brève et dévastatrice, sur les centres de production d'armes bactériologiques, ainsi que sur certains centres de commandement irakiens. Mais, à tous égards, il y a fort à parier qu'une recrudescence de l'action des proches de Ben Laden au Yémen, en Somalie et au Pakistan et surtout l'escalade du conflit israélo-palestinien ne laissent pas aux Etats-Unis le répit souhaité pour isoler l'Irak. Au passage, la vulnérabilité symétrique de la présence syrienne au Liban peut, elle aussi, être mise à l'épreuve à tout moment.

Les deux points noirs du dispositif américain, ce sont l'Egypte et l'Arabie Saoudite. De l'aveu même d'Hosni Moubarak, toute aggravation de la guerre est à craindre pour l'Egypte, car l'état de ce pays s'apparente un peu à celui d'un grand cardiaque que l'on fait courir. Les chances d'un infarctus augmentent d'heure en heure.

Quant à l'Arabie Saoudite, elle semble plus solide grâce à un système de clientélisme généralisé qui a toujours atténué les contestations.

Mais en temps de guerre, avec des opérations militaires et Oussama ben Laden qui rôde, ce n'est pas si simple. Ça l'est d'autant moins que Ben Laden dispose de complicités dans la famille royale, et qu'Abdallâh, craint par les Américains, n'a jamais été leur interlocuteur. Pourtant, Abdallâh est la seule planche de salut pour l'Occident en Arabie Saoudite. Il faut qu'il fasse de l'islam une religion d'Etat protégée par l'Etat et contrôlée par l'Etat. Autrement dit, il lui faut transformer une fédération de tribus gardant les lieux saints en un Etat moderne, capable de s'intégrer dans le Proche-Orient arabe et, à terme, dans le monde moderne.

Si c'est ce que l'Occident souhaite, il doit aider Abdallâh sans relâche. Une fois que l'Arabie Saoudite aura été consolidée, peut-être pourra-t-on éviter l'infarctus de l'Egypte que nous craignons tant. Mais l'Egypte ne pourra être sauvée qu'à la fin des hostilités par une politique de réformes actives, où les Saoudiens joueront, à l'inverse de ce qu'ils ont toujours fait, non pas le renforcement des Frères musulmans et de l'islam égyptien, mais le sauvetage de l'Egypte moderne.

Mais si Abdallâh venait à disparaître, on se trouverait dans une situation exceptionnellement confuse qu'Oussama ben Laden ne manquerait pas d'utiliser à son profit. Ce serait une catastrophe sans précédent. Dieu bénisse Abdallâh et lui assure un bon cœur ! Il a officiellement 78 ans...

6. NOUVEAU MONDE

Depuis le 11 septembre, les amarres sont larguées ; la terre n'est plus visible. Nous sommes entrés dans une navigation de l'humanité. Nous avons connu le concert des puissances au XIXe siècle ; nous avons connu une phase d'hégémonie confuse, avec l'émergence d'un pôle révolutionnaire, l'Union soviétique dans l'entre-deux-guerres ; une tentative d'hégémonie allemande et japonaise défiant la vieille hégémonie anglo-saxonne, dans les années 1930 et 1940 ; puis la guerre froide. Le monde a toujours été structuré par un jeu à deux ou à trois, ce qui signifie toujours un jeu à deux.

Cette stabilité n'est pas assurée aujourd'hui, pour la bonne raison que les Etats-Unis ne sont pas un empire, comme on nous le serine tous les jours, c'est-à-dire un pouvoir militaire conquérant, mais, tout au contraire, la première démocratie en mesure d'exercer un pouvoir impérial et qui y renonce très largement, parce qu'elle est une démocratie. Si l'on considère l'Amérique dans sa phase hégémonique, qui s'est ouverte avec la chute du mur de Berlin, on retiendra surtout qu'elle a élu un petit gars de l'Arkansas qui jouait du saxophone et qui considérait que la santé de l'économie était le principal problème à résoudre. On songera qu'elle l'a persécuté pour avoir utilisé le Bureau Ovale dans des circonstances « inappropriées ». On verra que cette Amérique, tout en réclamant de manière maladroite un droit de contrôle sur les questions européennes, africaines, asiatiques, s'est essentiellement distinguée par une grande indifférence aux affaires de ce monde.

Quand on compare cette prétendue hégémonie américaine à l'hégémonie britannique au XIXe siècle, on est fasciné par son amateurisme, son inconséquence et son caractère marginal dans la société américaine. Un fonctionnaire du Département d'Etat ne reste que deux ans et demi en poste. Les confirmations de nomination d'ambassadeurs par le Congrès peuvent durer des années, et aboutir à la nomination de copains qui ne connaissent pas la langue du pays dans lequel ils viennent représenter leur « redoutable empire ».

En 1992, les Etats-Unis qualifiaient trois régimes d'« ennemis publics n° 1 » : l'Irak de Saddam Hussein, toujours au pouvoir, la Somalie du général Aïdid, décédé, mais dont le fils, ancien marine, reste le chef de bande le plus important du pays, et enfin la Corée du Nord de Kim Jong-il.

On le voit, l'Amérique exerce la terreur sur le monde et tous les potentats assassins du tiers-monde tremblaient devant Bill et Hilary, les implacables justiciers ! A cette hégémonie digne des Pieds Nickelés a succédé l'absence totale d'hégémonie. Depuis le 11 septembre 2001, l'Amérique serre les dents et a compris que si la domination mondiale ne lui était pas destinée, il lui fallait, en revanche, veiller à la sécurité de ses habitants et de ses alliés. Ce qui suppose une concentration de moyens et du sérieux dans l'exécution des tâches, notamment dans la défense militaire qui n'a jamais été son fort. Ridley Scott, avec le charme visionnaire des artistes authentiques, nous a donnés un tableau extraordinaire de ce danger montant dans *La Chute du Faucon noir,* hymne à la gloire des soldats, élégie d'une puissance impériale plus britannique qu'américaine, sans doute incompatible avec la grandeur de la République : Hawks nous avait déjà montré un Custer couvert de gloire pendant la guerre de Sécession et abandonné dans son poste du Wyoming à la cruauté des Sioux.

Dans ces conditions, nous assistons, comme on le voit aux Etats-Unis, à un remaniement profond du corps social et de ses conceptions. La carte du monde se réorganise de façon rapide et spectaculaire.

Un rapprochement russo-américain ?

Le rapprochement russo-américain paraît inexorable. Cette alliance, bien que déséquilibrée, est fondamentalement égalitaire et fondée sur l'avenir. Si la Russie a besoin de l'Amérique, elle peut lui fournir en retour une aide que l'Amérique réclame de façon insistante. La Russie est capable de lui apporter un partenariat durable, à la fois pour encadrer l'émergence de la puissance chinoise, surveiller et éventuellement punir les résurgences terroristes au nord du Moyen-Orient et, d'une manière générale, assurer une certaine stabilité de ce monde, notamment en matière énergétique. La coopération américano-russe va se traduire assez vite dans le domaine de la prospection pétrolière et gazière, notamment dans la Caspienne et en Sibérie.

Cette politique de symbiose énergétique et de rééquilibrage géopolitique nous pousse vers la première alliance égalitaire que les Etats-Unis aient contractée depuis 1945...

A la sortie de la Seconde Guerre mondiale, Churchill a bien essayé d'imposer un ménage à deux aux Etats-Unis, en se prétendant le porte-parole du Commonwealth. Très vite, il a dû déchanter. Ni la situation économique catastrophique de l'Angleterre victorieuse, ni la volonté du Commonwealth – et pas seulement du Canada – ne lui permettaient de jouer longtemps ce rôle, mal accepté par les Australiens et les Africains du Sud.

La Russie de Poutine – surtout si elle parvient à une confédération plus détendue avec l'Ukraine, le Kazakhstan, les anciennes républiques soviétiques du Caucase, la Bulgarie et probablement la Serbie – va jouer un rôle de partenariat qui n'a peut-être d'équivalent que celui qui a lié l'Angleterre et la Prusse à la fin du XVIIIe siècle, face aux menaces de la puissance française.

Pour ma part, je vois dans ce système russo-américain une des clefs de voûte possibles du XXIe siècle. Il n'y a aucune raison, en effet, pour que les Américains ou les Russes abandonnent à courte échéance une ambition qui satisfait leurs besoins de sécurité. On voit les retombées de cette alliance russo-américaine : par exemple, un apaisement des tensions entre la Russie et la Turquie, qui ferait de la Turquie le premier partenaire commercial de la Russie, et amènerait un partage à l'amiable des zones d'influence, un Azerbaïdjan turc, un Ouzbékistan plus proche de Moscou. Dans cette entente russo-américaine, Israël jouera sa partition financière et technologique. Cette entente bénéficiera à l'Inde, car elle a été à la fois la cliente des Etats-Unis dans le domaine nucléaire et un des premiers débouchés de l'industrie militaire russe dans le domaine conventionnel. Il est évident que la nouvelle puissance militaire indienne sera fondée sur un mixte de matériel russe et américain. On peut s'attendre à ce que, face à l'émergence de la puissance chinoise qui, via la Birmanie, s'affirmera jusqu'à l'océan Indien, Russes et Américains soient d'accord pour renforcer la marine indienne, et en faire la première de la région.

Israël, pour sa part, s'est déjà investi dans le programme nucléaire indien en échange de renseignements sur la bombe pakistanaise. Les liens entre Israël et l'Inde sont peu connus, mais ils sont très forts. Mais quel peut être l'apport fondamental des Etats-Unis à la nouvelle puissance russe ? Tout simplement le renouveau de son industrie de défense. Si, demain, les Etats-Unis optent pour un partage des contrats de recherche sur le bouclier stratégique anti-missile avec Moscou, on peut tout à fait envisager un partenariat stratégique durable, poussé par les forces les plus avancées sur le plan technologique des deux pays.

L'Inde

C'est en Inde que se situe la deuxième grande transformation. On estime que l'anglais est la langue véhiculaire principal de cent millions d'Indiens. C'est un anglais fleuri comme l'italien, riche de vocabulaire comme l'anglais victorien, mais à l'accent compréhensible – comme l'anglais parlé par un Français. C'est peut-être l'anglais universel de demain. En tout cas, cet anglais indien et ces cent millions d'anglophones en Inde sur une population d'un milliard d'habitants, c'est la partie émergée de la société indienne, cette classe moyenne qui à Delhi, à Bombay, à Calcutta mais aussi à Bangalore et à Madras, est en train de bâtir une nouvelle Inde. Une Inde d'abord exportatrice, qui a cessé de vouloir tisser ses propres lainages dans les ashrams et qui est capable de produire sur une grande échelle et peut-être un jour de tenir son rang face à la Chine, avec un taux de croissance supérieur à 6 %.

Compte tenu de la culture politique de l'Inde, c'est la gauche sociale, laïque et libérale qui va mettre en œuvre ce chantier et non la droite hindouiste, protectionniste et hostile à l'ouverture des marchés comme à l'abandon des taux préférentiels pour les petites entreprises nationales qui aujourd'hui grèvent l'économie, autant qu'un secteur d'Etat exsangue et paresseux.

Le danger du socialisme indien est qu'il n'a tué personne ni porté atteinte aux libertés fondamentales, ce qui le rend paradoxalement plus tenace que la malaria... La paperasserie, les autorisations bureaucratiques ont épuisé l'économie de ce pays. Pour autant, la science indienne a continué à vivre au diapason de la science mondiale. Les meilleurs esprits indiens continuent d'essaimer à Cambridge et à Oxford, à Stanford et à Berkeley et d'obtenir quelques notoires prix Nobel, depuis les années 1930 jusqu'à Amarthya Sen et V.S. Naipaul aujourd'hui.

Je crois que l'alliance américano-russe mettra fin à cette idylle socialiste indienne, et que nous assisterons à la naissance d'un nouveau dragon avec le déplacement des zones géographiques au détriment de la vallée du Gange qui domine le pays depuis fort longtemps. Aujourd'hui, c'est le sud de l'Inde, tourné vers l'Asie du Sud-Est, qui représente le poumon de cette Inde nouvelle, océanique.

L'éveil de l'Inde aura des effets immédiats sur l'Afrique du Sud et l'Afrique orientale, où la bourgeoisie commerçante indienne assure les échanges, depuis Le Cap jusqu'à l'Ouganda. Cette zone de l'Afrique sud-orientale tombera dans la zone d'influence indienne au prochain siècle. C'est l'hégémonie indienne sur l'océan Indien qui commence avec cette crise, à condition que l'Inde ne soit pas annihilée par des échanges nucléaires répétés avec le Pakistan...

L'Europe, les Européens... et l'OTAN

Depuis 1989, les Américains se sont retrouvés avec l'OTAN sur les bras sans trop savoir quoi en faire. Ce qu'ils savaient, en revanche, c'est qu'ils ne voulaient pas du projet français qui visait à scinder l'OTAN en deux pôles, l'un occidental et américain, l'autre oriental et européen... Au lendemain de l'élection de Bill Clinton, les Français ont essayé de créer à marche forcée le pilier européen. Ils ont été maladroits en réclamant des commandements que les Américains ne pouvaient pas leur abandonner, comme celui du flanc sud de l'OTAN. Comment accorder ce commandement à la France, ennemi déclaré d'Israël, alors qu'il doit assurer la sécurité de ce pays en temps de crise ? Par la suite, il y a eu une tentative française plus modérée, qui limitait ses ambitions à la Méditerranée occidentale, où la France a effectivement des intérêts importants. Mais les Américains ont tout de même refusé, car, à leurs yeux, la France ne voulait entrer dans l'organisation intégrée que pour préparer sa remise en cause.

La situation a ensuite un peu évolué. D'abord, parce que les Français sont apparus comme des partenaires assez fiables en Yougoslavie. Français et Anglais, qui étaient partis de conceptions totalement opposées sur l'avenir de l'OTAN, se sont réconciliés sur le terrain, notamment à Sarajevo. D'autre part, les Américains eux-mêmes ont commencé à se rendre compte que l'OTAN leur coûtait cher sans leur apporter grand-chose.

Les Américains constatent que les Européens demeurent, dans les grandes lignes, solidaires des Etats-Unis. Au cours des conflits à venir, jamais un pays européen ne sera l'allié d'un ennemi déclaré des Etats-Unis.

D'autre part, la structure de l'OTAN est totalement inadaptée aux nouveaux types d'opérations et de stratégie nécessaires. Les Américains n'ont pas besoin des énormes capacités en matériel et en hommes de l'OTAN d'autrefois. En revanche, les conditions de délibérations en son sein sont de nature à freiner l'action. Si l'on doit passer deux jours à discuter des plans de frappe, on perd en efficacité et il y a des risques de fuites. La France, sur ce point, n'a pas été parfaite. En pleine réorganisation de ses forces armées, la France n'a pas beaucoup d'argent. L'Allemagne a laissé ses budgets militaires tomber en chute libre. Les petits pays les maintiennent plutôt comme des budgets sociaux que comme des budgets militaires. La garde civile espagnole a des effectifs supérieurs à l'armée de terre. Et la gendarmerie belge est près de trois fois supérieure à l'armée de terre belge.

En fait, certains pays ont fait l'impasse sur leur défense parce qu'il n'y avait plus de menace extérieure perceptible. Dans l'état actuel des choses, seuls deux pays ont véritablement des forces armées capables d'intervenir au loin : la Grande-Bretagne et la France. Les Américains savent que moyennant un peu de diplomatie, ils peuvent finalement compter sur la France. Quant à la Grande-Bretagne, Tony Blair vient de le montrer, ils peuvent toujours compter sur elle.

L'OTAN doit-elle dépenser son argent à rendre disponible l'armée tchèque ? l'armée hongroise ? Est-ce qu'il ne vaudrait pas mieux consacrer cet argent à aider les Russes et les Indiens qui, eux, se battent directement sur le front en Tchétchénie ou au Cachemire ? Poser la question, c'est déjà y répondre.

Par ailleurs, l'OTAN reste une alliance dirigée contre une résurrection de la puissance russe. Mais cette résurrection va devenir un objectif de la stratégie américaine... Le jour où la Russie aura adhéré à l'OTAN, le destin de l'OTAN sera accompli. En réalité, ce que les Américains sont en train d'accepter dans un divorce à l'amiable, c'est que les Européens s'assument et deviennent une puissance militaire indépendante. S'ils ne le souhaitent pas, les Européens seront le « ventre mou » dont les Américains et les Russes assureront le verrouillage. De toute manière, les armes nucléaires françaises et britanniques sont suffisantes pour la dissuasion européenne proprement dite. Quant aux menaces terroristes qui pèsent sur l'Europe, celles-ci s'affrontent par des stratégies très différentes, sur le plan militaire et sécuritaire, de la vision classique de l'OTAN.

Pour les Américains, au-delà des préjugés et de la gloriole qui s'attache aux commandements de l'OTAN à Bruxelles, il n'y a pas un grand intérêt à maintenir cette organisation. Ce dépérissement programmé pourra se faire sur plusieurs années. Rien ne presse, mais rien ne milite non plus pour la relance de l'OTAN. Une divergence marquée de la quasi-totalité des Européens avec les Américains à propos d'une campagne éventuelle contre l'Irak pourrait précipiter la dissolution de l'OTAN.

Tout à coup, voici l'Europe confrontée à elle-même. Sans l'empêcheur de tourner en rond américain, nous verrons réapparaître des divergences d'intérêts qui ne sont pas insurmontables. L'Allemagne retrouve, avec ses frontières et sa normalité, sa volonté orgueilleuse de solitude. L'Italie de Berlusconi, l'Espagne d'Aznar, tournée vers le grand large latino-américain, sont des Etats qui, après avoir bénéficié de cette construction européenne, aimeraient avancer, eux aussi, plus libres des contraintes actuelles.

On ne peut qu'être frappé de la relative indifférence des Allemands au lendemain de l'attaque du World Trade Center – seuls 53 % des Allemands se sentaient solidaires des Américains, contre près de 73 % des Français et 77 % des Anglais. Il ne faut pas y voir un signe d'anti-américanisme, mais plutôt cette grande peur de la guerre que partagent les nouvelles générations allemandes, ainsi qu'une crainte d'être engagés dans un monde que l'Allemagne connaît de moins en moins. Les Allemands sont de grands voyageurs, mais l'Allemagne comme Etat est de moins en moins investie dans le monde. Elle travaille à réinvestir son espace propre.

On peut remarquer que, d'un côté, émerge aujourd'hui une Europe repliée sur elle-même, qui n'a pas grand-chose à craindre et qui va vivre certainement à feu doux cette période de guerre contre Al-Qaïda et l'islamisme organisé ; et de l'autre, une Europe tournée vers le grand large et qui va participer activement à la défense avancée dans la guerre contre l'islamisme.

La France, derrière une politique anti-israélienne, a tout de même des intérêts fondamentaux dans la lutte contre l'islamisme. Bien qu'elle ait fait quelques affaires avec l'Arabie Saoudite, la France, à la différence de l'Angleterre, n'a pas été mêlée aux heurts et aux conflits de la cour saoudienne, et n'est pas une véritable alliée de l'Arabie Saoudite. Les Saoudiens reprochaient aux Français leurs efforts pour renforcer l'Irak de Saddam Hussein. La France, par ailleurs, entretient les meilleures relations avec l'Egypte de Moubarak.

Surtout, après quelques hésitations, elle a mis tout son poids derrière les généraux algériens et le roi du Maroc pour éviter une vague de fondamentalisme au Maghreb. C'est la raison pour laquelle les Saoudiens se méfient de nous.

Il faut comprendre que l'Arabie Saoudite a été engagée dans une lutte de longue haleine pour arabiser l'Algérie et le Maghreb. Ben Laden considère que les Français ont corrompu l'esprit musulman des Maghrébins, d'où le mépris qu'il attache aux Maghrébins, qu'il considère comme à moitié « métissés » par la France.

Quant à l'Angleterre, nous savons que Londres a été la capitale extérieure du monde arabe et que l'islamisme saoudien a bénéficié en Angleterre, dans la presse, dans l'opinion, dans l'attitude de la police, d'une complaisance extraordinaire. Des individus convaincus d'assassinat et de terrorisme – non seulement en Algérie, mais sur le sol français – ont été protégés par la police anglaise. On a vu des journaux sérieux, qui n'ont pas de mots trop durs contre le Crédit Lyonnais, faire l'éloge de la Banque islamique, raconter des fariboles sur les stratégies saoudiennes ou critiquer le processus de paix israélo-palestinien dans son fondement. Je fais ici allusion à *The Economist*.

Ce sont là des attitudes qui en disent long. L'Angleterre est ainsi faite. Elle est allée très loin dans le rapprochement avec l'Allemagne nazie dans les années 1930, au temps de Neville Chamberlain. Et ensuite, il y a eu Churchill. Aujourd'hui, de la même manière, après en avoir fait beaucoup plus que la France avec les islamistes, l'Angleterre a trouvé avec Tony Blair une rectitude et un courage que l'on aurait aimé trouver chez nous. Toutefois, l'activité incessante de la DST, des Renseignements généraux et des magistrats anti-terroristes a apporté aux Américains une aide incomparable en Europe.

Ceci peut donner lieu à des tensions, mais pas nécessairement à des rivalités. Il s'agit plutôt d'une séparation fonctionnelle qui ne devrait pas déboucher sur des positions antagonistes, si les institutions européennes sont solides.

Cela donnera, en revanche, un coup d'arrêt au fédéralisme européen. L'Europe évolue probablement vers de petites coalitions à l'intérieur d'un vaste ensemble économique disposant d'une monnaie commune, de disciplines communes et d'une justice commune, c'est-à-dire vers une expérimentation post-nationale sans équivalent dans le monde qui pourrait constituer, à terme, un modèle pour beaucoup.

L'Asie

Le quatrième bouleversement est à l'œuvre en Asie. Les dirigeants chinois ont parfaitement compris que la politique américaine de balancier entre la puissance chinoise et la puissance japonaise est bel et bien finie.

La raison en est la puissance même de la Chine, et le constat que cette montée en puissance n'est en rien une menace pour les Etats-Unis. Ce n'est pas parce que la Chine deviendra la première économie mondiale, ce n'est pas parce que la Chine va se doter peu à peu de certains apanages de la puissance, qu'elle est prête à conquérir le reste du monde. Certes, cela aura des conséquences sur ses voisins, la Corée, le Vietnam, la Thaïlande, la Birmanie et la Mongolie. Mais ces voisins étaient déjà dans l'orbite chinoise. Il reste à prouver que cette appartenance soit une catastrophe. Elle ne l'est évidemment pas pour la Thaïlande. Bangkok est une ville chinoise et les entrepreneurs chinois font la richesse de la Thaïlande. Les pays sinisés de longue date comme la Corée et le Vietnam trouveront plus ou moins acceptables des liens forts avec la nouvelle Chine.

Les Etats-Unis, quoi qu'ils disent, abandonnent cette partie du monde. Incontestablement, la Chine est livrée à elle-même, comme l'Europe. Les Sud-Coréens n'auront bientôt plus à craindre les ingérences des Etats-Unis. Pour la première fois depuis très longtemps, l'Asie revient aux Asiatiques. C'est le couronnement de vingt années de croissance économique ininterrompue, de la Chine à l'Indonésie. De la même façon qu'un beau jour, il n'est plus resté d'Anglais à Hong Kong, il n'y aura bientôt plus les Américains en mer de Chine, ni à Taiwan.

La première conséquence, c'est que la Chine est maintenant responsable de la sécurité de la Corée du Sud. Au fur et à mesure que l'investissement de la puissance américaine se confirme au Moyen-Orient, nous verrons en effet les Sud-Coréens demander une réassurance à Pékin contre les menées de la Corée du Nord. Et à terme, la Chine favorisera la réunification coréenne.

La Corée du Nord est un argument permanent pour le passage rapide du Japon à l'arme atomique. On sait bien que le Japon est aujourd'hui le pays qui possède le stock de plutonium le plus élevé au monde. C'est aussi un pays remarquable par le surdimensionnement de son programme spatial, qui ne servira pas éternellement à envoyer des satellites. Il suffirait de deux coups de tournevis pour que le Japon fabrique 3 000 à 5 000 ogives nucléaires dans l'année. Et il suffirait d'une reconversion minime pour que les programmes spatiaux pacifiques se transforment en création de missiles intercontinentaux.

La Chine le sait, et l'accepte jusqu'à un certain point. Mais elle voudrait différer le plus longtemps possible le moment où le Japon aura le prétexte de se transformer. Tant que les Américains auront besoin de l'aide de la Chine et de la Russie dans la guerre anti-islamiste, le Japon ne sera pas l'allié privilégié des Etats-Unis qu'il espérait encore être dans la région.

En revanche, les missiles nord-coréens sont bien là. Tant que la Corée du Nord existe, le Japon peut continuer lentement mais sûrement à réarmer, avec le soutien unanime de la population japonaise. C'est la raison pour laquelle la Chine a un intérêt direct à mettre fin au règne de Kim Jong-il en Corée du Nord et à aider la Corée du Sud à se lancer dans une réunification progressive. Elle a d'autant plus intérêt à le faire que la réunification avec Taiwan est elle-même en marche, en partie à cause de la récession taiwanaise qui a entraîné une fuite des capitaux taiwanais vers le continent, et la naissance d'une culture déjà réunifiée à Shanghai.

Dans ces conditions, la question est de savoir quel rôle le Japon et la Chine joueront dans la guerre actuelle. L'aspiration des Chinois et des Japonais est bien sûr de ne jouer aucun rôle.

Il se trouve néanmoins que les Japonais ont un intérêt puissant à la stabilisation de la région, car plus que tout autre pays industriel, ils tirent leur pétrole du golfe Persique. Dans une situation d'instabilité, le Japon aura la tentation de développer ses forces navales, afin de garantir son approvisionnement. Pour cela, le Japon a besoin d'une base avancée qui ne peut être que l'Indonésie.

Nous revenons ainsi à la vieille politique japonaise de solidarité entre les insulaires. L'Indonésie musulmane, inquiète de l'évolution du monde arabe mais inquiète aussi de la nouvelle hégémonie américaine, se tournera naturellement vers le Japon, comme Soekarno avait songé à le faire avant 1965 afin de consolider son indépendance vis-à-vis de la puissance chinoise, trop liée aux communistes chinois.

Les Philippines chrétiennes, menacées par une insurrection musulmane au sud, jouent le rapprochement avec l'Indonésie laïque tout en souhaitant que les élites chrétiennes à Java continuent d'exercer leur influence sur le gouvernement indonésien. Ainsi, les Philippins et les Indonésiens s'entendront finalement avec les Japonais et entreront dans une sphère de co-prospérité insulaire.

En 1950, quelques mois après la victoire de Mao, Dean Acheson, le Secrétaire d'Etat américain, qui cherchait à pousser Mao à se comporter comme Tito – c'est-à-dire à refuser l'alliance soviétique – avait tracé la première ligne de défense des Etats-Unis en Asie. Celle-ci comprenait le Japon, les Philippines, et chose extraordinaire, elle ne mentionnait ni Taiwan ni la Corée du Sud ! Le sénateur McCarthy et les anticommunistes les plus intransigeants reprocheront à Acheson d'avoir, par sa déclaration de février 1950, attisé l'agression nord-coréenne contre la Corée du Sud. C'était une vision très sommaire de la situation. En réalité, Acheson a certainement eu raison de faire comprendre à la Chine, non pas du tout que la Corée du Sud et Taiwan étaient à prendre, mais que leur statut final était « négociable » pour la puissance chinoise pour peu que celle-ci accepte de se dissocier de l'Union soviétique de Staline.

Nous retrouvons aujourd'hui l'Asie insulaire extérieure et l'Asie interne continentale, l'une à dominante chinoise, l'autre à dominante japonaise. Taiwan et la Corée du Sud font partie du périmètre chinois, et sans doute selon des modalités plus démocratiques que certains ne l'avaient envisagé en 1950. Les Philippines, et leur prolongement indonésien, font partie d'un ensemble à dominante japonaise, qui se défendra à sa manière de l'hégémonie de Pékin, comme au temps de la puissance chinoise naissante.

Les Etats-Unis n'interviendront ni en faveur de la puissance chinoise, qui menace par sa trop grande cohésion les alliés fondamentaux que sont désormais l'Inde et la Russie, ni en faveur d'une puissance japonaise qui jouera durablement la carte des nationalismes iranien et arabe pour assurer sa stabilité énergétique. Il y aura donc, pour la première fois aux Etats-Unis, le remplacement d'une politique de puissance par une politique de commerce dirigée à la fois vers le Japon et vers la Chine, dans une certaine indifférence stratégique. C'est donc une carte tout à fait nouvelle de l'Asie qui émerge.

Dans cette Asie nouvelle, la Malaisie constitue un cas sensible. Bien que la majorité musulmane ait inscrit depuis 1970 son rôle dominant dans la constitution, les Chinois, qui ne constituent pas moins du quart de la population, s'appuient sur la cité-Etat de Singapour et jouent un rôle moteur dans l'économie. La minorité indienne, présente aussi à Singapour, a un rôle important notamment en matière intellectuelle.

La Malaisie peut être un pont entre les trois grands ensembles que sont le Japon, protecteur des Malais, la Chine et l'Inde. Mais, en raison de ses liens importants avec l'Arabie Saoudite, du rôle qu'elle a joué dans le financement du programme nucléaire pakistanais, des séquelles de la crise asiatique, la Malaisie pourrait aussi être déstabilisée par la montée en puissance de la Chine. D'autant que cette dernière ne tolérera pas éternellement le statut inférieur que la Malaisie réserve à ses compatriotes.

Les tensions les plus fortes en Asie pourraient donc se produire entre Chinois et Malais, si la situation économique venait à se dégrader. Si le Japon veut porter un coup à la Chine, il peut le faire en Malaisie où la détestation de Singapour et de la réussite des minorités chinoises est forte. Le Japon peut aussi fomenter un certain rejet des minorités capitalistes chinoises en Indonésie, qui représentent 83 % de la capitalisation boursière, voire aux Philippines, où elles sont moins bien tolérées qu'autrefois.

Il y a donc des germes de conflits à la rencontre des deux grandes zones de l'Asie, l'insulaire et la continentale. Pour l'heure, il serait hâtif de conclure à l'entrée du Japon dans une coalition islamisante, et à celle de la Chine dans une coalition anti-islamiste. La Chine apportera une contribution minimale aux opérations américaines, tout comme le Japon avait rempli a minima ses obligations d'allié de la Grande-Bretagne en 1914, contre l'Allemagne. Ensuite seulement, la Chine se tournera vers ses propres affaires. Il y a fort à parier, compte tenu des arbitrages qui ont été rendus, qu'elle le fera avec bon sens et volonté d'ouverture économique, car le développement de la Chine dépend très largement de ses exportations vers le marché américain.

Moyen-Orient

Pour autant, nous sommes loin de la *pax americana,* même dans l'hypothèse d'une victoire spectaculaire des Américains en Afghanistan, au Yémen, en Somalie puis finalement en Irak. Les Américains chercheront à obtenir des garanties et à détruire des centres de pouvoir, mais ils n'iront pas plus loin. De même que leur alliance avec Staline avait laissé l'Union soviétique puissante et installée en Europe de l'Est, nous assisterons au

Moyen-Orient à l'émergence progressive d'un esprit ni fanatiquement anti-américain, ni pro-américain comme le sont les régimes Moubarak et du roi Fahd en Arabie Saoudite.

Face à l'islamisme, à la surpuissance américaine et à l'alliance américano-russe, émergera une voie nationaliste arabe qui peu à peu installera une démocratie *incipiente*, pour adopter un néologisme anglais. Ce sera une démocratie du seuil, avec une participation politique beaucoup plus large qu'aujourd'hui, avec une forme d'expression publique dont la télévision Al Jezirah nous donne déjà quelque idée. En même temps, ces démocraties manifesteront des résistances idéologiques importantes vis-à-vis de l'Amérique et chercheront d'autres réseaux d'alliance, par exemple avec le Japon et l'Indonésie, ou avec l'Union européenne.

C'est, en somme, le rêve d'Abdallâh réalisé. Voilà pourquoi nous avons besoin de lui : Abdallâh, qui voulait s'émanciper des Américains à l'amiable, se rend compte qu'il ne sera pas le Sadate de l'Arabie Saoudite, parce qu'il a absolument besoin que les Américains le débarrassent de Ben Laden. Quant aux Américains, ils ont aussi besoin d'Abdallâh, pour tenir à bout de bras l'Egypte, peut-être aussi pour en finir avec Saddam Hussein.

Un des enjeux majeurs reste l'Iran. Un Iran

démocratique ? un Iran semi-démocratique ? La vraie question est de savoir si la révolution commencée en 1997 avec l'élection de Khatami ira jusqu'au bout de sa logique, c'est-à-dire jusqu'à la démolition du pouvoir des mollahs et l'installation d'une démocratie, ou si au contraire on s'arrêtera à mi-pente, avec un régime de « mollahs éclairés » qui laisseront les libertés publiques se développer un peu mais tiendront le pays d'une main ferme.

A cette question subsidiaire s'en ajoute d'autres, avec d'autres inconnues : l'unité nationale de l'Iran tiendra-t-elle ? L'Azerbaïdjan se détachera-t-il à un moment donné, dans une phase aiguë de contradictions ? On a vu en Union soviétique des choses bien plus spectaculaires.

L'hypothèse la plus vraisemblable est que l'Iran se consolide comme puissance démocratique et exerce une attirance irrésistible sur l'Irak qui, lui, d'une manière ou d'une autre, verra la majorité de ses habitants chiites peser de leur poids véritable sur la structure politique du pays. Mais quand ces tendances de long terme se traduiront-elles dans le court terme de la crise ?

La seconde inconnue de ce Moyen-Orient, c'est la coalition d'Etats qui aura raison de Ben Laden. Si, comme on peut le penser, l'Arabie Saoudite y participe, Abdallâh pourrait réaliser son rêve d'une grande confédération arabe.

En tout cas, nous aurons certainement un progrès de l'unité nationale arabe qui ne se traduira pas par une complaisance excessive à l'égard des Etats-Unis. Et ce progrès vers l'unité rendra sans doute moins douloureuse la recherche d'un compromis historique avec Israël. Autant l'édification d'une nation arabe par la guerre rend nécessaire une frontière « sans cesse sanglante » (Ernst Jünger) avec Israël, autant la réalisation d'objectifs plus pacifiques rendrait nécessaire l'apaisement de cette frontière. On peut supposer que les liens d'Israël avec les Etats-Unis à ce moment-là seront assez forts pour imposer ce compromis au monde arabe, qui lui-même l'imposera aux Palestiniens. Ce serait l'hypothèse la plus favorable.

Le régime alaouite syrien n'a pas, quant à lui, grand avenir. Dès lors que le régime alaouite n'est plus là, la militarisation de la Syrie n'a plus de raison d'être, et l'offre que les Israéliens ont faite aux Syriens en 1999, c'est-à-dire la restitution du Golan moins les rives du lac de Tibériade, devient acceptable.

Dans l'état actuel des choses, tout est possible. La fin des régimes syrien et irakien est pratiquement inscrite par l'ampleur de la campagne antiterroriste que mènent les Etats-Unis. A un moment ou à un autre, ces régimes basculeront. Ils ont failli le faire dans la guerre de succession après la mort d'Hafez el-Assad en Syrie et ils vont sans doute le faire en Irak, que les Américains ne lâcheront jamais. Mais sous quelle forme ?

Là encore, les problèmes sont formidablement simplifiés par les événements récents. D'une part, la politique économique américaine sera marquée par un moins grand laisser-faire. D'autre part, la volonté d'un désarmement tarifaire généralisé sera modérée par la nécessité de gérer d'importantes contradictions internes. Cela a pu apparaître avec le protectionnisme de Washington en matière d'acier, demain d'agriculture. La mondialisation trop rapide et dénoncée comme telle en Europe sera bientôt un souvenir.

En même temps, il est clair que les flux d'investissements américains vers la Russie, vers l'Inde, vers le Moyen-Orient, la Turquie, le Pakistan et l'Ouzbékistan, par exemple, vont augmenter et non pas diminuer le degré de mondialisation. Les investissements japonais, avec la pyramide des âges qui est particulièrement favorable aujourd'hui, vont se multiplier dans différentes directions. La politique d'interdépendance énergétique va augmenter parce que la vulnérabilité des centrales nucléaires ne plaide pas pour un retour aux centrales nucléaires pacifiques. Bref, nous allons nous acheminer lentement mais sûrement vers davantage de mondialisation, mais une mondialisation encadrée, avec moins de capitaux à court terme et plus de décisions focalisées prises par des sujets économiques, eux-mêmes plus encadrés politiquement. La guerre actuelle accouchera d'une mondialisation bien plus politique.

CONCLUSION

Que conclure à l'issue de ce petit livre conçu à sauts et à gambades et dont les conclusions, toutes provisoires, sont celles d'un observateur engagé, mais perplexe.

Malgré son ignominieuse défaite afghane, Oussama ben Laden n'a pas perdu la partie. Son état-major et lui sont parvenus à se sauver vivants de la fournaise de Tora-Bora. Bientôt, le sacrifice des volontaires arabes en Afghanistan sera exalté comme une sublime défaite, annonciatrice de grandes victoires.

Les Etats-Unis n'ont pas encore gagné la partie au Pakistan, qui revient à tire-d'aile vers l'ambivalence, et où l'ISI s'agite à nouveau ; ils sont loin de l'avoir gagnée au Yémen. Ben Laden a pu engager un rapport de complicité active avec les mollahs iraniens, qui, pris la main dans le sac, ont dû pourtant reculer. Même sur les terrains lointains de la Tchétchénie et de l'Indonésie, les activistes islamistes n'ont rien perdu de leur arrogance. Il faudra donc frapper plus fort.

Oussama ben Laden n'a pas pu risquer de se réfugier en Iran. Il est donc passé par le Pakistan...

Et il n'en est sans doute pas ressorti. Mieux caché au cœur d'une grande ville que d'une zone rurale frontalière de l'Afghanistan, il pose un problème insurmontable à Musharraf : qu'on l'arrête, et l'affaire de son extradition aux Etats-Unis menace la précaire stabilité de l'Etat ; que des forces spéciales américaines viennent le chercher, et c'est la fin de toute coopération avec l'armée pakistanaise. Il n'est pas impossible que le journaliste Daniel Pearl ait dangereusement approché de cette vérité, et l'ait payé de sa vie. Mais que Ben Laden sorte de sa tanière, et sa capture redevient possible. Elle est, en réalité, indispensable à la poursuite ordonnée du conflit. Ben Laden doit être mis hors d'état de nuire.

Même si ce répit est accordé aux Etats-Unis, Ben Laden conserve un grand avantage : son geste a galvanisé l'opinion arabe qui, de plus en plus, s'identifie au combat anti-américain. Un temps déstabilisé par l'ampleur du choc new-yorkais, Yasser Arafat a poursuivi depuis lors l'Intifada des Mosquées avec un succès considérable : les pertes civiles israéliennes croissantes, le soutien arabe de plus en plus compact, l'appui résolu de l'Europe à son combat, sous l'impulsion de la diplomatie française, et l'adoption des méthodes de suicide à l'explosif, venues du Hezbollah libanais et de Al-Qaïda, sans critique véritable de l'opinion mondiale, lui permettent d'espérer un épuisement de l'ennemi israélien. Cet épuisement conduirait, dans son esprit, à un ultimatum arabo-européen sur l'Etat hébreu, à abandonner sans contrepartie la plupart des territoires palestiniens interstitiels, la plupart des implantations et peut-être même la partie arabe de Jérusalem. Son attitude actuelle est très proche de celle de Nasser, à l'apogée de la mobilisation arabe de 1967 : humilier l'adversaire juif sur la base « ni paix, ni guerre » lui convenait parfaitement. Il sous-estimait alors l'esprit de résistance d'une partie du peuple israélien.

La résistance « courageuse » qu'Arafat a opposé, avec l'aide de son bras droit Marwan Barghouti, à tous les plans de paix saoudiens ou internes à l'Autorité palestinienne, aide puissamment ses deux principaux soutiens, Saddam Hussein et Amer Moussa. Le premier sait qu'une Palestine perpétuellement ensanglantée est la première ligne de défense d'un Irak menacé de mort par les Etats-Unis ; le second utilise le conflit pour discréditer Moubarak et mettre en avant sa candidature au pouvoir en Egypte. Si la Syrie de Bachar Assad n'aime guère cette conjonction de ses rivaux traditionnels, et a fait saboter par le dignitaire arménien qui occupe la présidence libanaise le discours qu'Arafat aurait dû prononcer à Beyrouth, fin mars 2002, ce n'est jamais qu'à titre de surenchère, jamais pour sortir du cercle de feu qui s'étend. Rien ne prouve que l'arrestation de Barghouti par les Israéliens modifie profondément la donne. On se souvient en France de l'arraisonnement de l'avion de Ben Bella en 1956.

Abdallâh d'Arabie Saoudite se retrouve ainsi avec pour tous alliés la Jordanie impuissante, les modérés palestiniens qui n'osent pas s'exprimer, les libéraux égyptiens qui n'ont pas la parole, l'opposition libanaise paralysée par la violence du Hezbollah, les réformateurs iraniens qui ont d'autres soucis... Abdallâh a donc dû, pour avancer, donner une garantie absolue de solidarité à l'Irak en cas d'attaque américaine, qui ne peut fonctionner par la suite que comme un piège, le coupant des Etats-Unis, le contraignant à un rôle d'appoint face au triumvirat Arafat-Amer Moussa-Saddam Hussein.

A l'intérieur, l'opposition saoudienne est favorable à Ben Laden et une insurrection yéménite reste possible à tout moment. Ici, Ben Laden est parvenu à faire bouger l'équation arabe de manière décisive.

Ceci nous prépare-t-il à l'apocalypse de demain ? Non, car l'excès même du moment implique la recherche de solutions. Le succès de l'offensive arabe actuelle, même avec basculement de l'Egypte, exige de la part des Etats-Unis et d'Israël une intense réflexion commune : dans un premier temps, un repli en bon ordre facilitera le regroupement des forces : il pourrait consister en une acceptation officielle des principes du plan

Abdallâh par Israël, l'évacuation volontaire de certaines implantations de Cisjordanie, et l'érection d'une vaste barrière de séparation, là aussi volontaire, entre les territoires hébreu et palestinien, en dehors de Jérusalem. Les Américains, quant à eux, indiqueraient plus clairement qu'ils renoncent à une grande campagne de renversement de Saddam Hussein. Ce « Suez à froid », dans un premier temps, exalterait l'agressivité du parti activiste arabe, mais déconnecterait partiellement les avancées de ce parti du problème israélien. Bientôt, des pôles de résistance au « nouvel ordre arabe » apparaîtraient çà et là, et Abdallâh pourrait en devenir l'unificateur.

L'Amérique doit apprendre, dans ce difficile contexte, à passer d'une guerre chaude par spasmes à une guerre froide manœuvrée, permettant le retour à de brèves opérations sur le modèle afghan. Israël, replié sur des frontières qu'il défendra et choisira seul, pourra alors passer à la mobilisation générale, menacer directement la Syrie et l'Egypte, et fournir une aide discrète et implicite à l'aile modérée du mouvement palestinien. L'Europe se divisera enfin sur ce schéma, bien moins manichéen que le précédent, et l'Iran, sans doute, basculera dans le bon camp, aidé par la Turquie et l'Irak.

Dans l'hypothèse où Américains et Israéliens tomberaient tête baissée dans le piège qui leur est aujourd'hui tendu, la bataille sera impitoyable, mais finira tout de même, à un coût plus élevé, par parvenir au même résultat : la fin du long processus de démocratisation du monde se trouve bien à proximité de la plaine d'Armageddon.

TABLE

Imprimé en France, par l'imprimerie Hérissey à Évreux (Eure) - N° 94287
HACHETTE LITTÉRATURES - 43, quai de Grenelle - Paris
Dépôt légal : février 2003
ISBN : 2012791115
N° d'édition : 36354

COLLECTION « PLURIEL »

ACTUEL

ADLER Alexandre,
J'ai vu finir le monde ancien

ATTIAS Jean-Claude,
BENBASSA Esther
Les Juifs ont-ils un avenir ?

BACHMANN Christian,
LE GUENNEC Nicole
Violences urbaines

BARBER Benjamin R.
Djihad versus McWorld

BEN-AMI Shlomo
Quel Avenir pour Israël ?

BRZEZINSKI Zbigniew
Le Grand Échiquier

BURGEL Guy
La Ville aujourd'hui

COLLECTIF
Le Piège de la parité

FAUROUX Roger,
SPITZ Bernard
Notre État

GLUCKSMANN André
De Gaulle où es-tu ?

GRESH Alain
Israël-Palestine

GRESH Alain
VIDAL Dominique
Les cents clés du Proche-Orient

LAÏDI Zaki
Un Monde privé de sens

LE BONNIEC Yves,
SAULOY Mylène
A qui profite la cocaïne ?

MINCES Juliette
Le Coran et les femmes

PROLONGEAU Hubert
Sans domicile fixe

RAMBACH Anne,
RAMBACH Marine
Les Intellos précaires

ROY Olivier
Généalogie de l'islamisme

RUFIN Jean-Christophe
La Dictature libérale
Économie des guerres civiles

SALAS Denis
Le Tiers Pouvoir

SMITH Stephen
Oufkir, Un destin marocain

STRAUSS-KAHN Dominique
La flamme et la cendre

TISSERON Serge
L'Intimité surexposée

VIROLE Benoît
L'Enchantement Harry Potter

SCIENCES

ALVAREZ Walter
La Fin tragique des dinosaures

BARROW John
Les Origines de l'Univers

CAZENAVE Michel
Aux Frontières de la science

CHANGEUX Jean-Pierre
L'Homme neuronal

COHEN-TANNOUDJI Gilles
Les Constantes universelles

DAFFOS Fernand
La Vie avant la vie

DAVIES Paul
L'Esprit de Dieu

DAWKINS Richard
Qu'est-ce que l'Évolution ?

FERRIS Timothy
Histoire du cosmos de l'Antiquité au Big Bang

FISHER Helen
Histoire naturelle de l'amour

GINESTE Thierry
Victor de l'Aveyron

GLASHOW Sheldon
Le Charme de la physique

GOUBERT Jean-Pierre
La Conquête de l'eau

KANDEL Robert
L'Incertitude des climats

LAMBRICHS Louise L.
La Vérité médicale

LASZLO Pierre
Chemins et savoirs du sel
Qu'est-ce que l'alchimie ?

LEAKEY Richard
L'Origine de l'humanité

NOTTALE Laurent
La Relativité dans tous ses états

PETIT Jean-Pierre
On a perdu la moitié de l'univers

SCHWARTZ Laurent
Métastases

SINGH Simon
Le Dernier Théorème de Fermat

STEWART Ian
La Nature et les nombres

WATSON James D.
La Double Hélice

PHILOSOPHIE

ARON Raymond
Essai sur les libertés
L'Opium des intellectuels

AXELOS Kostas
Métamorphoses

BOUVERESSE Jacques
Le Philosophe et le réel

BURKE Edmund
Réflexions sur la Révolution en France

CHÂTELET François
Histoire de la philosophie
t. 1 : *La Philosophie païenne (Du VIe siècle av. J.C. au IIIe siècle après J.C.)*
t. 2 : *La Philosophie médiévale (Du Ier au XVe siècle)*
t. 3 : *La Philosophie du monde nouveau (XVIe et XVIIe siècle)*
t. 4 : *Les Lumières (XVIIIe siècle)*
t. 5 : *La Philosophie et l'histoire (1780 à 1880)*
t. 6 : *La Philosophie du monde scientifique et industriel (1860 à 1940)*
t. 7 : *La Philosophie des sciences sociales (de 1860 à nos jours)*
t. 8 : *Le XXe siècle*

CONSTANT Benjamin
Principes de politique

COURTINE-DENAMY Sylvie
Hannah Arendt

DETIENNE Marcel
Dionysos à ciel ouvert

GIRARD René
La Violence et le sacré

GLUCKSMANN André
Le Bien et le Mal

HABERMAS Jürgen
Après Marx

HABIB Claude
Le Consentement amoureux

JOUVENEL (de) Bertrand
Du Pouvoir

LA ROCHEFOUCAULD
Maximes, réflexions, lettres

LÖWITH Karl
Nietzsche

MANENT Pierre
Histoire intellectuelle du libéralisme

MONGIN Olivier
Face au scepticisme

NIETZSCHE Friedrich
Humain, trop humain
Aurore
Le Gai Savoir
Par-delà le bien et le mal

ORY Pascal
Nouvelle Histoire des idées politiques

QUINET Edgar
L'Enseignement du peuple suivi de *La révolution religieuse au* XIXe *siècle*

RIALS Stéphane
La Déclaration des droits de l'homme et du citoyen

RICHIR Marc
La Naissance des dieux

RICŒUR Paul
La Critique et la Conviction

ROUSSEAU Jean-Jacques
Du Contrat social

RUYER Raymond
La Gnose de Princeton

SCHOLEM Gershom
Walter Benjamin, Histoire d'une amitié

SERRES Michel
Les Cinq sens
Le Parasite
Rome

SIRINELLI Jean-François
Sartre et Aron, deux intellectuels dans le siècle

SLOTERDIJK Peter
L'Heure du crime et le temps de l'œuvre d'art suivi de *Essai d'intoxication volontaire*

SUN TZU
L'Art de la guerre

TODOROV Tzvetan
Les Morales de l'Histoire

Psychanalyse/psychologie

BARROIS Claude
Psychanalyse du guerrier

BETTELHEIM Bruno
Le Poids d'une vie
Dans les chaussures d'un autre
Dialogues avec les mères

BONNAFÉ Marie
Les Livres c'est bon pour les bébés

BRUNSCHWIG Hélène
N'Ayons pas peur de la psychothérapie

CRAMER Bertrand
Profession bébé

CYRULNIK Boris
Mémoire de singe et paroles d'homme
La Naissance du sens
Sous le signe du lien

DANON-BOILEAU Hervé
De la vieillesse à la mort

DUMAS Didier
La Sexualité masculine

FLEM Lydia
Freud et ses patients

GAY Peter
Freud, une vie (2 vol.)

GREEN André
La Déliaison
Un Psychanalyste engagé

GRIMBERT Philippe
Pas de fumée sans Freud

HADDAD Antonietta et Gérard
Freud en Italie

HADDAD Gérard
Manger le Livre

HOFFMANN Christian
Une Introduction à Freud

LACHAUD Denise
Jalousies
L'Enfer du devoir

LAPLANCHE Jean,
PONTALIS Jean-Bernard
Fantasme originaire. Fantasme des origines. Origines du fantasme

LESSANA Marie-Magdeleine
Entre mère et fille : un ravage

MURAT Laure
La Maison du docteur Blanche

PERRIER François
L'Amour

PHILLIPS Adam
Le Pouvoir psy

PIGNARRE Philippe
Comment la dépression est devenue une épidémie

RIBAS Denys
L'Énigme des enfants autistes

SIETY Anne
Mathématiques, ma chère terreur

SUTTON Nina
Bruno Bettelheim

TOMKIEWICZ Stanislas
L'Adolescence volée

VIGOUROUX François
Le Secret de famille
L'Âme des maisons

Sociologie, anthropologie

ARNALDEZ Roger
L'Homme selon le Coran

AUGÉ Marc
Un Ethnologue dans le métro

AZNAR Guy
Emploi : la grande mutation

BADIE Bertrand,
BIRNBAUM Pierre
Sociologie de l'État

BAUMAN Zygmunt
Le Coût humain de la mondialisation

BIRNBAUM Pierre
La Fin du politique
Le Peuple et les gros

BOUDON Raymond
L'Inégalité des chances
La Logique du social

BOUSTANY Antoine
Drogues de paix, drogues de guerre

BROMBERGER Christian
Passions ordinaires

CALVET Louis-Jean
La Guerre des langues et les politiques linguistiques

CALVET Louis-Jean
Histoire de l'écriture

CHARNAY Jean-Paul
Sociologie religieuse de l'Islam

DAVID Paulo
Enfants sans enfance

DUPUY Jean-Pierre
Libéralisme et justice sociale

EHRENBERG Alain
Le Culte de la performance
L'Individu incertain

FONDATION DES ÉTUDES DE DÉFENSE
Les Manipulations de l'image et du son

JEANNENEY Jean-Noël
L'Écho du siècle, Encyclopédie historique de la radio et de la télévision en France

LE BRAS Hervé
Marianne et les lapins

LERIDON Henri
Les Enfants du désir

MALHERBE Michel
Les Religions de l'humanité
t. 1 : *L'Homme, le monde et Dieu*
t. 2 : *Rapports entre la religion, la vie de l'homme et son avenir*

MENSION-RIGAU Éric
Aristocrates et grands bourgeois

POIRIER Lucien
Le Chantier stratégique

PONT-HUBERT Catherine
Dictionnaire des symboles, des rites et des croyances

RACHLINE François
Que l'argent soit

RANKE-HEINEMANN Uta
Des Eunuques pour le royaume des cieux

RAUCH André
Crise de l'identité masculine, 1789-1914
Vacances en France de 1830 à nos jours

REVEL Jean-François
La Connaissance inutile

ROSANVALLON Pierre
La Question syndicale

SLAMA Alain-Gérard
L'Angélisme exterminateur
Les Chasseurs d'absolu

SORMAN Guy
Le Bonheur français
Le Capital, suite et fins

SULLEROT Evelyne
La Crise de la famille

VICTOR Paul-Émile et Jean-Christophe
Planète antarctique

ZEGHIDOUR Slimane
Le Voile et la bannière

Histoire

ADLER Laure
Les Maisons closes

AGULHON Maurice
De Gaulle. Histoire, symbole, mythe
La République (1880 à nos jours)
t. 1 : *L'Élan fondateur et la grande blessure (1880-1932)*
t. 2 : *Nouveaux drames et nouveaux espoirs (1932 à nos jours)*

ANATI Emmanuel
La Religion des origines

ANDREU Guillemette
Les Égyptiens au temps des pharaons

ANTOINE Michel
Louis XV

AUBÉ Pierre
Le Roi lépreux, Baudouin IV de Jérusalem
Les Empires normands d'Orient

BEAUFRE Général
Introduction à la stratégie

BÉAUR Gérard
La Terre et les hommes, Angleterre et France aux XVIIe et XVIIIe siècles

BECHTEL Guy
La Chair, le diable et le confesseur

BENNASSAR Bartolomé,
VINCENT Bernard
Le Temps de l'Espagne, XVIe-XVIIe siècles

BENNASSAR Bartolomé
L'Inquisition espagnole, XVe-XIXe siècles

BERCÉ Yves-Marie
Fête et révolte, Des mentalités populaires du XVIe au XVIIIe siècles.

BERNAND André
Alexandrie la grande
Sorciers grecs

BLONDI Jean-Pierre,
MORIN Gilles
Les Anticolonialistes (1881-1962)

BLUCHE François
Le Despotisme éclairé
Louis XIV

BOGDAN Henry
Histoire des pays de l'Est, des origines à nos jours
Histoire des peuples de l'ex-URSS
Du IXe siècle à nos jours

BOLOGNE Jean-Claude
Histoire de la pudeur
Histoire du mariage en Occident

BOTTÉRO Jean
Babylone et la Bible

BOTTÉRO Jean,
HERRENSCHMIDT Clarisse,
VERNANT Jean-Pierre
L'Orient ancien et nous

BOUKOVSKY Vladimir
Jugement à Moscou

BRANTHOMME Henry,
CHÉLINI Jean
Les Chemins de Dieu

BRANTHOMME Henry,
CHÉLINI Jean
Histoire des pèlerinages non-chrétiens

BROSSAT Alain
Les Tondues, un carnaval moche

CAHEN Claude
L'Islam, des origines au début de l'empire ottoman

CAMPORESI Piero
Les Baumes de l'amour

CARCOPINO Jérôme
Rome à l'apogée de l'Empire

CARRÈRE d'ENCAUSSE Hélène
Lénine
Nicolas II

CHAUNU Pierre
Le Temps des réformes
3 Millions d'années, 80 milliards de destins

CHAUSSINAND-NOGARET Guy,
CONSTANT Jean-Marie,
DURANDIN Catherine,
JOUANNA Arlette
Histoire des élites en France, du XVIe au XXe siècle

CHÉLINI Jean
Histoire religieuse de l'Occident médiéval

CHENTALINSKY Vitali
La Parole ressuscitée, Dans les archives littéraires du K.G.B.

CHOURAQUI André
Jérusalem

CIZEK Eugen
Mentalités et institutions politiques romaines

CORNEVIN Robert et Marianne
La France et les Français outre-mer

DAUMAS Maurice
La Tendresse amoureuse

DELUMEAU Jean
Rome au XVIe siècle
La Peur en Occident
Une Histoire du Paradis
t. 1 : *Le Jardin des délices*
t. 2 : *Mille ans de bonheur*
t. 3 : *Que reste-t-il du paradis ?*

DUBY Georges
Le Chevalier, la femme et le prêtre
Le Moyen Âge (987-1460)

DUCELLIER Alain
Le Drame de Byzance, Idéal et échec d'une société chrétienne

DUCREY Pierre
Guerre et guerriers dans la Grèce antique

DUPÂQUIER Jacques,
KESSLER Denis
La Société française au XIXe *siècle*

DUROSELLE Jean-Baptiste
L'Europe, histoire de ses peuples

EISEN Georges
Les Enfants pendant l'holocauste

EISENSTEIN Elizabeth L.
La Révolution de l'imprimé

EPSTEIN Simon
Histoire du peuple juif au XXe *siècle*

ESPRIT
Écrire contre la guerre d'Algérie (1947-1962)

ETIENNE Bruno
Abdelkader

FAURE Paul
Parfums et aromates dans l'Antiquité

FAVIER Jean
De l'or et des épices

FERRO Marc
Nazisme et communisme
Pétain

FIERRO-DOMENECH Alfred
Le Pré carré, Géographie historique de la France

FINLEY Moses I.
On a perdu la guerre de Troie

FOURASTIÉ Jean
Les Trente Glorieuses

FRUGONI Chiara
Saint François d'Assise

FURET François,
NOLTE Ernst
Fascisme et communisme

FURET François
La Gauche et la Révolution au XIXe *siècle*
La Révolution (1770-1880)
t. 1 : *La Révolution française, de Turgot à Napoléon (1770-1814)*
t. 2 : *Terminer la Révolution, de Louis XVIII à Jules Ferry (1814-1880)*

FURET François,
RICHET Denis
La Révolution française

FURET François,
JULLIARD Jacques,
ROSANVALLON Pierre
La République du centre

GARIN Eugenio
L'Éducation de l'homme moderne (1400-1600)

GIRARD Louis
Napoléon III

GIRARDET Raoul
Histoire de l'idée coloniale en France

GOUBERT Pierre
L'Avènement du Roi-Soleil
Initiation à l'histoire de la France
Louis XIV et vingt millions de Français

GRAF Fritz
La Magie dans l'Antiquité gréco-romaine

GRANDAZZI Alexandre
La Fondation de Rome

GRAS Michel,
ROUILLARD Pierre,
TEIXIDOR Xavier
L'Univers phénicien

GRIMAL Pierre
Les Erreurs de la liberté

GUICHARD Pierre
Al-Andalus (711-1492), Une histoire de l'Andalousie arabe

GUILLERMAZ Jacques
Une Vie pour la Chine, Mémoires, 1937-1993

GUTTON Jean-Pierre
La Sociabilité villageoise dans la France d'Ancien Régime

HALÉVY Daniel
La Fin des notables
t. 1 : *La Fin des notables*
t. 2 : *La République des ducs*

HALÉVY Daniel
Visites aux paysans du centre

HAZARD Paul
La Pensée européenne au XVIIIe siècle

HEERS Jacques
Fêtes des fous et carnavals
Esclaves et domestiques au Moyen Âge
La Ville au Moyen Âge en Occident

HOBSBAWM Eric J.
L'Ère des Révolutions (1789-1848)
L'Ère du Capital (1848-1875)
L'Ère des Empires (1875-1914)

HORNUNG Erik
L'Esprit du temps des pharaons

JOHNSON Hugh
Une Histoire mondiale du vin

JOMINI (de) Antoine-Henri
Les Guerres de la Révolution (1792-1797)

KRIEGEL Maurice
Les Juifs à la fin du Moyen Âge dans l'Europe méditerranéenne

LACARRIÈRE Jacqucs
En Cheminant avec Hérodote

LACORNE Denis
L'Invention de la République

LAZARE Lucien
Le Livre des Justes

LEBRUN François
Histoire des catholiques en France

LE GOFF Jacques
La Bourse et la vie

LE ROY LADURIE Emmanuel
L'État royal 1460-1610
L'Ancien Régime (1610-1770)
t. 1 : *L'Absolutisme en vraie grandeur (1610-1715)*
t. 2 : *L'Absolutisme bien tempéré (1715-1770)*

LEVER Evelyne
Louis XVIII

MALET-ISAAC
Histoire
t. 1 : *Rome et le Moyen Âge (735 av. J.-C.-1492)*
t. 2 : *L'Âge classique (1492-1789)*
t. 3 : *Les Révolutions (1789-1848)*
t. 4 : *La Naissance du monde moderne (1848-1914)*

MANDROU Robert
Possession et sorcellerie au XVIIe siècle

MASSON Philippe
Histoire de l'armée allemande

MAUSS-COPEAUX Claire
Appelés en Algérie

MELCHIOR-BONNET Sabine
Histoire du miroir

MICHEL Henri
Jean Moulin

MILO Daniel
Trahir le temps

MOREAU Jacques
Les Socialistes français et le mythe révolutionnaire

MUCHEMBLED Robert
L'Invention de l'homme moderne

NEVEUX Hugues
Les Révoltes paysannes en Europe (XIVe XVIIe siècle)

NICOLET Claude
L'Inventaire du monde, Géographie et politique aux origines de l'Empire romain

NOIRIEL Gérard
Réfugiés et sans-papiers

NOLTE Ernst
Les Mouvements fascistes

PELIKAN Jaroslav
Jésus au fil de l'histoire

PITT-RIVERS Julian
Anthropologie de l'honneur

POMEAU René
L'Europe des Lumières

POURCHER Yves
Les Jours de guerre

RANCIERE Jacques
La Nuit des prolétaires

REVEL Jacques
Fernand Braudel et l'Histoire

RICHÉ Pierre
Les Carolingiens

RIEFFEL Rémy
Les Intellectuels sous la Ve République (3 vol.)

RIOUX Jean-Pierre,
SIRINELLI Jean-François
La France d'un siècle à l'autre (2 vol.)

ROBERT Jean-Noël
Eros romain

ROTH François
La Guerre de 70

ROUMAJON Yves
Enfants perdus, enfants punis

ROUSSET David
Les Jours de notre mort (2 vol.)
L'Univers concentrationnaire

ROUX Jean-Paul
Les Explorateurs au Moyen Âge

SHIRER William
La Chute de la IIIe République

SINGER Claude
Vichy, l'Université et les Juifs

SNODGRASS Anthony
La Grèce archaïque

SOLÉ Jacques
L'Âge d'or de la prostitution, de 1870 à nos jours

SOUSTELLE Jacques
Les Aztèques à la veille de la conquête espagnole

TROCMÉ Étienne
L'Enfance du christianisme

TULARD Jean
Napoléon

VALLAUD Pierre
Atlas historique du XXe siècle

VERDON Jean
Le Plaisir au Moyen Âge
La Nuit au Moyen Âge

VERNANT Jean-Pierre
La Mort dans les yeux

VEYNE Paul
DARBO-PESCHANSKI Catherine
Le Quotidien et l'intéressant

VIANSSON-PONTÉ Pierre
Histoire de la République gaullienne
t. 1 : *La Fin d'une époque : mai 1958-juillet 1962*
t. 2 : *Le Temps des orphelins : août 1962-avril 1969*

WEBER Eugen
L'Action française

WIEVIORKA Annette
Déportation et génocide
L'Ère du témoin

WOODROW Alain
Les Jésuites

ZORGBIBE Charles
Histoire des relations internationales
t. 1 : *Du Système de Bismarck au premier conflit mondial*
t. 2 : *De Versailles au second conflit mondial*
t. 3 : *Du Système de Yalta aux missiles de Cuba*
t. 4 : *De 1962 à nos jours*

Lettres et arts

CACHIN Françoise
Gauguin

CLARK Kenneth
Le Nu (2 vol.)

FERRIER Jean- Louis
De Picasso à Guernica, Généalogie d'un tableau

FERRIER Jean-Louis
Brève histoire de l'art

GRAVES Robert
Les Mythes grecs (2 vol.)

HASKELL Francis,
PENNY Nicholas
Pour l'Amour de l'antique, La statuaire gréco-romaine et le goût européen

HURÉ Pierre-Antoine,
KNEPPER Claude
Liszt en son temps

JANOVER Louis
La Révolution surréaliste

LAZARD Madeleine
Rabelais l'humaniste

LIÉBERT Georges
L'Art du chef d'orchestre

LOTTMAN Herbert
Flaubert

MESCHONNIC Henri
De la langue française

PACHET Pierre
Les Baromètres de l'âme
Naissance du journal intime

REWALD John
Le Post-impressionnisme (2 vol.)

ROMILLY Jacqueline (de)
La Douceur dans la pensée grecque

TAPIÉ Victor L.
Baroque et classicisme

VALLIER Dora
L'Art abstrait

VON DER WEID Jean-Noël
La Musique du XXe siècle